THE BLACK SEA

A HISTORY

查尔斯·金 著

苏圣捷 译

# 欧 亚 角 力 场

# 黑 海 史

Charles King

中国出版集团

东方出版中心

## 图书在版编目（CIP）数据

欧亚角力场：黑海史 /（英）查尔斯·金著；苏圣捷译. —上海：东方出版中心, 2020.10
（新知史）
ISBN 978-7-5473-1699-3

Ⅰ.①欧… Ⅱ.①查… ②苏… Ⅲ.①黑海–沿岸国–历史 Ⅳ.①K1

中国版本图书馆CIP数据核字（2020）第184782号

上海市版权局著作权合同登记：图字09-2020-690号

## 欧亚角力场：黑海史

著　　者　查尔斯·金
译　　者　苏圣捷
责任编辑　沈旖婷　欧阳敏
封面设计　陈绿竞

出版发行　东方出版中心
地　　址　上海市仙霞路345号
邮政编码　200336
电　　话　021- 62417400
印　刷　者　山东韵杰文化科技有限公司

开　　本　890mm×1240mm　1/32
印　　张　9.875
字　　数　230千字
版　　次　2020年10月第1版
印　　次　2020年10月第1次印刷
定　　价　58.00元

# 目　录

# 致　谢

————

亚美尼亚历史学家阿加桑耶洛斯把写作比喻成一场海上旅行：因为作家和水手一样都自愿身犯险境，并在归乡之后渴望能向人们描绘他们途中遇到的故事。我现在非常能理解他的说法了。

在这个项目中，我不止一次地踏进了自己本不应涉足的领域。我曾经大步走进纳戈尔诺-卡拉巴赫（Nagorno-Karabakh）一家清真寺中的弹坑，但是立刻意识到了这是由一枚火箭弹打出来的，而且周围可能还有它未爆炸的同类。就这样，我放任自己跳进了黑海的历史长河中。我对某些部分十分了解，但是对更多的部分一知半解，还有许多部分根本就毫不了解。因此这趟旅程对我大有教益，而这也正是我写作的目的。我在这里深深感谢在一路上帮助过我的所有人。

多米尼克·拜耶特（Dominic Byatt），牛津大学出版社负责本书的编辑，在这一项目仅仅还在计划阶段时就十分感兴趣，并且和克莱尔·克劳夫特（Claire Croft）一起自始至终关注着这个项目。出版社驻纽约办公室的苏珊·福柏（Susan Ferber）在至关重要的一点上提供了明智的建议。哈坎（Hakan）和阿耶斯·居尔·阿尔特内（Ayşe Gül Altinay）为我提供了一处绝佳的隐居所：他们在博斯普鲁斯的公寓的后室。就是在那里，我构思出了本书的大纲。

本书正文的大部分，都完成于国会图书馆主阅读室的希罗多德雕像之下，没有比这里更好的地方了。我也非常感谢图书馆的工作人员，包括在印刷和照相部门、稀有书籍和特殊藏品阅读室、地理和地图阅读室、非洲和中东阅读室以及欧洲阅读室的人员，尤其是格兰特·哈里斯（Grant Harris）。胡佛档案馆的工作人员，尤其是主任埃勒娜·S.丹尼尔森（Elena S. Danielson），工作都非常出色。公共记录事务局（伦敦）、罗马尼亚学院图书馆（布加勒斯特）、中央历史档案馆（布加勒斯特）和美国毕苏茨基中心（纽约）都曾慷慨帮助过我。克里斯·罗宾逊（Chris Robinson）绘制了本书的地图。

我从数次讨论会和会议中获益良多，所得到的教益在本书的许多地方都有所表现。但是我要特别感谢尼古拉斯·布雷弗格（Nicholas Breyfogle）和维拉德·桑德兰（Willard Sunderland）。他们允许我冒昧加入俄罗斯历史学家在 2001 年 9 月于俄亥俄州立大学召开的一次会议。福尔布莱特研究基金项目和佐治亚城大学让我能够于 1998 年和 2000 年在巴尔干、乌克兰、土耳其和南高加索进行了几次深度旅行。此前和之后的旅行也都通过佐治亚城大学，得到了拉齐乌家族慈善基金（Raţiu Family Charitable Foundation）的资助。托尼·格林伍德（Tony Greenwood）、劳伦斯（Lawrence）和艾米·塔尔（Amy Tal）为我在黑海周边的旅行提供了很棒的住处，并与我进行了有益的交谈。

众多同行和朋友解答了我幼稚的问题或是阅读了部分的手稿，他们的赐教让我受益匪浅。当然，本书若有疏忽之处，责任在我，与他们无关。这个群体包括了亚力山德鲁·博洛加、安东尼·布莱耶、伊安·卡文、欧文·唐纳、马克·莫耶·霍华德、克里斯托夫·乔伊纳、爱德华·基南、洛里·卡恰里多安、约翰·麦克尼尔、维拉德·桑德兰和四位牛津出版社的匿名评论家。本书涉及的大多数专业领域都不是我擅长的，所以我很感激那些真正的专家。他们的呕心沥血之作都列在了本书的注释和书目中。

我还要特别感谢我的有着令人惊异天赋的研究助手，费力西亚·罗什和亚当·托尔纳伊。希望他们能够完成博士课程并找到理想的工作。另外一个佐治亚城的研究生，米尔亚娜·莫罗斯尼-多米尼克，帮助我进行了重要的翻译工作。

# 关 于 名 称

在黑海周边地区，拼写可能会成为一个政治问题，因此有必要先就书中对词语的使用做一下说明。

本书的各章节名是黑海的各种名字。黑海最古老的希腊名，Pontos Axeinos（"黑暗或昏暗的海"），可能是由一个更为古老的伊朗语词汇发展而来。这个名字可能反映了水手对于这片常常风暴大作的水域的理解，同时也是水体本身的特点。因为黑海较深，（比）海水比较浅的地中海颜色来得更深。这个名字是如何转变成晚期希腊语和拉丁语中的 Pontus Euxinus（"好客之海"）的，目前尚不清楚。这可能是一种有意的讽刺，也可能是在表达一种美好的愿望。

黑海在拜占庭资料中最常见的名称就是 Pontos（海）。这个用法传到阿拉伯文献中就是"bahr Buntus"，直译就是非常吊诡的"海海"。另外黑海在中世纪还有许多其他名称，尤其是在阿拉伯和奥斯曼作品中。这些名字常常同特别重要的城市联系在一起，如"特拉布宗之海"和"君士坦丁堡之海"。"大海"（Great Sea）这个名称在中世纪时也以不同的方式出现，包括意大利语的 Mare Maius 和 Mare Maggiore。还有些名字是以当时在黑海沿岸占支配地位的族群（或者是作者希望他的读者认为在黑海周边占支配地位的族群）命名。例如

"斯基泰海""萨尔马特海""哈扎尔海""罗斯海""保加尔海""格鲁吉亚海"，等等。在阿拉伯文献中，地中海相应地被称为"罗马人之海"（也就是"拜占庭人之海"）。

比起以上这些，"黑海"（Black Sea）这个名称如果仅以它被广泛接受算起是较为年轻的。它以不同的形式在早期奥斯曼资料中出现，可能也在奥斯曼历史早期的口语中出现。在西欧语言中，这个名称在14世纪末第一次出现。之前，欧洲人主要使用从古典时代演变而来的名称，如英语中的 Pontus 和 Euxine。这些名称蕴含着"黑海"这个平淡的称呼所缺乏的诗意韵味。"就像本都海的寒涛滚滚奔流，永不后退一样……"莎士比亚借奥赛罗之口怒道，"我的风驰电掣的流血的思想决不会踟蹰回顾……"

为什么是"黑"？没人知道确切的原因。但是起码有三种主要的猜测。其一，这只是简单地回归最古老的伊朗/希腊称呼。这种称呼在希腊本土和罗马开始使用"Euxinus"这个名称之后依然被黑海沿岸的居民保留。这个古老的称呼可能在突厥人向安纳托利亚移民的过程中被带到了西方，最终变成奥斯曼帝国使用的"Kara Deniz"（黑海或暗海）。其二，这个"黑"来自"kara"。kara 既有"黑""暗"之意，又有"大"或"可怕"之意。而"Karadeniz"实际上是沿用了中世纪欧洲的（尤其是意大利的）水手和制图家们所用的"大海"这个称呼。其三，它同欧亚草原族群的颜色地理学有关。在这个扎根于中国文化的解读中，世界的四个方向与四种特殊的颜色有关：黑色代表北方，白色代表西方，红色代表南方，青色（有时是蓝色）代表东方。尽管这个系统明显取决于一个人的立足点，但奥斯曼人把在他们北面的海定为"黑"可能与这一欧亚传统有关。这可能是奥斯曼人对于自己在欧亚大草原上游牧的遥远过去的记忆，或是之后奥斯曼制图家从蒙古人那里采纳的系统。在奥斯曼帝国和现代土耳其，地中海相应地被称为"白海"（Ak Deniz）。

17世纪和18世纪，随着俄罗斯人和西欧人在黑海的出现越来越频繁，他们可能从当时在此地区占支配地位的大国的语言中吸收了一些特殊用语。黑海地区的其他国家可能也进行了这种借用，因为大致在此时这些国家正进行着现代化和标准化的过程。这种复杂的历史的结果就是，现在多种语言中黑海的名称在翻译之后都是相同的：土耳其语中的Karadeniz，现代希腊语中的Maure Thalassa，保加利亚语中的Cherno More，罗马尼亚语中的Marea Neagră，乌克兰语中的Chorne More，俄语中的Chernoe More，格鲁吉亚语中的shavi zghva，直译过来都是"黑海"。

至于地名，我一般根据特定历史时期来使用相应的名称。于是，古代的"特拉布苏斯"（Trapezus）就是中世纪的"特拉比宗"（Trebizond）和现在的"特拉布宗"（Trabzon）。如果在任何时期同时存在两个或以上的名称，则使用更广为人知的那个。举例来说，希腊名称通常以它们的拉丁形式出现。在1453年之前我使用"君士坦丁堡"，之后则用"伊斯坦布尔"，尽管不同形式的前一个名称在奥斯曼帝国时期也很常见。更古老的英文拼法，如"Sebastopol"或者是"Batoum"，除了在直接引用中外，都用它们的现代形式替代。文化族群的命名也遵循同样的规律（如Tartars）。当我使用"Greeks"的时候，我通常指那些说各种希腊语分支的人，尽管他们几乎从不把自己当作现代民族意义上的希腊人。我很谨慎地使用"Ottoman"来指称奥斯曼帝国的属民；它与"Turk"不是一回事，而20世纪之前"Turk"一词要是用来指称我们今天所称的"说土耳其语的人"（Turkish-speakers）那就很成问题。我依然使用已经不太流行的"Turkoman"（而非Türkmen）来指称突厥游牧民和他们在安纳托利亚历史上的统治者，以把他们和在中亚的现代土库曼斯坦国家的人和文化区分开来。

使用拉丁字母之外的字母的语言，其拼写都根据国会图书馆的系统的简化版本做转换。例如大多数俄罗斯单词最后的软标都被取消了。我保留了在拉丁字母系统中使用某些语言所需要的"ˆ"号。更为令人困扰的字母的发音大致如下所示：

| | | |
|---|---|---|
| â, î | 发 cousin 中的"i"音 | 罗马尼亚语 |
| ă | 发 about 中的"a"音 | 罗马尼亚语 |
| ı | 发 cousin 中的"i"音 | 土耳其语 |
| ö | 发法语 oeuvre 中的"oeu"音 | 土耳其语 |
| c | 在 e 或 i 之前发 church 中的"ch"音，其他发"kit"中的"k"音 | 罗马尼亚语 |
| c | "jam"中的"j"音 | 土耳其语 |
| ç | 发"church"中的"ch"音 | 土耳其语 |
| ch | 在 e 或 i 之前发"kit"中的"k"音 | 罗马尼亚语 |
| g | 在 e 或 i 之前发"jam"中的"j"音，其他发"goat"中的"g"音 | 罗马尼亚语 |
| ğ | 不发音，但是使之前的元音变长音 | 土耳其语 |
| gh | 在 e 或 i 之前发"goat"中的"g"音 | 罗马尼亚语 |
| ş | 发"ship"中的"sh"音 | 罗马尼亚语和土耳其语 |
| ț | 发"cats"中的"ts"音 | 罗马尼亚语 |

除非特别注明，脚注中的古代文献都指哈佛大学出版社出版的洛布古典丛书（Loeb Classical Library Series）中的译本。对古代和拜占庭时代文献的标注通常使用章节而非页码。

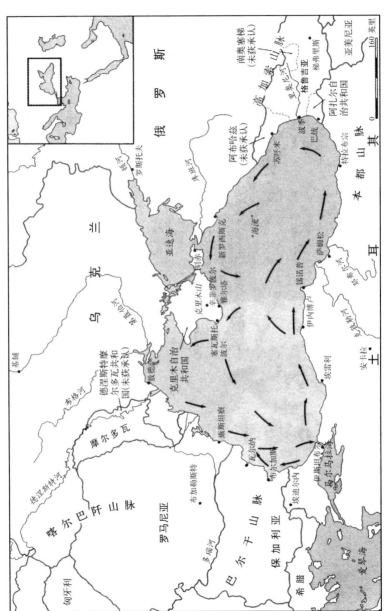

地图一　今日黑海

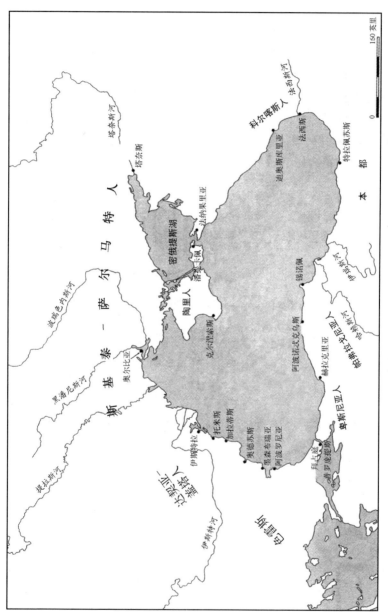

地图二 古代晚期的黑海

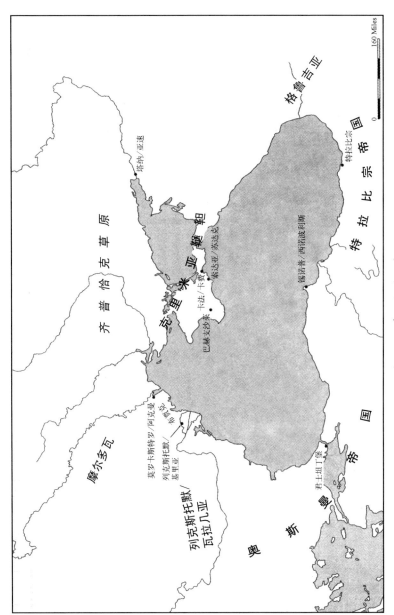

地图三 中世纪的黑海

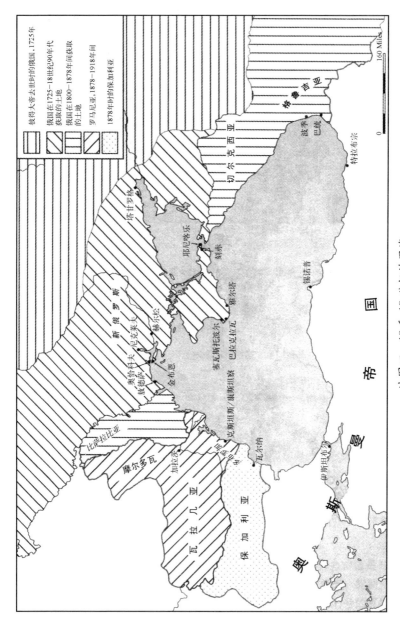

地图四 18 和 19 世纪的黑海

无论古人是怎么说的，我可以说，黑海除了名字以外，没有一处是黑的。

——图尔奈福德·约瑟夫·皮顿，
路易十四的皇家植物学家，1718 年


没有一片使乘客呕吐的海
能够泛起比悠克星海更危险的浪花

——乔治·戈登·拜伦，英国作家


考古学家手中的铲子
深深掘入
早已成为历史中的空白的地下

挖出的
是谁也没有想到过的
过去的生活证据
……

——威·休·奥登，美国诗人

# 第一章　地理考古学

## 人与水

在历史学和社会学的研究中，有一种根深蒂固的"旱鸭子"偏见。我们认为，历史与社会生活似乎都是发生在陆地上的事。在水中发生的事——例如在海上的远航和河上的巡游——只是为真正表演的演员服务的布景而已。但是海洋和河流有它们自己的历史，而不仅仅是连接陆地的道路或是陆地的边界。它们是各种截然不同的人类互动和交换故事的主角。就像马克·吐温形容密西西比河：水道有物理性的历史，就是沉淀物、流向、洪水等。但是，它还有"历史性的历史"：有沉睡的时期，也有清醒的时代；在河边居住的人们来来往往[1]。把我们的关注点从陆地移向水域是富有启发性的。我们被迫批判性地重新思考像"地区"和"国家"这样的标签，我们赋予某些划分世界的肤浅分类方式以特殊地位。这种变化使我们进一步认清地区的意义，它如何转变，我们用来划分各民族与各文明的分界的变化是如何比想象中的更为反复无常。

这本书的内容是关于一片海域和它周围的人民和国家，及它在历史、文化和政治中所扮演的角色。对于世界的某些部分，水域是人类历史的决定性元素之一的观点是毋庸置疑的，甚至可以说司空见惯的。我们习惯赋予"地中海"许多丰富的意义。作为一个形容——地中海饮食，一段地中海假期——它能唤起许多生动画面：喀斯特地貌的山地，碧蓝的海湾，橄榄树、葡萄酒和山羊；作为一个研究的客体，它是无数学者关注的焦点。其中最著名的当属费尔南多·布罗代尔对近代早期的地中海所做的描述[2]。其他的水域，无论大小，也会给人们带来独特的联想。提到南太平洋或者是切萨皮克湾，亚马孙河和密西西比河，一系列的图像就会进入我们的脑海。有些是旅游手册上的联想，而另外的却是来自居住在水边的人的实际生活经验。对于这些和其他水域，学者已经归纳出把各个水岸（有些甚至距离遥远）联系起来的共同的经济追求、生活方式和政治状态[3]。

有关黑海的图像和联想则没么鲜明。很少有人不在其周边地区却熟悉这片水域。在整个黑海的漫长历史中，从大约在 7 000 年到 8 000 年前的最初成形阶段，到 20 世纪晚期的政治革命和环境危机，只有几本专著能够告诉我们它的故事。好几个强国——从拜占庭到奥斯曼帝国到俄国——在不同的时间段，都把黑海置于它们战略的中心。但是有关这些帝国的历史研究中，却鲜有对黑海的论述。这片水域也在几个不同的学科研究的交汇处，所以它不是任何一个的中心。尤其在美国，冷战制造的地理学上的偏见持续时间很长，其国内政治和国际关系研究，甚至是历史和文化研究，仍局限于冷战期间的地区划分和范围。一个领域的专家很少涉足其他领域。

作为传统历史写作和社会分析的结果，黑海周边地区被分割为不同的领域。巴尔干半岛的现代史通常被视为是中欧史的附属品，或是彼此之间毫无联系的族群史的聚合体。乌克兰和俄国南部地区与巴尔干半岛是分开研究的。俄国南部的历史是沙俄帝国史的一部分，而乌克兰则习惯将本国历史书写为迟来的民族解放的悲剧故事。不论是南高加索还是北高加索的历史也是一样的情况。奥斯曼人在舞台侧面潜伏着，时不时地站上正面。但是在现代土耳其共和国形成之后，突厥人几乎从欧洲历史上彻底消失了，转而成为中东研究的一部分。政府机构拨款机制和政府资助的研究项目，加重了这些在人文学科和社会科学中的条条框框。在美国，"东欧"研究的资助仅有一个研究资金来源："前苏联"研究，或称之为"独联体国家"研究。而中东研究，包括土耳其，则另有资金途径。

　　这种格局是在近代才刚刚形成的。就在并不久远的过去，把黑海看作一个统一的地理政治单位的想法，不仅在当地人和政治领导人头脑里，即使是在西方的外交官、战略学家和作家，这些把一生都花费在这片海域和周边地区的人眼里，都是非常正常的。在 19 世纪，黑海是"东方问题"的核心：奥斯曼帝国江河日下，欧洲列强对如何划分这一地区各有利益诉求，这导致了复杂的竞争对抗关系。在两次世界大战之间，这片区域处于混乱的巴尔干地区、布尔什维克势力和黎凡特的欧洲保护国之间。之后，这片区域中的国家处于资本主义和共产主义全球斗争的前线。他们或是站在共产主义一边，如阿尔巴尼亚、南斯拉夫和罗马尼亚；或是像希腊和土耳其那样，成为西方势力对抗苏联的前锋。共产主义政权相继终结后，东南欧成了政治混乱、国家贫穷的地区，成为欧洲重建统一、繁荣大陆的计划中一片令人担心的空白。弱小的国家和崩溃的地区秩序，由国内争端升级而成的国际冲突带来的失序，连同贸易和能源网络政治，是黑海地区在第二次世界大战之前的主要问题。它们现在又被重新提上了国际议事日程。

　　本书试图对黑海周边的人们的历史、文化和政治进行整合，来重新唤起人们对于旧日划分欧洲东南边疆的方式的记忆。除了在 20 世纪较短的一段时间内，东欧——起码是特指的那个区域——并非如大多数人所想象的那样，是（欧洲）大陆的东部极限。从波罗的海到黑海的区域，的确曾长期共享同一的意识形态、相似的国内政治结构和大致相合的外交政策。但是我们研究的时段离 1989 年越远，共产主义（如果这个词一直是指代着同一个主义的话）对世界观的影响就越不明显。尤其是对于那些只有一代人经历过共产主义的国家和他们处于非马克思主义式威权主义之下的邻居，例如希腊和土耳其。换句话说，欧洲东部（Europe's East）的历史，不是"东欧"（Eastern Europe）史[4]。

在 20 世纪 90 年代，同质东欧的概念已基本被异质东南欧的概念所取代。东南欧一直以来都是对立的宗教和文化的交汇点，是真正的欧洲和世界其他部分之间的过渡区域。新闻报纸的头条似乎可以佐证这一观点：南斯拉夫的血腥结局；前苏联地区的争斗；摩尔多瓦、格鲁吉亚、阿塞拜疆和其他地方发生的小规模严重冲突；土耳其与库尔德游击队几十年的战争。与社群信仰或是亲缘关系有关的问题，当然是这里内部摩擦一直不断的部分原因。正如著名的美国学者和外交官乔治·肯南对巴尔干半岛的评论：20 世纪 90 年代的暴力可以用"从遥远的部族过去……继承下来的深深鸿沟"来解释。这个地区的人民在懵懂不觉中深受其害[5]。

但是，如果我们透视长期以来的历史，很难认为黑海周边的土地——一片可以被称为"泛东南欧"地区的土地，或者用古代的术语来称呼它"近东"——比欧洲其他地方经历了更多的变化，带有更强的民族烙印，或者有更多的土地、习俗和宗教问题。事实上，黑海在历史上的许多阶段都没有欧洲甚至欧亚大陆其他地方如此多的问题。如果这片海的历史有一条主线，那也不是冲突与暴力，尽管大家都用这两者来描述不相容的"文明"间的边界区域。相反，这个故事是关于 19、20 世纪欧洲的核心组织概念如何在此地姗姗来迟。现代国家（State）在这片土地上出现得很晚，以文化来定义的"民族"（Nation）出现得更晚，民族国家（Nation-State）则最晚产生——在有些地方到20 世纪早期方才出现，在另一些地方甚至晚至 20 世纪末。

本书后半部分的许多章节，都是关于民族的概念是如何突然进入一个对其完全陌生的世界中的描述。之前，这个世界中人与人的联系的支撑点是职业、宗教，或者仅仅是地缘——内地或是海岸，各个村庄之间（这些分类也不是一成不变的）。书中讲述了孩子们如何用他们祖父母看来奇怪的方式来界定自己的位置，人们用同质的、民族的身份认同来替代原本混杂不明朗的身份认同。本书还告诉我们，一个曾经具有重要意义的地理单位如何在几个世纪中被渐渐解构。这片水域的人们之间的联系是如何随着欧洲和欧亚大陆的政治、经济和战略环境的变化而变化。这是一种可以被称作"地理考古学"的实验。它的目的是发掘早已被遗忘的关系网络——这条人类之间联系的细丝隐藏在共产主义和后共产主义等概念的薄膜下，在 20 世纪的后半叶隐没不见。本书写作的中心就是黑海。

## 地区、边疆、民族

到目前为止，在重要术语的使用上，本书都表现得相当随意。所以我应该对书中这些术语的含义和应用做一个简要介绍。第一个是"地区"（Region）。地区与文化及种族一样，出了名的难以定义——并且它的使用通常会遮蔽许多名词的隐含意义。在仔细审查之下，没有几个"地区"的标签能够站得住脚。一旦有人想确定将某一宽广地理单位与其他地域的一系列本质特征区别开来，就会失望地发现，它们都变得不够坚实。从根本上说，地区不是有关其构成单位（无论是个人、群体或是国家）共享的语言、文化、宗教或其他特征的，而是关于联系的：人群或社区之间深远而持久的联系特征是把一个空间与另一个空间区别开来的手段。

本书所涉及的地区，公认其分界模糊不清。众多人群、帝国或国家在特定时间进入或离开，有时带来欧洲的特征，有时则为它所抛弃。但是舞台的中心是黑海及其沿岸地区：从巴尔干半岛延伸至高加索山脉，从乌克兰和俄罗斯南部草原再到安纳托利亚中部。几乎所有该地区的国家都是黑海经济合作组织（Black Sea Economic Cooperation，BSEC）的成员国。这个国际组织在 1992 年为增强东南欧的商业、政治和文化联系而成立。

但是这个区域真的是一个"地区"吗？答案取决于我们如何观察。从严格的地理意义上说，只有 6 个国家能够声称是该合作组织的成员国：保加利亚、罗马尼亚、乌克兰、俄罗斯、格鲁吉亚和土耳其。这些国家控制了周边的主要港口，并且在黑海中拥有领海。然而广义上，黑海地区可以包括从阿尔卑斯山脉延伸至乌拉尔山脉的河流系统涉及的所有地域，其中涵盖 22 个国家的全部或部分领土。上游多瑙河、第聂伯河和顿河发生的事件对黑海生态系统和周边人民的生活有很大影响。从历史的角度考虑，黑海的局部曾数次被一个强大的帝国控制，但是整个黑海海岸在大部分时间内由许多地方统治者和国家所分割。从现代政治的角度看，在 20 世纪 90 年代早期，沿岸诸国和它们的几个邻国一起建立了一个地区性合作组织 BSEC；但是它们之间互相的吸引力在 21 世纪初被欧盟成员国所提供的诱惑所消除。一些 BSEC 的成员国比另一些更符合欧盟成员国的要求。

黑海地区的组成不仅取决于我们审视的方式，还在于审视的时段。在古代社会，一连串的希腊城市和贸易站把黑海的各个角落连接成了一个巨大的贸易网络。这个网络由于内地的强国崛起和波斯及罗马的扩张所动摇；拜占庭与北方的游牧民族，以及巴尔干半岛和高加索地区的基督教王公之间的关系，对黑海的贸易先是有所助益，之后又大大削弱了它。在中世纪，黑海世界在热那亚人和威尼斯人的商业精神中得到了复兴。黑海曾一度置于一个帝国，甚至是一个统治者——奥斯曼帝国苏丹的控制下。之后，俄国的崛起使黑海在一百年间成为分别控制南北海岸国家之间的角斗场。此后，19 世纪与 20 世纪的民族解放运动（比起创建大帝国来说更容易产生小国），把黑海及其沿岸地区转变成了一小片一小片的新兴民族国家的领地。

今天，要论证黑海沿岸居民及他们各自所属的国家是否有一种共同的"地区认同"非常困难。泛东南欧地区各国的政治理想和政治现实各有不同：民主主义和威权主义，改革派和反改革派，真实的国家和想象中的国家。比起进行地区合作，政治领袖更愿意用各种特性装饰自己——更欧化，更倾向北约组织，或者仅仅是更文明——来划清与邻国的界线。但是，黑海依然是一个自成一体的地方，一个由跨海联系（既有合作也有冲突，并关涉人、物和思想各方面）组织而成的地区。在历史的长河中，海岸和内地的各个团体之间都保持着长久的联系。各方的宗教实践、语言形式、音乐和文学形式、民间传说、饮食习惯和社会生活的其他许多方面都受到了彼此的影响。这种相互影响，对于最粗心的研究者（如果这么说太夸张的话，至少是对那些能够超越20世纪占支配地位的、具有民族特色的叙事，从而能够看得更远的人）来说，是显而易见的。

另一个我们需要注意的术语是"边疆"（Frontier）。研究亚洲内陆的历史学家欧文·拉铁摩尔曾经指出，边疆并不等同于边界（Boundary）[6]。边界代表了政治权力自身的界限，一个国家或帝国在地理空间中能行使权力的最远距离。边疆则是在边界两边存在的区域。这是聚集了"边界穿越者"这一独特团体的地方。这里的人们成为穿越政体间的物理边界以及族群、宗教和语言的社会边界专家来生活。边疆人——欧亚草原上的哥萨克人，加拿大森林中的"森林跑者"[①]，美国西部的山民，和其他类似于他们的人们——不是人类历史中跑龙套的，而有着自身独特适应性的极强文化的人。

---

①　coureurs des bois。——译者注

　　这些边疆和其居民的态度在编织帝国和民族认同的过程中占有重要的一席之地。美国历史学家弗雷德里克·杰克逊·特纳认为，对西部不断的征服形成了独特的美国精神——一种在边疆严酷的条件下熔炼而成的欧洲和土著特点混合的精神。特纳在他关于美国历史上的边疆的那篇著名的论文中写道："正如连续不断的冰川产生连续不断的冰碛石一样，每条边疆都会在它身后留下痕迹。当它安定下来之后，这片区域依然会部分带有边疆的特质。"[7]特纳最关注自然挑战对于社会发展的影响，但是他忽略了另一种重要的关系。人们不仅改变边疆的面貌，可能在更大的程度上，也根据边疆的形象改造他们自己。就像拉铁摩尔的作品所指出的，同欧亚草原突厥语族的接触对形成中国人对文明和恰当行为的理解至关重要。相似地，在 19 世纪的俄国，在西伯利亚和高加索的扩张和定居是形成俄罗斯帝国认同和俄国作为欧亚大陆强国的意识的关键元素。在水域边疆，我们也能找到与陆地边疆同样的情况。

　　历史上的不同阶段，我们都能称黑海周边的土地为两种意义上的边疆：处于帝国或国家之间的独特群体的所在地，以及外来者的文化和政治认同的对立面。然而，把海洋看作是一成不变的边疆，坐落于不同文明圈（包括希腊与野蛮人，基督徒与穆斯林）交汇处的观点，或者把它看作是欧洲人自我定义的对立面（例如东方、巴尔干、欧亚草原）的观点，都是把现代偏见带入遥远过去而产生的误读。

　　在近代早期，黑海大部分地区的确是上文第一种意义上的边疆。那时，北部海岸的草原还是地广人稀的稀树草原地带，也就是早期欧洲制图者笔下的"有居民的荒野"（campi deserti et inhabitati）。它处于奥斯曼帝国、波兰和俄国的交界处，在 19 世纪成为上文第二种意义上的边疆。黑海处于两个命运不同的欧洲大国——衰落的奥斯曼帝国和崛起的俄罗斯帝国之间。但是这片海洋和沿岸地区的历史，不只是处于地理上的边缘，并逐渐被整合入帝国和之后出现的现代国家之中的过程。黑海的边缘地位反而经历了犹如正弦函数曲线一样的波动，在落后孤立和被整合进更广阔的地中海、欧洲和欧亚世界之间摇摆不定。这里的边疆（沿着海岸线或穿过海中央）是多重意义上的：生态方面、军事方面、宗教方面、经济方面甚至是流行病学方面，但是没有一重是持续不变的，而且各重边疆的范围错落有致，并不完全重合。

　　当古代希腊人首次接触黑海时，它处于已知世界的边缘，是神话中的野兽、半人和英雄的栖息地。然而，从公元前 500 年左右开始，希腊贸易殖民地的发展不仅整合了海岸地区，还把它们带入了一个更大的、同地中海的交换体系中。这个综合系统一直持续到公元 1 世纪的早期。当时，其他的财富来源大门得以开启，尤其是埃及的谷物运输和穿过印度洋到东方的航线，降低了黑海港口的重要性。这些古老的联系在拜占庭早期，随着君士坦丁堡和北方森林-草原区域居民的皮毛和其他产品的跨海贸易而有所恢复；直到 13、14 世纪，黑海才重新成为世界体系的经济与社会中心。这次，黑海同意大利城邦国家的庞大贸易帝国联系在了一起。在奥斯曼帝国攻陷君士坦丁堡之后，这种联系依然保留着。继热那亚和威尼斯之后，奥斯曼人一度通过征服和与地方统治者共管的形式，得以控制大部分的海岸，利用这个地区丰富的资源来建设他们的帝国。随着奥斯曼帝国在地中海影响力减弱，黑海成为苏丹严守的宝藏，大部分海岸都不向外国的政治和经济势力开放。这种格局持续至 18 世纪晚期，黑海才向西方商人开放。自此以后，黑海再也没有受单一势力的控制。对于该地区财富的新竞赛，尤其是处于萌芽阶段的俄国南部港口的谷物贸易，恢复了这一地区与地中海的联系，并且把它延伸到了大西洋。

　　从 19 世纪晚期到 20 世纪，黑海的海岸线被许多新兴的民族国家所分割。它们都声称不仅对海岸，还对一部分水体享有权利。但是现代国家的产生，并不能保证沿海地区能够整合进一个覆盖范围更广的经济和社会结构。在国家中心设在内陆的新兴国家（今天也仍是如此），海岸地区依然被边缘化。多布罗加省和比萨拉比亚省被黑海、多瑙河和德涅斯特河环抱着，在 20 世纪上半叶是罗马尼亚境内民族成分最复杂的省份，同时也是分离主义和盗贼的温床。现在也仍然是罗马尼亚和摩尔多瓦共和国内部文化多元化的地区，存在着经济停滞和社会服务供给不足等主要问题。在乌克兰，克里米亚半岛问题一直是政府关心的重点。那里有大量俄语人口，俄罗斯海军在此地部署重兵，并有一群无业而又心存不满的克里米亚鞑靼少数民族，这成为巩固新兴乌克兰国家的障碍。在格鲁吉亚，一场在阿布哈兹海岸地区进行的血腥内战，导致了定都于苏呼米的有实无名的阿布哈兹国家在 20 世纪 90 年代建立。除了在东南的库尔德地区，土耳其没有经历它的前苏联邻国所面对的暴力事件。但是它的那部分黑海海岸上，有土耳其人、土库曼人、拉兹人、赫姆辛人和其他族群，对地区的发展构成了严重的挑战。长久以来，这里都是土耳其最贫穷的地区。许多人因为经济原因背井离乡，前往环绕伊斯坦布尔的贫民区，更加剧了这种情况。黑海的现代史于是也成为一部关于黑海沿岸国家的中心与边缘的故事。

最后需要说明的是"民族"（Nation）这个术语。在近代欧洲历史中，与民族相关的意识形态至少包含三个命题。首先是分析性的：民族——共同的语言、文化、历史记忆，常常有特定的家园——是人类社会的基本单位，比阶级、宗教和其他形式的联系更为基本。第二是规范性的：民族享有所有认同它并与它同命运的组成单位的忠诚。第三是预示性的：当民族的人口学边界与其国家的政治边界不重合时，任何试图矫正这种分离状态的社会运动都是可以预见并值得赞扬的。第一命题通常称为民族认同，第二命题称为民族自决，第三命题称为民族主义。这些概念都有其形成的过程。它们出现于18世纪末，在19世纪开花结果。民族的概念已经成为我们思考人类社会和国际政治的思维模式的一部分，这导致我们难以回溯民族概念占主导地位之前的时代。

今天，东欧历史大部分都是从民族角度来讲述的。历史叙述的重点在于，之前没有自我意识的民族如何认识到自己的独特性，然后揭竿而起推翻外国的压迫。换句话说，这是关于人群如何转变为民族，而这些民族又如何建立起民族国家的故事。这种看待事物的方式是意料之中的。在某些情况下，东欧的知识分子依然谈论在共产党时期禁止的话题，包括民族主义。在其他地方，尤其是从南斯拉夫和苏联分离出来的新国家，许多知识分子把联系历史祖先来论证国家刚获得的独立具有合法性当作他们的责任。

然而，写作民族史常常意味着忽略某些声音。在论述过程中需要划分人群，切断团体之间的联系，分析乱成一团的认同的轨迹和不变的边界。人们的真正生活像乐曲，通常是纷乱刺耳的；有时是和谐的大合唱，有时辉煌，但很少是独奏。这本书希望读者能够倾听过去沉默的声音。在历史的进程中，黑海是连接各宗教团体、语族、帝国和较晚出现的民族和国家的桥梁，而非屏障。这是一个像欧洲或欧亚大陆其他地方一样真实存在的地区。

诞生

在几千年的历程中，对于黑海，人们知道了两点。第一，在黑海上航行需要钢铁般的意志和比钢铁更强壮的胃。斯坦利·沃什伯恩是《芝加哥每日新闻报》的一名雇员，他报道了第一次俄国革命之后在离开克里米亚的汽船上提供了一张如何"调制"冬天暴风雨中的黑海的配方。他在黑海的大小上夸张了一下：

> 开一个 900 英里长、700 英里宽的洞，在底下铺满石头，在最令人意想不到的地方散布些岛屿，然后用能够搞得到的最冷的水填满这个洞。把海滩装点得像缅因州的海岸一样，然后在任何一眼看上去是遮风避雨的好去处的地方塞上些暗礁和突出的岩石……现在从南边的海进口一股台风，把它和北达科他的暴雪混在一起后释放。在雪里加上冰雹和霜冻，用白色的浪花装点一下，从拖船里洒下来。现在你就对黑海在 12 月的天气有个大概的印象了。[8]

古代的旅游者应该会同意沃什伯恩的描述。希腊人可能是从一个意思为"黑暗"或"阴沉"的伊朗词中发展出他们对于黑海最古老的称呼：*Axeinos*。民间的"词源学"在实际应用中将其渐渐转化为 Axenos，意为"不受欢迎"，这个称呼也许反映了所有的古代水手对于这片海域的最初印象。暴风总是突然出现。无法穿透的浓雾遮蔽了海岬，让导航变得困难重重。从船上看，比起清澈的地中海，黑海的水显得非常浑浊，可见度只有数米。一段时间之后，希腊和罗马水手为这片海域定名为"*Pontus Euxinus*"（好客之海），可能蕴含着躲避神之愤怒的意思。几个世纪以后的远航者应用相似的逻辑，把非洲危险的南端称为"好望角"[9]。水手们似乎觉得天堂欣赏讽刺。

另一件关于黑海的早就为人所知的事情是，比起其他海洋，黑海还乳臭未干。而它不可预测的行为可能是从暴力中诞生的结果。在公元前 1 世纪，希腊旅行者狄奥多鲁斯·希库鲁斯记载了在爱琴海上的萨莫色雷斯岛的原住民的奇怪传说。老人说这片海曾经吞噬了他们的岛。他们声称在遥远的过去，东方的黑海是一个巨大的湖。在某个时候它突然满溢了出来，毁灭了周围的村庄，开辟了一条通向爱琴海的狭窄通道。这就是博斯普鲁斯海峡和达达尼尔海峡的由来。由黑海涌入的水量非常巨大，导致地中海的海平面上升，淹没了整座岛屿。狄奥多鲁斯写道，萨莫色雷斯渔民偶尔还会在渔网中捕到一两块经过雕琢的大理石柱。这是过去被洪水毁灭的失落的文明的遗迹[10]。

狄奥多鲁斯不是记载这件事的唯一的人。他同时代的地理学家斯特拉波认为这片海曾是一个湖。在不太遥远的过去，许多汇入其中的河流暴涨，使得它满溢。他说，黑海的水是淡水，在严酷的冬季会结冰。野蛮人就会把他们的车推到冰面上，凿洞抓鱼[11]。牛甚至懂得猛踏入浅水中，喝那些被它们激起的浪花[12]。在连接黑海和地中海的海峡中发生了这样的特殊事件：当渔民在博斯普鲁斯海峡撒网时，网会呈 S 型。网的上部飘向地中海而下部被深处的暗流带向黑海[13]。有水手声称，他们可以通过在船的下部系上重物来利用深处的暗流带他们前进。

这些对于黑海起源及其特征的古老解释并不像一眼看上去那样荒诞。在最近一个冰川期的末尾，大约 18 000－20 000 年之前，黑海还是一个又小又浅的水域，只有现在大小的 2/3。地理学家称之为"纽克星湖"（Neoeuxine Lake）。这片湖是数百万年间一系列空间扩张和收缩的最后结果。其间黑海盆地有时与大洋相连，有时与里海的雏形相连，还有时是独立的小型半咸水湖。这个新形成的湖被一道狭窄的、连接欧洲和小亚细亚的地峡同地中海隔开。随着冰川消融，融化的冰水充盈了全球的海洋。在某时，这个湖和地中海相连。在狭窄的博斯普鲁斯海峡和达达尼尔海峡之间形成了过渡的马尔马拉海。

这到底是何时、如何发生的，现在还有争议。启蒙时代的自然哲学家接受了古人的观点——这个有几条大河汇入的湖漫过了它的湖岸，造成了爱琴海的洪水。通过圣经谱系的回溯，法国自然哲学家约瑟夫·皮顿·德·托尼福特把这个日期定为公元前 1263 年的某个时段。"这条路线（博斯普鲁斯海峡）一定是由大自然创造的"，图尔奈福德写道，"因为根据运动的自然定律，水总是往抵抗力最小的地方流。"[14] 在 19 世纪和 20 世纪的大部分时间中，科学家们依据两点否定了这种解释。第一个依据是，地理学的证据显示，两片海的缓慢靠近开始于 9 000 年之前，地中海和黑海湖都因冰川融化而水平面上升。第二个依据是，古代的地理学家和他们在启蒙时代的后继者似乎把过程搞反了：第四纪冰川期结束后，海平面上升的速度要远远大于纽克星湖水平面上升的速度。是地中海入侵了黑海湖，而不是相反。

在 20 世纪 90 年代，海洋学家和地质学家开始制作古代黑海到现代黑海的进化模型[15]。结果发现，黑海的诞生比早先预想的更晚，更快速。对于海床沉积物的地层分析揭开了一些有趣的事实：底层包含了淡水生物的遗骸，一般认为这是古代湖的遗迹；上层包含了海洋生物的遗骸，产生于湖变为海之后；但是在两层之间事实上没有任何的过渡区域。在占统治地位的淡水生物为海洋生物所取代时，沉淀的淤泥非常少，意味着海水与淡水的混合发生在地理意义上的一瞬间。对沉积物中的软体动物甲壳的分析显示，这场事件仅发生在晚近的时候，即 7 500 年之前，也就是公元前 5500 年左右的新石器时代。

那时，在黑海的沿岸地区，特别是南部海岸，人类已开始建立定居点。也许他们也造船横渡这个湖，到遥远的彼岸进行商贸和劫掠活动。但是这些团体的生活可能在一夜之间就改变了。那时候，湖的水平面远远低于地中海的海平面，但是大洋开始上升。随着时间的流逝，地中海开始倾入这个湖。一开始的涓涓细流很快变成了湍流。很短时间内，欧亚之间的地峡被从海平面较高的地中海倾入较低的湖的水流淹没。湖的水平面变化快得令人震惊：高达每天 6 英寸。这个速度相当于海岸线在北方海岸的草原上每天前进 1 英里，直到地中海的海平面和新黑海的海平面相当为止[16]。之前的湖岸线在现在的海平面下 150 米处，用声呐可以清楚地探测到[17]。近来，海洋学家提出了诱人的可能性：探索已淹没的坐落在古代湖岸线上的人类居住遗迹。如果洪水理论是正确的话——确实有人提出反对——曾居住在那里的人目击了一方海的诞生。

并不难想象海平面上升给过去居住在湖岸的新石器时代居民带来的变化。他们的居所随着海岸线的前进而被废弃。他们可能从湖畔迁往欧洲的其他部分和近东。黑海的形成会成为值得记忆的巨大灾难事件。它可能会以民谣的形式进入近东人们的口述传统。就像狄奥多鲁斯·希库鲁斯在黑海大概的形成时间之后 5 000 年发现的那样，希腊语世界的人们依然流传着造成灾祸的洪水的故事。更古老的洪水故事则包含在苏美尔人的史诗《吉尔伽美什》和《圣经·创世记》中，这些故事可能源自黑海洪水泛滥的往事。当然，很多文化中都有洪水的传说，尤其是那些依靠季节性河流涨水来重新补充低洼农地的地方的文化。而且，没有理由相信这种洪水的神话一定取材于一个单一的、真实的灾难性事件。但是如果有人寻找一个由神怒引起的经典灾难的话，黑海的起源一定是很好的素材。

地理和生态

现在，这片海已经延展到了 423 000 平方公里左右，面积几乎是北美五大湖的两倍，比邻近的里海稍大一些，但是却有其 2 倍深，达 2 000 米。从西面的保加利亚港口布尔加斯开始直到东边的格鲁吉亚港口巴统，黑海宽达 1 174 千米。从北部克里米亚半岛的尖端到南部土耳其港口伊内博卢则仅 260 千米。2000 年来，水手们都声称在黑海中央能够同时看到南部和北部的海岬[18]。这些都是老水手讲的故事，不一定真实，但的确反映出人们把南北两岸看作是天然的伙伴，并把黑海视为一个紧密联系的整体。跨海的旅程相对来说用不了多久，而且大部分时间中都可以看到陆地。

在古代，作家把黑海比作野蛮人的复合弓，这非常形象[19]。西边的尽头是博斯普鲁斯海峡（或者更加准确些，"色雷斯人的博斯普鲁斯"），在那里黑海和世界的大洋连接在一起。在东边有里奥尼河，河水是从高加索山脉上流下来的。在北部两条圆弧跨越其间，一条通过保加利亚海岸、罗马尼亚和乌克兰，另一条通过格鲁吉亚和俄罗斯。圆弧向彼此弯曲，形成了两个浅湾。西部浅湾位于多瑙河与第聂伯河河口附近，东部则通向刻赤海峡（也被称为"克里米亚的博斯普鲁斯"），把黑海同较浅的亚速海连接在一起。两条圆弧在射手的手——钻石形的克里米亚半岛处交汇。弓弦，虽然不像古代地理学家想象的那么笔直，在现在的土耳其处伸展开来。

主要海流沿着海岸，按逆时针方向流动。其两条支脉在海中央南北向流动。1823 年，一个英国海军船长声称他们能够不用风帆，只靠海流带动从敖德萨航向伊斯坦布尔[20]。尽管古代的水手大多更青睐沿着海岸线，由海岬导航并利用从海岸吹来的微风，但其实黑海的海流能够帮助人们更快地从狭窄的中部穿过——根据希腊文献，这样的旅程只需一天一夜[21]。

这种互补的海流与海岸线的基本对称对应。在黑海的东端和西端都存在主要的河流，分别是多瑙河和里奥尼河。两者都在其河口制造强烈的逆时针方向海流。在东北方，顿河流入亚速海，通过刻赤海峡流入黑海。博斯普鲁斯海峡的格局也大致相同。浅层海流把黑海较冷的水带入马尔马拉海然后进入地中海（正如希腊人所知的，更暖更重的深层海流从博斯普鲁斯海峡向相反的方向流过）。在北面，克里米亚半岛就像一支箭头一样指向南方。在南部海岸，两片海岬，因什和克伦佩向北伸出。这是如此让人惊异的对称，以至于古代地理学家认为黑海事实上是两片海。东部海和西部海被克里米亚的萨利赫角和安纳托利亚的克伦佩角（两者相距仅 225 千米[22]）隔开。水手警告说越过该条边界线时，海流和风向的变换可能会让船只原地打转[23]。

　　然而上述互不相同的特点每一个都不能算衍生特点，每一个都独立促进了黑海作为不同地域间的交流渠道的作用。从多瑙河逆流而上，穿过匈牙利平原和阿尔卑斯山脉，你就能到达欧洲的心脏地带。往里奥尼河的上游走，在经过一小段平原之后，你就能够看到河流的发源地——高加索山脉中湍急的水流。克里米亚通往北部的欧亚草原地带，而南部的海角通往安纳托利亚的高原。

　　地理上的对称遮蔽了自然条件上的非对称。博斯普鲁斯海峡亚洲一边，暴风和巨浪侵蚀了海岸线。在其上，通向平原的山丘向南延伸过整个安纳托利亚直至托罗斯山脉。再向北的海岸海拔上升，成为陡峭的丘陵和山脉，直至本都山脉。海滩非常狭窄，最宽处也只有 1 英里左右。最窄处只有一片沙滩或者是灰色的碎石，只有现在的海岸高速公路那么宽。茂盛的橡树林和松树漫山遍野，随山势趋向大海。接下来是高加索山脉，自西北向东南横穿隔开里海与黑海之间的陆地走廊。黑海北面直连欧亚大草原，有时在海岸有一道突兀的悬崖阻挡，有时融入沿着海岸的大河的河岸，尽头是掺杂着咸水的河口，即 *limans*。北方和西方因多瑙河、第聂伯河、德涅斯特河和顿河形成的大片湿地，同南部和东部由克孜勒河、耶尔希河和里奥尼河形成的小小的三角洲形成了鲜明对照。天气的差异也是巨大的。在西北方的草原，干热的夏天之后是寒冷的冬天。在东南方的高原，亚热带气候影响下是温和的冬季和潮湿的夏天，有充足的降雨。黑海是两个气候区域的交汇点——寒冷干燥的大陆性气候和温暖湿润的亚热带气候，这就是几千年来水手害怕的可怕风暴的成因。

黑海有独特的生态结构，这可能与纽克星湖的暴涨有关。在地中海的海水涌入纽克星湖时，较重的海水沉入湖底，因此上层湖水盐分较少，其含盐量只有海水的一半左右。黑海和地中海的海水通过博斯普鲁斯和达达尼尔海峡的上层和下层海流不断交换。但是在黑海中，盐分的分布是固定的，很少有上层和下层海水之间的循环。这意味着200米以下的黑海海水没有氧气，也就是"死"的（除了某些生存能力强的细菌）。底部是一片淤泥的沼泽，充满了硫化物并散发出臭鸡蛋的气味。死亡的植物和动物掉落海床，像雪一样覆盖它。低氧状态也见于其他的水体，但是黑海是其所占比重最大的水域。黑海将近90％的水量处于低氧区，形成了世界上最大的硫化氢储备。

自然形成的缺氧状态因有氧区域有机物质腐化而进一步恶化。黑海流域的盆地大约有200万平方公里，其中有多瑙河、第聂伯河和顿河，分别是欧洲的第二、第三、第四大河。淡水的涌入带来大量的有机物质，包括从农业用地冲刷而来和人类产生的废弃物。有机物质的腐烂过程消耗更多的氧气，进一步减少能够使生物生存的表层含氧水。

水生物集中在海水上部的薄薄一层。有些是从纽克星湖时代就生活着的古老生物，如鲱鱼和鲟鱼。其他物种从较冷的河流迁徙而下，通过进化适应了河口附近较淡的海水，如鲽、牙鳕、西鲱鱼和黑海鳟。数量最多的鱼群是几千年前从地中海闯入新形成的黑海的那些种类。这些暖水鱼现在占到黑海动物的80％，其中有些种类在几千年中一直是沿海人类最珍视的猎物。黑海周边说不同语言的人们却用差不多的名字称呼它们：希腊语中的 *pelamys* 和罗马尼亚语的 *pălămidă*，也就是鲣；俄语中的 *lufar'* 和土耳其语中的 *lüfer*，也就是竹荚鱼；格鲁吉亚语中的 *skumbia* 和保加利亚语中的 *skumriia*，也就是鲭；小型的 *hamsi*，或者叫凤尾鱼，在土耳其海岸被视作美味，甚至还有歌曲赞美其多汁的肉制作的点心。

鱼类设法适应了黑海特殊的生态环境并在上层海水中生长繁衍。黑海深处无生气，但是却蕴藏着独特的宝藏。在 20 世纪 70 年代早期，海洋制图学家的先驱维拉德·巴斯科姆提出：黑海深处，尤其是缺氧层可能为海洋考古学研究提供了绝佳的环境。由于缺乏氧气，水中没有在木头中钻洞的软体生物和其他会毁坏古代船只船壳和骨架的生物[24]。之后巴斯科姆被证明是正确的。

在 20 世纪 90 年代晚期，探险家罗伯特·巴拉德，泰坦尼克号的发现者，带领一队学者对土耳其海岸古老的港口锡诺普周边的缺氧层进行了一项突破性的研究。在一个小型水下机器人的帮助下，这个团队探索了深海，并第一次取得了被冷战和先进科技的缺乏延误了的水下考古发现。这些发现中包括一艘 5 世纪时拜占庭时代的船。一些升降索还没有断裂，桅杆上的绳结看上去非常完好，好像这艘船几天前刚刚出航一样[25]。更进一步的研究在保加利亚海岸发现了一艘更为古老的船的残骸，可能上溯至公元前 4 世纪。船上装载着许多长耳双颈瓶和腌制过的淡水鱼。正如巴拉德充满热忱的话所言："更完整的图景是非常令人惊异的。可能有史以来，从人类最早的游荡时期直至今日，每艘在黑海上航行并沉没的船——可能总共有万艘船只的残骸——都在海床上保存了下来。"[26]但这些发现也伴随着一段悲伤的插曲，就在巴拉德的团队首次证实其理论的前几天，维拉德·巴斯科姆逝世了。

没有什么清晰的线索能够帮助我们了解最早在黑海海岸生活过的人们的文化和习俗，或是他们互动的方式。新的、海拔更高的海岸边的定居者建造永久的居住点，耕作并制作珍贵的金属制品；公元前4500 年左右制作的，世界上最古老的金质制品在保加利亚海岸出土。

他们可能知道在海的对岸也有人存在，并沿着海岸线同他们见面、交易、联姻和作战。在各个考古场出土的瓷器和金属制品显示了一种混合的设计风格，暗示了曾经存在着互动和交换[27]。在西北部出土的公元前 2000 年左右的玉斧和矛尖同特洛伊出土的那些物品惊人地相似[28]。

但是我们所知的在海岸处定居甚至跨海航行的族群大多数属于地中海文化。他们穿过达达尼尔海峡和博斯普鲁斯海峡，于公元前 1 千纪中叶开始在这个地区建造永久的贸易前哨站。正是古希腊人把黑海带入人类历史，并第一次将其视作一个独特的地区。

## 注释

1 Mark Twain，*Life on the Mississippi*（New York：Harper and Brothers，1923），p.4.

2 Fernand Braudel，*The Mediterranean and the Mediterranean World in the Age of Philip II*，trans. Sia Reynold，2 vols.（London：Collins，1972）.

3 关于水域关联性的一般论证，可见 Martin W. Lewis and Karen E. Wigen，*The myth of Continents: A Critique of Metageography*（Berkeley：University of California Press，1997）。关于各方海域，则见 Peregrine Horden and Nicholas Purcell，*The Corrupting Sea，A Study of Mediterranean History*（Oxford：Blackwell，2000）；K. N. Chaudhuri，*Trade and Civilisation in the Indian Ocean: An Economic History from the Rise of Islam to 1750*（Cambridge：Cambridge University Press，1985）；Kenneth McPherson，*The Indian Ocean: A History of the People and the Sea*（Oxford：Oxford University Press，1993）；O. H. K. Spate，*The Pacific since Magellan*，3 vols.（Minneapolis：University of Minnesota Press，1979，1983，1988）；Walter A. McDougla，*Let the Sea Make a Noise: A History of the North Pacific from Magellan to MacArthur*（New York：BasicBooks，1993）；Barry Cunliffe，

*Facing the Ocean: The Atlantic and Its Peoples*, 8000 BC – AD 1500（Oxford：Oxford University Press，2001）。

4　拉里·沃尔夫有力地指出："东欧"是未得到发展和未开化的边境地带的观念起源于启蒙时代。但是，虽然沃尔夫在启蒙时代思想家在看待欧洲的东部时有一套特殊观念的说法是正确的，这些思想家未必就会用冷战时期的政治概念来界定"东欧"。可见 Wolff，Inventing Eastern Europe：*The Map of Civilazation on the Mind of the Enlightenment*（Stanford：Stanford University Press，1994）。

5　Carnegie Endowment for International Peace，*The Other Balkan Wars*（Washington：Carnegie Endowment，1993），p. II.

6　Owen Lattimore，*Inner Asian Frontiers of China*（New York：American Geographical Society，1951），chapter 8.

7　Frederick Jackson Turner，*Rereading Frederick Jackson Turner："The Significance of the Frontier in American History" and Other Essays*（New York：Jenry Jolt，1994），p.33.

8　Stanley Washburn，*The Cable Game: The Adventures of an American Press-Boat in Turkish Waters During the Russian Revolution*（Boston：Sherman，French，and Co.，1912），pp.73 – 74.

9　W. S.Allen，"The Name of the Black Sea in Greek," *Classical Quarterly*，Vol. 41，Nos. 3 – 4（July-October 1947）：86 – 88.

10　Diodorus Siculus，*The Library of History*，5.47.

11　Strabo，*Geography*，1.3.6，7.3.18.

12　Flavius Arrianus，*Arrian's Voyage Round the Euxine Sea*（Oxford：J. Cooke，1805），p.7.

13　Procopius，*History of the Wars*，8.6.25 – 28.

14　Joseph Pitton de Tournefort，*A Voyage into the Levant*，trans. John Ozell，Vol.2（London：D. Browne，A. Bell，J. Darby et al.，1718），pp.95 – 96. 除了托尼福特之外，其他重要的早期黑海地质学研究有 Peter Simon Pallas，

*Travels Through the Southern Provinces of the Russian Empire*, *in the Years 1793 and 1794*, 2 vols. (London: T. N. Longman and O. Rees et al., 1802 - 1803)。

15 W. B. F. Ryan et al., "An Abrupt Drowning of the Black Sea Shelf," *Marine Geology*, No.138 (1997): 119 - 126. 这篇论文引起了关于纽克星湖突然暴涨的争论，其反论可见 Naci Gorur et al., "Is the Abrupt Drowning of the Black Sea Shelf at 7150 yr BP a myth?" *Marine Geology*, No. 176 (2001): 65 - 73。

16 William Ryan and Walter Pitman, *Noah's Flood: The New Scientific Discoveries about the Event that Changed History* (New York: Simon and Schuster, 1998), pp.234 - 235.

17 Robert D. Ballard, D. F. Coleman, and G. D. Rosenberg, "Further Evidence of Abrupt Holocene Drowning of the Black Sea Shelf," *Marine Geology*, Vol. 170, Nos.3 - 4 (November 2000): 253 - 261.

18 Strabo, *Geography*, 7.4.3.

19 Strabo, *Geography*, 2.5.22; Ammianus Marclllinus, *Res Gestae*, 21.8.10.

20 George Matthew Jones, *Travels in Norway*, *Sweden*, *Finland*, *Russia*, *and Turkey*; *Also on the Coasts of the Sea of Azov and of the Black Sea*, Vol.2 (London: John Murray, 1827), pp.393 - 394.

21 Jamie Morton, *The Role of the Physical Environment in Ancient Greek Seafaring* (Leiden: Brill, 2001), p.164, note 28.

22 Strabo, *Geography*, 2.5.22.

23 *Black Sea Pilot*, 2nd edn. (London: Hydrographic Office, Admiralty, 1871), p.3.

24 Willard Bascom, "Deep-Water Archaeology," *Science*, Vol.174 (October 15, 1971): 261 - 269. 巴斯科姆建造了一艘船 *alcoa seaprobe*。CIA 使用了他的设计在 1975 年秘密地打捞了一艘沉没的苏联潜艇。巴斯科姆控告他们侵权，但是败诉了。Willard Bascom, *The Crest of the Wave: Adventures in Oceanography* (New York: Harper and Row, 1988), pp.266 - 269。

25    Robert D. Ballard et al., "Deepwater Archaeology of the Black Sea: The 2000
      Season at Sinop, Turkey," *American Journal of Archaeology*, Vol.105, No.4
      (October 2001): 607 - 623.

26    Robert D. Ballard, "Deep Black Sea," National Geographic (May 2001): 68.

27    See Fredrik Hiebert et al., "From Mountaintop to Ocean Bottom: A Holistic
      Approach to Archaeological Survey along the Turkish Black Sea Coast," in J.
      Tancredi (ed.), *Ocean Pulse* (New York: plenum, 1997), pp.93 - 108; and
      Ballard et al., "Deepwater Archeology," p.608.

28    Fredrik T. Hiebert, "Black Sea Coastal Cultures: Trade and Interaction,"
      *Expedition*, Vol.43, No.1 (2001): 12.

我们发现在整个世界中，除了斯基泰之外，黑海周边的
国家是我们了解最少的地区。

——希罗多德，公元前 5 世纪


海！海！

——色诺芬的部队到达黑海海边时

的反应，公元前 4 世纪


你是怎么想的
我对于待在这片被神遗弃的土地的感觉……？
我无法忍受这里的天气，我还没有习惯这里的水，
甚至这里的风景有时也困扰我的神经。
这里没有足够的住房，没有合适的菜肴
也没有高明的医生，能够治疗伤残。
没有朋友来慰藉我，和我交谈
充实缓慢流逝的时间：既疲劳，又厌倦
在边境的部落中，在遥远的彼岸，我为
自己因这里没有的东西所引起的疾病而困扰

——奥维德，公元 1 世纪

# 第二章 好客之海: 公元前 700 年到公元 500 年

我们对于古代黑海的印象不可避免地受到有限的文献的影响，而且所有这些文献记录都有各自不能避免的问题：像希罗多德那样，公元前 5 世纪的历史学家，可能有或可能没有亲临实地的外来观察者的作品；像公元前 4 世纪沿着黑海南部海岸行军的色诺芬那样，自我中心的回忆录作家的作品；300 年之后的，像斯特拉波那样，出生于海岸不远处（在今土耳其阿马西亚）的，较为可靠的地理学者的记录；还有许多的政治流放者和靠二手资料进行报道者的手笔。前者只关注对身体有害的天气和抱有敌意的土著，而后者无非是添油加醋，或者编造好听的故事。

与黑海的人民相隔甚远的希腊作家对他们自然没有好感，不论是对内陆的野蛮人，还是对在海岸建立城市和定居点的希腊移民。色诺芬记述到，他在整个黑海南部海岸——从特拉佩苏斯到博斯普鲁斯——遇到的唯一一座“真正”的希腊城市只有拜占庭。其他城市的气质风貌都受到了同非希腊人的接触的影响，几乎难以看出还是希腊殖民地[1]。最重要的是，许多古代作家喜欢把他们熟悉的世界，同他们在黑海周边遇到或是听到的奇怪风俗做比较。然而，正如几代考古学家和其他学者研究显示的，黑海不是“文明”和“野蛮”世界的交汇处，而是外来者——起先是希腊人，后来是罗马人——迅速融入当地的生活方式和风俗大杂烩的地方。从最早的希腊远征时期到罗马军团到来之时，语言、人群、文化界线的模糊都是黑海地区的特征。

### 世界的尽头

希腊人于公元前一千纪的上半叶（也许更早）就进入了黑海地区。起先，他们可能只是在南部海岸寻找金属，但最终把活动范围沿着北岸的河流而上扩大到了欧亚草原。他们扩张的动机很明显，在大河中航行更方便，充足的渔获和造船用的木料保证了商业的繁荣。爱琴海周边人口的上升造成了食物的短缺，这成为向北殖民的动力[2]。

毫不夸张地说，驶入黑海时，古代拜访者进入的是当时人们所理解的世界的尽头。根据柏拉图的作品，世界从赫拉克勒斯之柱延展到法西斯（里奥尼）河，从地中海的西端到黑海的东端[3]。在古代的宇宙观中，大陆和岛屿存在于一片被海洋环绕的平台上。世界上主要河流——尼罗河、多瑙河、顿河——的源头就是这片无边无际的水域。从理论上说，一个人可以绕着世界的边界航行，通过大河或是再从陆路回到他的出发点。

古代作家把希腊人与黑海的最早接触回溯到神话中的英雄时代。他们赋予这片海许多世界尽头才有的神奇特质。许多形成希腊大众宗教的神话都发生在黑海周边。位于多瑙河河口（一说是第聂伯河河口）的一个岩石小岛上据说有阿喀琉斯的坟墓。在南部海岸，赫拉克勒斯进入冥界去驯服看门狗刻耳柏洛斯。亚马孙人就居住在土耳其北部的提尔莫顿河（提尔姆）河口，或者在另一个版本中，在俄罗斯南部的塔奈斯河（顿河）流域。克里米亚半岛是陶里人的家园。他们血腥的女祭司伊菲艾妮雅把过路的旅行者献祭给阿尔忒米斯。在东面的高加索山脉中，盗火者普罗米修斯被绑在一块大石头上，肝脏为老鹰日日啄食，直至被赫拉克勒斯解救。

当地中海旅行者真正接触到居住在黑海沿岸的人们时，他们用与神话故事相去不远的方式描绘他们。据色诺芬记载，在黑海南岸有一个名为莫叙诺依科伊人（*Mossynoeci*）的好战部族。他们可以召集起一支有三百多艘独木舟的劫掠舰队[4]。在黑海西部沿岸，据说性好劫掠的色雷斯人会在海岸线上满是乱石的地方挂起灯笼，让人以为这里是避风港。许多水手像飞蛾扑火一样上当，在海岸边留下满是财宝的残骸[5]。关于在克里米亚居住的凶猛的陶里人的故事可能就是基于克里米亚当地原住民的类似故事。在东北方，原住民乐于海盗行径，攻击一切经过的船只的故事让希腊人把他们和神秘的希腊神话中的祖先联系起来。高加索的阿凯伊人据说是阿伽门农军队的一部分，在特洛伊战争之后在回家的路上迷失。他们的邻居，亨尼契人（战车手）是半神卡斯托尔和波拉克斯的驾车人的假想后代。他们在盗取金羊毛的旅程中陪伴着伊阿宋。据说这两个部落常常驾驶伪装为商船的船在海岸徘徊。一旦有外国船只到来，他们就冲上船扔下船上的货物，并把船员扣为人质。然后他们返回没有港口的海岸，把船扛在肩上，像幻影一样消失在森林中[6]。

　　黑海周边还生活着许多人们不太了解的族群，展示了希罗多德、斯特拉波、普林尼及其他希腊和罗马作家总结编排的人类奇特习俗的嘉年华。在黑海西海岸地区，在现在保加利亚的港口瓦尔纳附近，据说有一群被鹤从原来居住地赶走的俾格米人[7]。海帕波利阿人——字面上的意思是"在北风远处的人"——居住在极北方。他们的科技先进并拥有奇迹般的力量。在他们附近是更奇怪的族群：有同狮鹫为了金矿的控制权进行永无休止的战争的独眼阿里玛斯普斯人；另一个部落的人在一只眼睛中有两个瞳孔，而另一只则像马一样。这些人居住在有着异常的长胡子和吃虱子的部族旁。还有的部族会变成狼、有像山羊一样的蹄子或一年要睡六个月[8]。

　　数位古代作家提供了居住在黑海海岸周边的部落的详细列表。但是这些记述混合了想象和道听途说，即使到拜占庭时代也很少基于一手资料。当希腊人刚到来时，这里的海岸可能已经有定居社区或是游牧联邦居住，但是现在我们只能用很宽泛、主要是地区性质的标签来区分他们：在西面的是色雷斯人，他们在古典时代晚期以出色的作战技术和对短剑的运用而扬名四方；更北面的是斯基泰人，有些过着游牧生活而有些则定居。他们养马、种植谷物并攻击希腊商人和移民；在东面是各个好战的部族，居住在高加索的群山之间；而在低地居住着科耳喀斯人。他们在青铜时代就建立了强大的王国：在里奥尼河畔的湿地中建造了许多在小丘上，主要由长形小屋组成的村庄[9]；在南部海岸居住着卑斯尼亚人和帕弗拉戈尼亚人（可能起源于色雷斯人），以及一些从高加索地区向西移民来的山地部落。即使上述这些希腊人已承认他们是人类的部族，也常常被冠以一个神话的过去。希罗多德就相信科耳喀斯人是埃及人的后代，因为两者都有一头卷发，行割礼并纺织亚麻[10]。

任何把海边的古老居民（无论是想象的还是真实的）同现代的民族联系起来的努力都是徒劳的。在任何古代民族——包括希腊人——和宣称是他们后代的现代人之间都没有一条连贯的谱系。即使是古代作家笔下作为独特群体出现的民族，在历史记录中也是模糊不清的。他们出现又消失，并没有留下很多有关他们的文化和习俗的材料。在黑海流域有记载可考的最早的族群——西米利人的情况便是如此。我们仅仅是因为他们明显是被迫从黑海北部和东部的家园逃离，成为流浪武士后才知道他们。在流浪中，他们遇见了更古老的位于中安纳托利亚和美索不达米亚的有文字的文明，这些文明记载了他们的到来。西米利人据说是被一群从东方来的侵略者，也就是斯基泰人从家园中赶走的。一群西米利移民于是向西南方进入色雷斯，另一部分则向东南方进入高加索。这两支在小亚细亚会合，在被亚述帝国征服之前骚扰了当地的王国。这可能是有历史记录以来最古老的难民危机。这个故事在希罗多德和其他古典作家的时代就已经成了古老的历史[11]。

西米利人在近东的古代文献中像幽灵一样忽隐忽现。《圣经·创世记》把他们和诺亚的一个曾孙戈默，联系在一起（10：2－3），而耶利米在哀叹"从北方国度"来的装备着弓和矛的残忍骑手的入侵时记述，他们的声音像"大海的咆哮"（6：22－23）。如果这种北方游牧民族的入侵的确发生过——无论是一股单独的浪潮还是一系列进入安纳托利亚的游牧移民——那根据文字记录，应该是在公元前8世纪左右。这之后西米利人迅速从历史上消失；仅被偶尔提及。然而他们还是留下了一些足迹。黑海的主要半岛以他们命名：克里米亚。而其中最著名的人物最终出现在美国：幻想王国"西米利亚"的王子——野蛮人柯南。这个角色在20世纪30年代由畅销幻想作家罗伯特·E.霍华德创造，惊奇漫画公司让他动了起来，而阿诺·施瓦辛格的电影作品使其永垂不朽。

希腊航海者和贸易者前往黑海可能是由西米利难民驱动的。他们带来了关于富饶的北方消息[12]。在想象中的西米利入侵之后不久，爱琴海的希腊语民族开始对黑海地区产生了浓厚的兴趣。在小亚细亚沿岸的伊奥尼亚的希腊城邦向北面和东面派出了小规模的探险队。大胆的船长驶过博斯普鲁斯海峡，在海峡那一边的乱石嶙峋的开阔海域张起帆，可能是随着海流来到了卑斯尼亚和帕弗拉戈尼亚海岸，或者利用有利的风向转向西方，沿着色雷斯海岸航行。

### "池塘边的青蛙"

在之后被加诸这些远征者身上的许多史诗特征中，是企业精神而非征服或探险欲驱动着这些远征。贮藏在船只货舱中，或是桨手板凳下面的是布料、装满葡萄酒和橄榄油的双耳瓶。回程的船只则满载着从本都和高加索山脉森林中砍下的造船木料，从高加索和喀尔巴阡山脉中挖出的铁和其他贵金属，里奥尼河三角洲产的小米，北部河流流域产的小麦。随着时间的流逝，伊奥尼亚的母邦开始资助在沿海地区建造城镇的行为。安置希腊移民的受母邦永久保护的子邦在公元前 7 世纪中叶开始出现。这些希腊移民后来成为同当地原住民交易的中间人。

好几个城邦试图从大海中得利，但是没有一个能够比米利都更成功。这个在伊奥尼亚海岸最南面的大城市，一直以来都是爱琴海上主要的商贸中心。但是在公元前 7 世纪中叶，它把主要的注意力转向了北面。在接下来的 150 年中，公元前 5 世纪之前，它是希腊世界中最强大的城邦之一，控制了通过博斯普鲁斯海峡的交通，通过谷物、金属和腌制鱼类的贸易汇集了财富。它在黑海海岸的殖民地也非常成功：南部的锡诺佩；高加索山脚下的迪奥斯库里亚；控制亚速海入口的潘提卡佩；还有在黑潘尼斯河（布格河）河口的奥尔比亚，是通往北方草原的大门。

到了公元前 5 世纪，这片不太友好的恶海比之前的几个世纪更受到希腊人的欢迎。希腊殖民地处处点缀于海岸之上。苏格拉底把连点成线的海港比作"池塘边的蚂蚁或青蛙"[13]。四角帆的远航船只从马尔马拉海及爱琴海的港口驶来，小型的近海船只从黑海沿岸的一个殖民地航至另一个，挖空的独木舟则沿着主要河流运输货物。有些城市是贸易站（emporia），其主要功能是使贸易更加顺利。有些则获得了城邦（polis）的称号，拥有自治的政府和公共机构。慢慢地，成功的殖民地领袖们改进了港口设施，添加泊位或是防波堤，保护港口不受臭名远扬的暴风影响，也防止海岸线被进一步侵蚀。对于母邦的依赖已经成为遥远的记忆，他们把母邦当作了平等的伙伴。

有几个城市在整个希腊世界和之后的罗马世界中声名远播。斯特拉波在公元前 1 世纪评论道：锡诺佩（Sinope，现在土耳其的锡诺普）

是"世界的那个部分中最值得注意的城市"[14]。它位于一条狭窄的堤道上，在一个更大的半岛的背风面。作为深水港口，从博斯普鲁斯海峡到高加索之间，其品质是最优良的。港口设施包括了令人印象深刻的碇泊区。城市内有体育场、市场、带柱廊的建筑。城墙环绕着壮丽的卫城。而城市附近就是哈赖斯河（克孜勒河）形成的丰饶平原，可以放牧山羊和绵羊。土地也种植橄榄树，这在黑海周边并不常见。各种贸易充实了城市的财富。锡诺佩是横穿黑海至克里米亚之前的主要歇脚点，而跨海联系则是这里经济的生命线。在北部海岸出土了大量橙色和黑色的锡诺佩双耳瓶，部分锡诺佩双耳瓶上有一只鹰抓着海豚的鲜明标识。

锡诺佩发展得相当兴盛，发行货币并建立了自己的子邦，其中最重要的是东面的特拉佩苏斯（Trapesus，现在土耳其的特拉布宗）。虽然特拉佩苏斯不是天然的良港，但是它拥有绝佳的地理位置。它位于通过本都山脉的古老陆路的尽头。这条道路通过日卡纳（Zigana）山口，穿过亚美尼亚高原，到达底格里斯河和幼发拉底河河谷。这个城镇令人惊异的是城堡建造于深深河谷之上的悬崖顶，以防备围绕它的高地原住民突起敌意。

在高加索海岸的城市没有如此的成就，但是他们用自然的馈赠和地方特色弥补品味上的缺乏。在法西斯（米利都在里奥尼河河口的殖民地），木材顺流而下，同其他制造船只的重要材料：帆具所用的麻、蜡，作为密封剂的沥青，还有著名的科尔喀斯亚麻布一起，装上海岸船只。在两到三天之内，这些货物就能运抵锡诺佩，装上远航至爱琴海的大船[15]。再沿着海岸向前，在迪奥斯库里亚（Dioscurias，靠近现在格鲁吉亚的苏呼米），无数的非希腊部落从高加索山脉上下来，同外国船只会面。据说在这里做中转生意的商人需要 130 个翻译——当然这有所夸大，但是不中亦不远矣[16]。渐渐连内地也能够享受商业贸易带来的成果。到公元前 1 世纪，比法西斯更远的地方也出现了城市，有瓦片屋顶的农场小屋、市场和其他公共建筑。一个世纪之后，据罗马历史学家普林尼记载，横跨河流的许多桥上总有向市场去的人[17]。

克里米亚有许多最好的良港和由附近的亚速海提供的充足的渔产获。这本是一片充满吸引力的土地。然而，对于土著人的恐惧可能是阻止大规模希腊移民的原因。直到相对较晚的公元前 5 世纪，希腊本土麦加拉的殖民者才建立了克尔涅索斯（Chersonesus，在现代乌克兰的塞瓦斯托波尔附近）。之后其光芒则被他们最重要的殖民地——拜占庭所遮掩。但是在这里，同黑海的其他部分一样，米利都人最为活跃。他们在潘提卡佩（Panticapaeum，现代乌克兰的刻赤）的殖民地控制了亚速海的入口；它的卫城有各种公共建筑，其港口据说能够容纳 30 条船。我们再把目光投向西边的海岸，提奥多西亚（Theodosia，现代乌克兰的费奥多西亚）的人们建造了能够容纳 90 条船的港口。肥沃的土地环绕着这个城市，为城市居民提供粮食[18]。

在西南沿岸，深水港口很少，但是大河和湖泊提供了充足的鱼类和前往内地的通道。据希罗多德所说，波瑞色内斯河（第聂伯河）是其中最大的一条河：

> 我认为，波瑞色内斯河不仅是这个地区最有价值和最高产的一条河，也是世界上除了尼罗河以外，最重要的一条河。它提供了最好最充足的牧场，数量丰富的各种鱼类，和质量最好的饮用水——又清澈又明亮……；世界上没有地方比黑海沿岸产的谷物更好。在没有耕地的地方，牧草在世界上也

最为茂盛。[19]

别列赞（Berezan）也许是整个黑海北部海岸最早建立的殖民地，位于波瑞色内斯河河口的一个半岛（现在是一个岛）上。渐渐地，它更年轻、更富有的邻居使这个古老的殖民地黯然失色。奥尔比亚（Olbia）位于布格河流域，靠近它与更大的第聂伯河的交汇点。它巅峰时可能最多拥有1万的人口。城中有献给宙斯和阿波罗的圣地。市民在巨大的市场中进行买卖[20]。在那里，著名的金匠制造着混合希腊和野蛮人设计元素的艺术品。这些金制品现在成了乌克兰和俄罗斯博物馆中的珍宝。

更西边殖民地的特色，是希腊人与当地人更频繁地交易。靠近多瑙河三角洲的米利都城市伊斯特拉（Istria）和托米斯（Tomis，现在罗马尼亚的康斯坦察）；奥德苏斯（Odessus，现在保加利亚的瓦尔纳），一个有着避风港的米利都殖民地；和南边的墨森布瑞亚（Mesembria）和阿波罗尼亚（Apollonia，现在保加利亚的内塞巴尔和索佐波尔），这些麦加拉和米利都的殖民地都有可供食用的鱼和良好的耕地。它们在地理上更靠近希腊世界的中心，可以同时利用海上和陆路贸易。在色雷斯人之中定居也相对安全。色雷斯人从殖民时代的早期已经定居下来，形成了相对强大的政治实体，他们渴望从同这些新来者的交往中获取利益[21]。

黑海殖民地的发展由它们在古代世界的经济地位推动。一艘顺风的商船可以在9天之内，从亚速海航至爱琴海上的罗得岛[22]。其庞大的船舱可以装下许多能卖个好价钱的货物。在内地种植的小麦和大麦是伊奥尼亚和希腊本土的主要粮食供应来源。（在与斯巴达作战时，雅典渐渐开始依赖于该地区的谷物。斯巴达对达达尼尔海峡的封锁是雅典投降的原因之一。）[23]现在在整个东南沿海产量依旧非常高的榛子，当时最远能运输到亚历山大[24]。诗人维吉尔用诗歌来赞扬罗马船只从这一带运来的铁、味道醇厚的油和松木[25]。

稀有的动物和植物也是西运的货品。在海东面的商人发现了一种特殊的、黄铜色的禽类。它有长长的尾羽和多汁的腿肉，产于法西斯附近的低地，并被出口到希腊和意大利。最终希腊人和罗马人学到了如何饲养这种禽类，但是它的名字一直揭示了它的原产地：pheasant（雉），也就是"法西斯的鸟"。一种在南部海岸的克拉苏斯殖民地周边种植的红色水果在罗马时期非常流行。根据传统，这个殖民地用自己的名字命名了这种水果，之后许多人采纳了这个名称：用拉丁语把它叫作 cerasum，英文叫作 cherry（樱桃）。尽管有这些异常迷人的出产，也总有危险的产品存在。当色诺芬和他的希腊雇佣军于公元前 4 世纪沿着南部海岸行军时，他们发现这个地区美味的蜂蜜会使人发疯[26]。

黑海地区的渔获很充足，而在不同的地方都有稳定的盐的供应，尤其是在浅水地带，以及连接克里米亚半岛和北部海岸的地峡处。这意味着捕获的鱼可以一路保存运到爱琴海。鲣鱼和金枪鱼的需求量都很大，无论是整条腌制还是切成小块的腌鱼。在公元前 1 世纪的罗马，一罐本都腌鱼可以抵得上雇工一天的工钱[27]——即使是像普林尼抱怨的那样，这种美味会造成胃胀气[28]。

每年各种鱼类大批洄游的时节就是渔民和商人工作特别繁忙的时节。在冬天，凤尾鱼大量聚集在黑海的温暖水域，也就是安纳托利亚和克里米亚海岸的浅水区。到春天，它们就洄游至亚速海繁殖。主要猎食凤尾鱼的鲭鱼在冬天待在更南边的马尔马拉海，在春天则成群结队地前往黑海的捕食场。鲣鱼有自己的洄游方式。它们按顺时针方向沿着西北部海岸到博斯普鲁斯海峡度过夏天和秋天。据斯特拉波记载，在鱼群贴着海岸，寻找前往南方更温暖水域出口的洄游中，特拉佩苏斯的居民总是第一个抓到鲣鱼，然后是锡诺佩的渔民，最后是拜占庭的居民。然而当鱼群抵达博斯普鲁斯海峡时，鱼还是多得用手就抓得起来——起码渔民是这么宣称的[29]。在 18 世纪晚期，自然学家彼得·西蒙帕拉斯在南俄罗斯地区找到了依然用和两千年前的祖先同样方法谋生的渔民。他们在亚速海中抓鱼，把鱼肚肉切成小块，腌制以后向爱琴海诸岛出口[30]。

### "种族的熔炉"

黑海起伏不定的商贸情况不仅取决于伊奥尼亚母邦和它们的殖民地，还取决于希腊殖民者和当地原住民之间的关系。对于地中海的居民和旅行者来说，黑海的原住民当然是"野蛮人"（barbarian）——也就是不说希腊语的人。但是他们不一定是"野蛮的"（barbaric），起码不是这个词在现代的含义。至于在其他的边境地区，本都希腊人则用他们独特的方式进行适应，甚至吸收一些当地的文化。这部分是因为"希腊性"本质上就有灵活性，部分是因为在长时段交往中各文化群体间自然就会有习俗上的互通有无。随着时间的流逝，一种杂交的文化诞生了。正如俄罗斯学者米哈伊·罗斯托夫采夫评论的，这里是"种族的熔炉"，混合了各种艺术的形式、生活的方式甚至是海岸地区和内地的语言[31]。慢慢地，古代雅典诗人和剧作家想象出来的"希腊人"和"野蛮人"之间的界线变得越来越模糊[32]。

这种共生关系的细节我们还不清楚。但是考古记录是有力的证据。即使是希罗多德这样的作家也为这种关系所取得的成就感到震惊。在他的时代，就已经出现了受到殖民者和原住民双边影响而形成的文化。在别列赞，最早的希腊移民模仿当地人建造半地穴式房屋御寒[33]。有些城市则把野蛮人的形象也绘在他们的货币之上。所谓的色雷斯骑手（一个披风飘扬的骑手）能够在整个黑海西岸的墓葬中看到。文化影响是相互的。在盖洛诺斯——一个位于叫作布迪尼的北方部落领地之中的城市，野蛮人树立起了尽管是木制的但却是希腊式的雕像和圣坛。他们也庆祝狄奥尼索斯节。据希罗多德记载，他们的语言是希腊语和蛮族语言的混合。他甚至猜测这些原住民原本是希腊人，只是接受了野蛮人的生活方式而已[34]。（他描绘的可能是现在已经挖掘出的一处考古场。在第聂伯河河畔的考古场所中有一座超过 30 公里长的巨大木制城堡。）[35]希腊和非希腊人之间的联系，有时一直从真实世界延伸到神话时代。晚至 2 世纪时，保萨尼阿斯依然认为神秘的北极人通过住在黑海北部的野蛮人，向雅典进贡他们的水果[36]。

在黑海北部和西北部，文化融合现象最为明显。这有两个原因。第一，该地的地理特征——有大河穿过的海岸平原——使海岸城市与内地之间的联系十分便捷。相反地，南部和东南部海岸的殖民地位于海岸的边缘，背靠高地。第二，与北部和西北部的殖民者互动的野蛮人，其文明和政治组织形式似乎在希腊人到来之前就十分完备。正是在这个地区，欧洲人遭遇到了斯基泰人。这是定义宽泛的一群人，他们在雅典和其他地中海古代希腊文明中心的古代作家的想象中就是本都世界野蛮人的标准样本。

对于古代作家来说，"斯基泰人"这个标签通常是地理意义上的。斯基泰人应生活在寒冷的环境中，主要以养马游牧为生。我们对被统称为"斯基泰人"的各部族之间不同的语言和文化的知识主要来自希罗多德。而他的依据主要来自其他的旅行者或仅仅是道听途说。他说，斯基泰人把自己视为世界上最年轻的种族。他们的起源神话——与一位神同一个河流仙女的结合有关系——仅发生在一千年之前[37]。他们分成数个部落，语言互不相通。有些种植用来出口的谷物；有些居住在森林中；有些在稀树草原上流浪。他们喜欢用敌人的头骨做饮酒杯，把敌人的头皮做成披风。他们向奶牛的肛门中吹气挤奶，洗大麻蒸汽浴，这让他们"快乐得嚎叫"[38]。他们特别崇敬战神，用灌木枝做成的祭坛上顶一把剑来祭祀他。他们之中有些人据说得了由男变女的怪病（可能指社会性造成的双性化，或者甚至是因为长期骑马长了痔疮而流血不止）[39]。希罗多德提出，他们最伟大的技能是自我保护。当面对入侵者时，他们像一群受惊的鹿一样逃窜，在草原上消失[40]。

希罗多德对于斯基泰人的描绘为大多数古代地理学家所接受，被认为是北方所有野蛮人的真实情况。它最终也被所有的罗马和拜占庭作家接受。许多希腊本土人将会和真实的斯基泰人有直接接触。他们将这些描述，甚至是最富于想象的那些都加诸他们身上。在雅典，斯基泰移民常常被雇为弓箭手，并出现在阿里斯托芬的喜剧中（这些喜剧是古代的无声滑稽电影）。考古发掘证明希罗多德的描述部分正确。一种强大的游牧文化的确曾在整个本都草原出现过。对于马、大麻和争战的喜爱在这些部落中都占据了重要地位，其证据保留在了大量的墓穴中。这些墓穴的分布区域从现代罗马尼亚一直延伸到中国的西部边境[41]。但是当斯基泰人在希腊本土和伊奥尼亚作家眼中像是文明的反命题时，在黑海沿岸的希腊人看来，他们却既是保证殖民地的供给和出口的谷物的重要来源，而他们的军事实力又可能是一种威胁或安全保障，这取决于当时的政治情况。

真正的斯基泰人包括大量部族，可能起源于伊朗，过着游牧生活。他们属于最早牵牛赶马、从中亚迁移到西方的一批人。到公元前700年左右，他们似乎已经赶走了早前在这里的，也是从东方迁徙而来的西米利人。

斯基泰人到达黑海地区给近东的诸王国敲响了警钟。同斯基泰人发生冲突的记录在许多古代文献中都有出现。当然斯基泰人在其中都有着不同的称呼。他们可能是希伯来文献中的阿什肯纳兹（Ashkenaz）

人（《圣经·创世记》10：3），或者是公元前 6 世纪波斯人征服的他们
称为塞种人（Saka）的东方民族。伊朗西部著名的贝希斯顿铭文上雕
刻着大流士和他征服的敌人——被铐住的斯昆哈（Skunkha），塞种人
的统治者。他有着长长的胡子，这就是北方野蛮人的标准像。（在征
服了东方的斯基泰人之后，大流士于公元前 513 年又发起了一场不成
功的、对抗西方的斯基泰人远亲的战役。）

　　当希腊人来到北部海岸时，斯基泰部落已经成为多瑙河和顿河之
间的主要族群。到公元前 300 年时，他们已在整个地区建立了一定程
度的霸权地位，也许只有克里米亚高地在他们的控制之外。有些人放
弃了游牧生活，成为定居的农民，种植对黑海商人极有吸引力的谷
物。在乌克兰和俄罗斯的考古发掘中发现了斯基泰"黄金时期"的遗
迹：土木结构的住房，精致的墓地，这些依然矗立在草原的地平线
上；精美的金饰品，可能是更靠近海岸的金匠的手工制品。有些金制
品起初反映了游牧生活主题，关于神圣的动物以及狩猎。但是渐渐地
让位于家庭生活——挤羊奶，换弓弦，鞣皮——甚至是从希腊万神殿
中借用来的神和英雄。珍贵的宝石和不实用的装饰武器，包括典型的
戈里托斯（Gorytos，一种弓和箭袋的组合），表明草原的流动文化开
始接受许多希腊邻居的定居特征。这个时期甚至还和一位特定的国王
的统治联系在一起。他名叫阿特阿斯，也就是之后罗马文献中的"斯
基泰之王"。据记载他于公元前 339 年在同马其顿的腓力二世的战斗
中阵亡[42]。

　　斯基泰人是娴熟的骑手，而马形成了他们物质文化的根基。外邦
人也经常对他们的战士气息印象深刻。斯基泰部落的各种绰号——例
如"马奶者"——已经在《伊利亚特》中出现，反映了希腊人对于他
们主要的食物的羡慕：饮用发酵过的奶。这种酒类饮料现在在中亚地
区还十分流行。马是一种必需的动物，而鹿是一种传奇的动物。许多

斯基泰墓穴中的金饰品都取鹿的形象。这种动物整个背部呈现的鹿角螺旋在许多个世纪之后激起了新艺术家的狂热。斯基泰人也为他们的马制造精致的鹿角头饰，把他们驯化的动物同对神圣的鹿的神秘热忱联系在一起。

除了埃及人，希罗多德的《历史》在斯基泰人身上花费了最多的篇幅。事实上，这两个民族代表了古希腊人对于古代世界认识的边界。根据希罗多德所说，后者，是大地上最有文化的民族。他花费了大量笔墨介绍他们的习俗、建筑和农业生产。对于黑海周边的人民他则没有那么狂热。让希罗多德和其他作家对于斯基泰人印象深刻的原因是：他们的社会与希腊人的社会如此不同——或者是他们的习俗看上去如此相近却又完全不同。他们乘大篷车穿越草原，正如希腊人用船只跨过海上的波涛一般。他们在节日中祭拜伟大的祖先并为英雄建造纪念碑，但是在仪式的最后却疯狂地杀人祭祀。他们喝葡萄酒但是却不掺水。

然而，这些粗野的人中却有一个例外。他的名字是阿纳卡尔西。他是唯一一个希罗多德认为值得在细节上细细描述的斯基泰人。他可能以一种曲折间接的方式推动了西方文明的发展。

## 一个斯基泰人如何拯救了文明

希腊作家通常把斯基泰人描绘成讨厌外来者的保守民族。他们总是远离那些可疑的、同自己生活方式格格不入的外来生活方式。在考古发掘中出土的大量文化交流证据面前，这种看法似乎站不住脚。但是希罗多德说，阿纳卡尔西，这位斯基泰人中少见的热爱旅行并十分博学的人，在世界许多地方居住并讲学之后，最终踏上归途。在穿过博斯普鲁斯海峡进入黑海之前，他在马尔马拉海的希腊殖民地歇息。在那里他看到了祭祀西布莉的仪式。西布莉起先是小亚细亚的一个神，后来对她的崇拜传播到了希腊世界。阿纳卡尔西对她印象非常深刻。他发誓，如果女神能够保佑他旅途平安，他就把这个仪式带到斯基泰。

女神果然保佑了他，他也践行了诺言。一回到家乡，他就隐居在森林的深处，手拿着鼓，进行他在希腊人那里看到的仪式。但这时悲剧发生了。对此诗人第欧根尼·拉尔修后来是这样描述的：

> 一回到斯基泰，巡游者阿纳卡尔西
>
> 就试图让他的同胞接受希腊生活方式。
>
> 但是一支带翼的箭把他送去见了神
>
> 一个未讲完的故事此时还含在他口中。[43]

在仪式进行到半途时，阿纳卡尔西被斯基泰国王发现。国王拉开弓把这个部落的浪子直接射死。据希罗多德报告，这就是为什么如果有人旅行至斯基泰并询问有关阿纳卡尔西的事情，地方上的人都会回答从来没有听说过这个人。这都是因为他前往国外并接受了有害的外国习俗[44]。

到希罗多德的时代，即公元前 5 世纪，在雅典受过教育的阶层中，阿纳卡尔西已经成为他们经常引用的人物。他以对德性的精炼评论和善于奚落傲慢的哲学家而出名——也许可以算作是当时的奥斯卡·王尔德。他是野蛮人德性的楷模。柏拉图赞扬他是有独创性的发明家和有实践技巧的人。亚里士多德说他是一个值得尊敬的修辞学家（但却是个糟糕的逻辑学家）。斯特拉波指出，他是一个节俭而富有正义感的人。普林尼说他也许发明了陶轮和现代的锚[45]。

但是，我们很难得知阿纳卡尔西是否真实存在过。他生活的年代并未留下有关他的记录，后人的记述流传至今的也只有少量由希罗多德记载的故事。即使是希罗多德的故事也需要存疑，因为这些故事包含了太多古希腊人对于斯基泰人的刻板印象——他们对于舶来品的仇恨，弓箭，茂密的森林[46]。传统的故事依然把他归为斯基泰王族的后裔，甚至可能是当地国王和一个希腊女人的后代。他可能作为一个孤独的旅行者，或者是斯基泰使团中的一员，于公元前 6 世纪来到希腊。他的名望来自他被授予了承认他完全融入希腊文化的两项荣誉：雅典的市民权和参加埃琉西斯秘密仪式的权力。但是对于古代作家来说，他仍然以"*anacharsis ho scythes*"（斯基泰的阿纳卡尔西）而闻名。

在希腊文学中，尽管他是野蛮人出身，阿纳卡尔西依然被看作是实践智慧的化身。在某些场合下，他外国人的身份还可以用作文学上的手段。假托野蛮人进行社会批评是当时流行的手法。在几部文献中，阿纳卡尔西和梭伦同时出现，作为脚踏实地的野蛮人道德学家对比雅典的道德学家。普鲁塔克甚至把他列为七贤者之一，同伊索进行了一场关于奢侈食物和饮料的对话，还安排了一个年轻的女佣为他梳头，使他看起来不那么野蛮[47]。普鲁塔克似乎想要表达，希腊人和野蛮人之间的距离比人们想象的要近许多。

部分地因为普鲁塔克的原因，阿纳卡尔西的声名传播至希腊罗马和其他更远的地方。他那尖嘴利舌的笑话也有功劳。他不时地在文艺复兴后西方文明的伟大杰作的角落里出现。伊拉斯谟提到了他睡觉时用手盖住嘴巴的习惯说明语言可以变得很危险。蒙田引用了他关于德性在治理中的作用的论述。他甚至躲藏在拉斐尔的《雅典学院》一画中：那个有着一头金发，看起来桀骜不驯的、从亚里士多德的肩膀上方斜视下来的人。

但是这个智慧的斯基泰人却在一个不太可能的时间和地点单独成

为了主角：在 18 世纪晚期，成为一本法国畅销书的主角。于 1788 年出版的《小阿纳卡尔西在希腊的旅行》（以下简称《旅行》）并不是关于阿纳卡尔西的，起码不是老的那个。书的作者是修道院院长、耶稣会士让·雅克·巴特勒密（Jean-Jacques Barthélemy），法王路易十六的宫廷勋章管理大臣。巴特勒密是古典语言的权威和钱币学家。他花费了三十多年的时间写作这本七卷的《旅行》。他虚构了一个小阿纳卡尔西（图 1），小阿纳卡尔西是他那个杰出祖先的后裔，从斯基泰旅行至雅典。在旅行中，他遇见了当时所有的贤者，同他们进行交谈和辩论。在这个过程中希腊哲学家的主要观点，以及古代世界主要区域的风貌均表露无遗。

在它的时代和之后的一个世纪或是更长的时间里，《旅行》依然是一本非常畅销的书。"它的成功超过了我的期望，"巴特勒密之后回忆："公众持非常欢迎的态度；法国和外国的杂志对它赞誉有加。"学生把它当作古典时代的入门导读。任何自恃身份的资产阶级都有一本法语原本或是某种语言的译本。就像一位英文译本的翻译者所评论的那样：

> 如今，这本著作为英语读者提供了一种关于古希腊全盛时期的古典性、生活方式、习俗、宗教仪式、法律、艺术和文学的全景式扫描。这种知识到目前为止只能在那些甚少关注寓教于乐的作家的著作中通过艰辛的反复阅读方能得到。而这本关于阿纳卡尔西的《旅行》则正相反。读者在读它的时候时时以为自己在读一本纯粹的关于消遣、幻想和奇景的作品；直到看到它页面的底部……[48]

在页面的底部，在脚注中，巴特勒密标注了每一个引用、观点和推论的原始出处。最终，人们可以不用读希腊语和拉丁语作品就获得相当多的有关古典时代的知识——而且能够享受一部有趣的冒险故事。

《旅行》对法国文化和艺术领域的新古典主义的发展有很大的影响。由于被翻译为许多语言，它也助长了整个欧洲的亲希腊主义。当旅行者在黑海地区旅行时，他们一直把大小阿纳卡尔西放在心上。从18世纪80年代以来，许多作家都在自己跨越黑海和寻访沿岸各地的旅行中提到了他。有些人声称，他们找到了老阿纳卡尔西被他的同胞击杀的森林；也有人找到了小阿纳卡尔西前往希腊的远航的出发地——他们似乎不知道这个角色是巴特勒密有意识的虚构[49]。

巴特勒密的作品大受欢迎，反映出阿纳卡尔西故事的深层讽刺意味。欧洲对于古代希腊的普遍观点是秩序、理性、美德和文明。这些都是欧洲人最终将要自己获得的优点，而这些特点通过一个斯基泰人的眼睛折射出来。巴特勒密叙述的形式：一个困惑的旅行者用全新的眼光审视熟悉的主题，在18世纪并不少见。但是没有一部此类作品能够对广泛的受过教育的欧洲人在古代世界的艺术、建筑、哲学上像《小阿纳卡尔西在希腊的旅行》这样产生如此大的影响。黑海海岸的一个野蛮人把古代希腊带入了近代欧洲的文法学校和中产阶级的画室。在某种意义上，也就是帮助近代欧洲人认识了他们自己。

## 阿尔戈号的远航

老阿纳卡尔西的声名在公元前1世纪左右达到了巅峰。这个智慧的斯基泰人所代表的批判美德，是希腊哲学家照亮自身社会的明灯。几乎同时，另一个有关黑海的故事也广受欢迎。伊阿宋和阿尔戈英雄的故事在荷马和赫西俄德时期就已经出现。但是其最早的完整版本和许多阿纳卡尔西的谚语和故事一样，晚至希腊化时代才成形，即从公元前 4 世纪末期延伸至三个世纪后罗马共和国崛起之时。罗得岛的阿波罗纽斯在公元前 3 世纪编纂了他的《阿尔戈船英雄纪》（*Argonautica*）。这是关于伊阿宋的传奇的最重要叙述。可能是因为这本书受到广泛的赞扬，他最后得到了一个重量级的职位，出任著名的亚历山大图书馆的馆长。

阿波罗纽斯是这样开始他的作品的：帕里阿斯国王把他们派了出去。帕里阿斯篡夺了伊奥尔科斯的王位，通过神谕知道他将会死在一个赤着一只脚的人手里。而他的侄子伊阿宋正好在来的路上在冬天河流的淤泥中丢失了一只草鞋。因此当他走进帕里阿斯的宫廷时，帕里阿斯把他派去进行一次危险的远征，希望能够就此逃过自己命定的死亡。伊阿宋的任务是从埃厄忒斯——科耳喀斯的国王处取得金羊毛。金羊毛被藏在一处暴风大作的海洋的尽头，由一只巨龙看守。为了完成这一任务，一只自从桨发明以来最精良的船只，在雅典娜的监督下完工。在它的船舱内放置着从宙斯的神圣的多多那橡树砍下来的木板，这使它有说话的能力。它的船员由最勇敢的英雄和半神组成。这趟危险的远航考验着他们的能力。在海岸蛰伏着敌对的部落，在旅途上到处是会施魔法的野兽在咆哮。一旦财宝到手，愤怒的国王和他的家族会尽全力找回他们被偷的宝物。最后，阿尔戈英雄们回到了希腊。虽然不是全员归来，但是至少带着金羊毛和美狄亚——科耳喀斯国王的女儿。

许多人尝试着寻找伊阿宋传奇的事实根源。就像阿纳卡尔西的故事一样，从古代起，旅行者就一直寻找着阿波罗纽斯史诗中描述的地方。在 20 世纪 80 年代，一个英国探险家提姆·赛韦林甚至用青铜时代的技术建造了一条船，乘着它从希腊航行到格鲁吉亚（原来的科耳喀斯），来证实这样的旅行是可能的[50]。穿过神话的面纱，伊阿宋故事的最早版本毫无疑问反映了古代水手的实际经验。地理学家斯特拉波知道在海上的经验很容易就转变成神话故事：

> 总体来说，荷马时代的人把本都海视作另一处大洋。他们认为在这里启程远航无异于在赫拉克里斯之柱那里启程航向世界的尽头。本都海被认为是我们这部分世界中最大的海，因此他们用"The Pontus"来称呼这片海洋，就像他们称呼荷马为"The Poet"一样。[51]

斯特拉波说，即使是金羊毛，也许也起源于用来从水中淘金的羊皮。这种技术是高加索地区的人们发明的[52]。

然而，寻找伊阿宋传说的真实起源忽视了最重要的一点：作为一部文学作品，阿波罗纽斯的《阿尔戈船英雄纪》远远不是对于希腊早期在黑海探险的回忆，而是作者生活的时代的产物。阿波罗纽斯写作的时代正是亚历山大大帝的荣光消逝、他的将军互相争夺他的遗产的时代。他的征服使希腊的语言与文化在世界上占据了支配地位，但是他在公元前 323 年的死亡带来的是他的继承者之间长久的战争。在希腊化时代，阿波罗纽斯这样的作家的重任就是重建过去神话时代的荣光，暴露当时现实的丑恶。怀旧，而非冒险精神才是这部史诗的主题。

甚至连阿波罗纽斯笔下的阿尔戈英雄的路线也出现了明显的时代错误。世界上最古老的一些商业旅行指南以 *periploi* 的形式出现，它是古代地名词典和航海手册的结合体，最早能够回溯至公元前 8 世纪。在 *periploi* 中，一个值得注意的变化随着时间出现。最早的版本指导水手在进入黑海以后就向左转——也就是向西航行——然后绕着圈子驶向北面。在很久之后的版本中，水手却被告知要往右转，去高加索。这种转向的理由我们尚不得而知，但是这应该与黑海中北部与西部的地区贸易更有吸引力有关联[53]。在南岸，像锡诺佩这样的城市建立时间早于黑海的其他港口。但是色雷斯与斯基泰海岸的鱼与谷物贸易最为繁华，吸引了大多数来访的商人。之后锡诺佩在更东部建立了殖民地，像法西斯这样的东部城市发展起来，南岸的长距离贸易才变得常见。直接航向科耳喀斯，阿尔戈英雄的这条航路更像是阿波罗纽斯根据他的时代而设定，不太可能发生在故事设定的笼罩在迷雾中的过去岁月。

　　在公元前 3 世纪或者更早，任何前往黑海的旅行者在黑海沿岸都能找到伊阿宋和阿尔戈英雄的痕迹——以远航中事件命名的海岬和海湾或与某个特定船员联系在一起的地区神话。但是这大概是相对晚的发明，而非古代英雄探险远航的遗迹。希腊化时期文化记忆中的重要事件似乎对于东方的原住民来说毫无意义。在黑海周边的族群的神话和民俗之中，关于阿尔戈号和它的远航的故事令人吃惊地贫乏。在同地中海世界建立贸易联系，城市发展繁荣之后，希腊殖民者和希腊化的原住民才发觉，应该把他们的城镇与虚构的过去联系在一起。市民创造了建城的故事，宣称祖先与阿尔戈号有联系，并且为重要的地理标志加上古代系谱。东南海岸最重要的海岬从来就没有在《阿尔戈船英雄纪》中被提到，但是在两千年中它一直被叫作"伊阿宋角"（现在土耳其语中的 *Yausn Burnu*）[54]。遵循着同样的逻辑，现今的旅游者可以在格鲁吉亚数不清的"美狄亚"餐厅中喝"阿尔戈"啤酒。营销的艺术不是一项现代的发明。

### "比我们还要野蛮"

　　在最初的希腊扩张几个世纪之后，殖民地变得声名显赫且富有。

他们向地中海出口谷物和奢侈品，甚至生产自己的哲学和文学。他们的成功依靠两点：伊奥尼亚和希腊本土这个较稳定的出口市场（尤其是谷物出口），以及和内地的非希腊人之间的良好关系。随着时间的流逝，这些因素不再能够得到确保。亚历山大大帝的远征对于黑海城市没有立即产生影响，但是一旦埃及开始向地中海世界供应粮食，这些城市作为粮食供应商的特权地位就被夺走了。贸易重心开始南移：从尼罗河向南到"非洲之角"，通过红海前往印度洋然后抵达东方，从陆路的安条克和大马士革到波斯和中亚。之后随着罗马在东地中海势力的扩张和稳固，这些商路变得比黑海的那些更重要。

　　海岸城邦与内地野蛮人的关系也开始变味。和内地的联系长期以来都非常脆弱，希腊城邦常常被迫向野蛮人酋长进贡以维持和平。据修昔底德记载，西部海岸的城市常常被迫向奥德拉斯人——一个控制着现在保加利亚大部分地区的色雷斯部落进贡大量的金银和羊毛[55]。但当时连这种传统的进贡关系也开始变得不确定起来。特别是在北部的城市，野蛮人统治者要求的贡品的数量和频率似乎增加了，导致公共设施和活动缺乏经费。许多城市的乔拉（Chora，也就是城市的农业郊区）开始收缩；公共建筑年久失修或是被攻击所损坏。城墙建了又倒，或是因为缺乏修缮，或是因为攻击[56]。在海上，在希腊殖民时代少见的海盗行为开始渐渐出现。也许背后有希望从自由劫掠者的行为中得到好处的地方国王和野蛮人统治者支持[57]。

　　古老殖民地中的景象对于来访者来说毫无令人印象深刻之处。许多居民已经遗忘了如何说希腊语，或者发音方式非常古旧别扭，如同当年他们伊奥尼亚祖先们的滑稽再现。在公元 1 世纪，作家迪奥·克里索斯托姆访问了奥尔比亚。数世纪前希罗多德还把它描绘成一个繁荣的都市。而这个城市却实在令他有些失望：

城市（奥尔比亚）的大小与它古代的盛名不符。这可能是因为它几次被占领。这个城市长时间处于野蛮人之中，长期处于战争状态，也常常被占领。这些部落在野蛮人中也是最好战的一群。最近也是最具灾难性的一次发生在不到一百五十年以前。[58]

盖塔人，也就是周边的野蛮人常常发动战争，攻击北部和西部海岸的城市，甚至一路向南劫掠远至拜占庭。奥尔比亚人曾经拥有大量农作耕地，现在后撤到了摇摇欲坠的城墙之后。圣所和葬礼纪念碑都被废弃了。偶尔才有爱琴海上的船只前来拜访。即使有船只来访，通常船上也只有海盗和讼棍。一个奥尔比亚人抱怨说："常常到城市来的商人虽名义上是希腊人，实际上比我们还要野蛮。他们进口便宜的毯子和低廉的葡萄酒，出口质量一样差的产品。"[59]殖民地内的文化融合有时让人看得莫名其妙。据迪奥记录，他遇到一个叫作卡利斯特拉图斯的人，这人穿着蛮族骑手常穿的外裤和黑色披风，在皮带上斜挂一把马刀。尽管看上去像野蛮人，迪奥怀疑他有一颗希腊人的心。他暗示说，卡利斯特拉图斯这个名字就决定了他是个希腊人[60]。

黑海现在被视为一个流放地，而非一个充满异国风情和财富的地方。它重新回到了早期希腊诗人和地理学家所想象的不适于居住的世界边缘的地位。奥维德于公元 8 世纪被奥古斯都皇帝流放至西海岸的托米斯，留下了关于殖民地衰落时期海上生活的悲伤记录（图 2）。这是一个糟糕的地方：比他的出生地阿布鲁兹更冷。在某几个冬天，海水都结了冰，结果海豚在试图跳起的时候会在冰层上撞到头。一场雪能够在地上积两年不化。瓶子里的葡萄酒都是稀泥状的。男人的胡子上都结了冰柱。在城市周围都是哇哇乱叫的、从北方骑着小马横扫

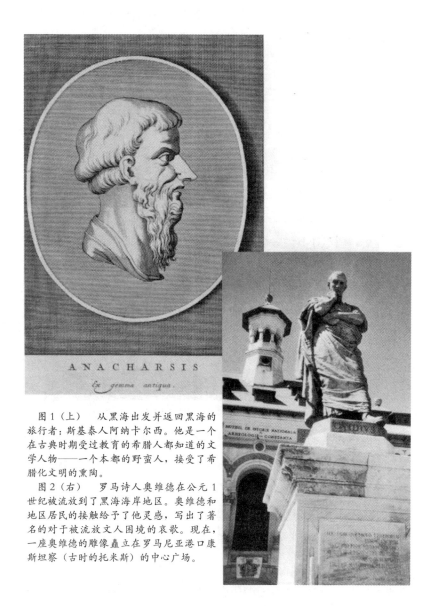

ANACHARSIS

*Ex gemma antiqua.*

图1（上）　从黑海出发并返回黑海的
旅行者：斯基泰人阿纳卡尔西。他是一个
在古典时期受过教育的希腊人都知道的文
学人物——一个本都的野蛮人，接受了希
腊化文明的熏陶。

图2（右）　罗马诗人奥维德在公元1
世纪被流放到了黑海海岸地区。奥维德和
地区居民的接触给予了他灵感，写出了著
名的对于被流放文人困境的哀歌。现在，
一座奥维德的雕像矗立在罗马尼亚港口康
斯坦察（古时的托米斯）的中心广场。

一切的野蛮人和劫掠者，试图抢劫人们保留的最后一丝文明遗迹。他写道："他们说这里叫作亚克兴（*Euxine*），好客的地方，骗人！"[61]

当然，奥维德是一个诗人，不惮修辞夸大，尤其是他还怀着徒劳的希望，认为描绘得越精彩，似乎他所受的刑罚就越少。但是他也许精确描述了古老的希腊殖民地所经历的变化。由蒸蒸日上的罗马所守卫的通往东方的新商路和谷物来源，使黑海的财富黯然失色。即使是依然深受罗马美食家喜爱的、被认为是从大地尽头出产的腌制鱼类也不能扭转其颓势。一连串历史舞台上的新演员向黑海内陆和海岸蜂拥而来：从遥远的东方到来的新的游牧民族；希腊语精英所统治的，混合了希腊和野蛮人属民的多种族王国；和除了对于希腊母邦的遥远记忆之外，与地中海几乎毫无联系的独立城邦。在希腊殖民时代可能存在的统一性，被一个经济上和文化上更为多样化的空间替代，于是造就了这个混合的时代。而在这片边疆，政治统一的愿望在一片混乱中产生了。

## 本都和罗马

公元前 62 年，一场盛大的凯旋式增添了罗马将军、执政官庞培的荣耀。凯旋式持续了两天多，超过了以往的任何一次。游行队伍抬着的铭文宣告了新的征服：帕夫拉戈尼亚和本都、亚美尼亚和卡帕多西亚、米底亚、科尔喀斯、伊比利亚和阿尔巴尼亚、叙利亚、西里西亚、腓尼基、巴勒斯坦和约旦地区、美索不达米亚和阿拉伯半岛；总共占领了 1 000 多座堡垒，缴获了 800 多条船只，攻陷了 900 多座城市，还新建立了 39 座城市。战利品不计其数。为了运送黄金和珠宝，需要成百上千的马车和挑夫。

庞培自己坐着镶嵌着珠宝的马车，穿着据说属于亚历山大大帝的袍子进入城市。在他之后跟随着 300 多名穿着本国服装的由臣服国家的显贵组成的随从队伍，其中有亚美尼亚国王的儿子和儿媳、犹太人国王、科尔喀斯王、高加索山地部落的酋长们、许多海盗，据说是亚马孙人的一群喧哗的斯基泰女人在队伍末尾[62]。

但是一个重要人物却缺席。他的空缺由一座纯金打造、近 12 英尺高的塑像弥补，在他众多儿女的陪伴下前往罗马。他就是本都国王米特里达悌。庆典的主要庆祝项目就是他的死亡。在庞培的领导力复活已经疲惫不堪的军团之前，几十年来许多罗马将军都在米特里达悌那里吃了败仗。但是在最后，米特里达悌拒绝给予庞培最显赫的荣耀——押解自己回到罗马。两年前，米特里达悌预感到了自己的失败，在锡诺佩自杀。那里还有一座由庞培本人为他树立的墓地雕像。

不论在事实上还是在名义上，公元前 1 世纪的征服把黑海带进了罗马世界。战胜米特里达悌把罗马的边境拓展到了幼发拉底河以东，斯基泰领土以北。这些新获得的土地使共和国每年的税收是过去的两倍。在两个多世纪地方统治者之间的战争之后，和平终于回到了这个区域。船只能够不受海盗骚扰地跨过大海。控制着海岸的地方统治者现在尊罗马共和国（之后是罗马帝国）为宗主国。

希腊到了晚期，其在黑海的势力已经变成一个个孤立的城市岛屿。一边是不欢迎他们的内陆野蛮人，另一边则是不适于居住的海洋。罗马人则有更远大的野心。他们希望能把黑海带入一个有秩序的帝国之中，从而由这里的资源获利，包括鱼、谷物、贵金属和对帝国权力特别重要的战斗人员。但是正如征服米特里达悌的艰难经历所揭示的那样，征服黑海从来不是一个简单的任务。帝国的边境从来没有清晰的边界线。它们就是罗马帝国能够投射其军事力量的极限，也就是拉丁文的 *limes*。这个极限不是一成不变的，罗马的边境政策也随着时间改变，有时甚至一月一变。但是罗马在黑海周围的扩张主要通过现代意义上对于外围区域的委任统治。征服主要是靠调整帝国和原住民之间关系的手段——强迫接受条约；贿赂潜在的对手；如果可能的话，把竞争者变为保护国[63]。

罗马帝国在极盛时囊括了整整半个黑海的海岸线，从西北的第聂伯河河口，横跨整个色雷斯和安纳托利亚直到东部的高加索山脉。长桨、挂亚麻帆的罗马战船和商人一路造访从罗马尼亚到格鲁吉亚的港口。然而这片海从来不是罗马注意力的中心。当公元前 200 年前后，共和国开始它在东地中海的扩张时，黑海依然被许多在亚历山大大帝远征之后崛起的小国家瓜分。黑海南面和东面的部分土地在他的一个将军——塞硫古（塞硫古帝国的创立者）的控制之下。马其顿国王则宣称拥有对西面大部分土地的控制权。但是他们对黑海大部分地区都只有名义上的控制权。在希腊化时代，黑海似乎处于一种危险的状态。大多数古老的希腊殖民地都十分混乱，处于与内陆部落的战争之中。他们仅仅是数世纪之前黑海繁荣市场留下来的虚弱影子而已。盖塔人和其他色雷斯人控制了西部海岸线，斯基泰和萨尔马特人的酋长在北部，好战的高加索人在东部，而克里米亚半岛南岸还有一系列的小国家。有些小国由希腊语统治者统治。他们随时有可能被强大的邻居篡夺王位。也难怪阿波罗纽斯要写作《阿尔戈船英雄纪》怀念英雄时代了。

如果不是本都国王的雄心壮志，黑海地区的情况可能就会一直这样持续下去。在希腊化和罗马时代，"本都"这个名称可以像在过去一样指代整个黑海地区，也可指海岸的一个特定地区：从锡诺佩到特拉佩苏斯的东南海岸线。就像他们的邻居一样，本都国王们在亚历山大大帝逝世后一百年左右的政治混乱中取得了自己的领土。他们管理着一片富饶的土地。这片葱绿的河谷和茂密的森林曾经在数个世纪之前吸引了希腊移民。在他们的首都阿马塞亚半空中嵌入悬崖的大陵寝证明了他们强盛的国力。

　　然而他们真正的优势在于擅用海洋带来的力量，加上一些优秀的战略思想。当小亚细亚的其他统治者满足于安纳托利亚的战利品时，本都国王巡视着海岸线。他们建造了一支由坚固的加利帆船组成的海军，能够跨过大海到北部海岸，加强与那里的古老希腊殖民地的联系。在黑海对面的克尔涅索斯，双方达成了一项协定：本都王国负责保护城市免遭斯基泰人的入侵，而他们必须对黑海西岸的城市提供必要的支持。本都也给予了古老的殖民地潘提卡佩在亚速海的捕鱼权，加强了同强大的博斯普兰（Bosporan）王国的友好关系。国王们也了解不断增长的罗马势力对本地区的影响，他们在同迦太基的战争中支援罗马，并帮助罗马军团守卫他们新征服的土地，对抗在东面地方的对手。

　　本都王国在公元前1世纪因一个几乎是神话般的人物的领导而达到了顶峰。他就是米特里达悌六世由帕特。米特里达悌在他的父亲被暗杀之后少年登基。王位得来不易。他的母亲想要杀了他，另立他的一个弟弟为国王。米特里达悌逃进了山区，但是慢慢地他在野外召集支持者组织了一支军队，监禁了他的母亲，并杀了篡夺他的王位的兄弟。

　　据古代文献的记载，米特里达悌拥有几乎超人的精力。据说他会说将近24种语言。他是一个技巧娴熟的猎人和战士，能够击败任何对手。他在文化上是希腊化的。他的母语是一种在数个世纪中由各种希腊方言和受非希腊语影响融合而成的科因内（Koine）语言。但是他也接受了许多波斯和东方的传统。之后的剧作家和创作者把他描绘成半个希腊化的爱国者，半个东方的专制主义者。（拉辛关于他的传记是路易十四的最爱，而莫扎特和斯卡拉蒂都创作过以这个国王为主角的歌剧。）

　　米特里达悌的野心比他的前任还要大。他以同克尔涅索斯的旧条约作为借口吞并了这座城市。他控制了博斯普兰王国，并且在潘提卡佩设立了一个总督。在几年之内他征服了科尔喀斯、中安纳托利亚和卑斯尼亚，将他的亲属和朋友扶上王位。他的国土延伸到了土耳其北部的大部分地区、乌克兰南部和高加索西部。以小麦和银等形式交纳的贡品充实了他的国库，而北部的领土能不断地为他招募有技巧的骑兵和弓箭手。他也同提格莱尼斯——在东安纳托利亚同样在寻求扩张的亚美尼亚国王，结成了同盟。

他快速的征服和强大的军队令罗马人担心。在公元前 2 世纪，罗马在小亚细亚建立了一个立足点。这个在古老的伊奥尼亚海岸的地区很快就变成了亚细亚行省。这个行省同强大的本都王国只隔着一些小型的罗马盟国。相对地，米特里达悌据说拥有 25 万名步兵和 4 万名骑兵，以及一支由成百艘战船组成的舰队，可从整个黑海海岸征召来士兵和水手。庞培之前的罗马指挥官在亚洲只有一支象征性的部队，他们不敢与米特里达悌正面交锋。所以他们鼓励他们的地方盟友充当中介，对本都策划一场先发制人的攻击。这个计划的结果是灾难性的。米特里达悌不费吹灰之力就彻底击垮了入侵部队，从小亚细亚一直推进到爱琴海沿岸。他撤销了他的前任与罗马的盟约，并且要复活一个伟大的希腊帝国以对抗在西方的罗马。在公元前 88 年的作战季节，他下令屠杀了他的军队遇到的所有罗马男女老幼，受害者共计有 8 万名左右[64]。

在这之后，他的辉煌战果还在继续。他的战船把水兵和步兵运过爱琴海抵达希腊。在那里他驱散了罗马军队，占领了雅典。然而再向前推进变得十分困难，他的军队不断受到从其他地区调来的罗马部队的骚扰。而希腊城邦并没有觉得这位解放者比罗马人好多少。米特里达悌很快就与罗马达成了和平协定；他退出了被征服的区域，并向罗马当局缴纳了一笔破坏和平的罚款。当然这不是结束，之后米特里达悌发动了针对邻国，也就是对抗罗马的一系列小型却血腥的战争。

在数年之内，罗马终于忍无可忍。元老院赋予庞培极大的军事权力，说服他向东方边疆进攻。他之前在罗马共和国其他的边境地带，如利比亚和西班牙取得了一系列成功。在 40 岁之前他就已经在罗马举行了两次凯旋式，元老院希望这次远征能够帮助他获得第三次凯旋式。

对抗米特里达悌的新战役进行得十分迅速。就像过去一样，国王进行了战略性的撤退，希望能够将罗马军团引入崎岖不平的地带，然后使他们筋疲力尽。但是庞培没有上钩。当米特里达悌逃往高加索时，庞培将注意力转向了亚美尼亚，很快击败了国王的盟友提格莱尼斯。然后他沿着黑海南岸进军，征服了之前陷落于米特里达悌之手的城市并入侵本都王国本土。

同时，国王正继续着他的逃遁。他在高加索部落之间向北旅行并避开罗马船只控制的海岸。最终他抵达了潘提卡佩，他之前曾在那里将自己的一个儿子立为克里米亚的统治者。庞培在占领了大部分本都国土之后，把注意力转向了其他地方，平定那里的叛乱。流亡的国王则留在北部的野蛮人之间休养生息。

米特拉达悌在他的克里米亚营地中，正在计划他的反攻。他准备了一套精致的计划，准备在斯基泰人和盖塔人中召集一支新的军队，然后逆多瑙河而上，在高卢人的帮助之下，直接进入意大利本土攻打罗马。然而这次计划超出了他的能力范围，尽管他一开始受到了一些小亚细亚和黑海的希腊化统治者欢迎，之后人们发现他不过就是一名暴君。他警告地方统治者，他们会在罗马统治之下缴纳很重的赋税，但是自己却收取同样数量的税。结果他的军队爆发了反叛。他的一个儿子法尔内斯说服了军官拥戴自己为王。米特里达悌发现自己失去了王位，决定服毒自杀，当发现毒药没有起作用时，他的一个于心不忍的高卢随从干脆用剑结束了他的生命。

法尔内斯立刻把父亲的遗体当作友谊的象征送给了庞培。这个篡位者做事不太周密，忘记把脑子从头颅里移走。结果软组织的腐烂使国王的脸部无法辨认[65]。但是在确认了尸体的身份之后，庞培宣布那具尸体就是罗马在东方最大对手的，并且把他葬在了一座专门为其建造的陵墓中。在几次清扫行动之后，庞培把新获得的土地重新整合为罗马的本都行省，然后回到首都去接受他的凯旋式。

人们后来发现，米特里达悌预见到了他最后的结局。在早先一场和庞培的战斗之后，他梦见自己顺风在黑海上航行，前方的博斯普鲁斯海峡隐约可见。他转向同伴，祝贺他们在去地中海的路上一路顺风。但是突然他发现自己处于一场暴风雨之中。伙伴们与他分开，船只被打成碎片，而伟大的君主本人只能紧抱着船的一块小残骸在水中浮沉[66]。他建立一个环绕黑海的帝国的尝试遭遇了相似的命运。现在是罗马，而非古老的城邦或希腊化君主占据了大部分的黑海海岸。

### 图拉真的达契亚

即使在米特里达悌被打败之后，黑海依然是一个动荡不安的地方。就在庞培胜利返乡不久之后，法尔内斯这个靠背叛取得王位的人背弃了与罗马的盟约。他从克里米亚半岛横渡黑海，希望能够建立和他父亲一样的大帝国。他很快就被凯撒打败，就在那场战役中，凯撒留下了名言："我来，我见，我胜。"

这句话掩饰了罗马与黑海海岸和内陆人们关系的复杂本质。米特里达悌和法尔内斯都差点就召集起了强大的野蛮人联盟来挑战罗马的权威。这种任何群体都能对帝国边境造成巨大军事威胁的情况一直困扰着罗马人。这些群体中最为重要的是西部海岸的盖塔人。

远在罗马人进入黑海世界以前，希罗多德就把盖塔人描述为色雷斯人中"最有男子气概并遵守法律"的人。他对他们怪诞的宗教信仰十分着迷，其中包括他们能够通过与他们的神扎尔莫克西斯的结合重新获得生命。他们认为，死亡只是转换居所的过程。于是希腊人称他们为"不朽者"（*Athantizontes*），但罗马人通常称呼盖塔人为达契亚人。这可能是一个本与盖塔人的语言和文化上有联系的部落。在希罗多德的时代之后的几个世纪中，盖塔人通过贸易，尤其是他们从特兰西瓦尼亚的矿藏中挖出的金和银，变得越来越强大。他们一直都是令人恐惧的战士，但是在他们的国王布瑞比斯塔的领导下，达契亚人充实了军队，并控制了沿岸古老的希腊城市。他们对罗马构成了相当的威胁，所以凯撒计划对他们发动一次远征。但是这项战役流产了。因为凯撒和布瑞比斯塔几乎同时遭遇了相同的命运：被口蜜腹剑的朋友暗杀。在奥古斯都治下，达契亚人成为罗马名义上的臣民。但是在冬天，他们就跨过冰封的多瑙河，劫掠帝国的默西亚行省（位于现在的保加利亚）。"这里只有一群斯基泰乌合之众，"奥古斯都时代的奥维德在黑海海岸抱怨，"一群盖塔暴民"[67]。

　　就像同米特里达悌作战时一样，罗马同达契亚人打了一连串小型战役，但每次打完后政治格局并未发生大的变化：他们正式承认罗马的宗主权，但是却很少听从命令。在公元 2 世纪初，图拉真皇帝决定最好还是彻底毁灭达契亚人和他们的国王德切巴尔的势力。在公元101 年到 106 年的两场战役中，他把达契亚地区变成了不毛之地。他在多瑙河上建造了一座巨大的桥梁，12 块由桥拱连接的巨石横卧在150 码高的桥基上。补给线从桥上通过，深入达契亚。罗马士兵最终包围了达契亚人在南喀尔巴阡山脉中的首都萨尔米泽杰图萨。但是像米特里达悌一样，德切巴尔在他被俘虏并送回罗马之前自杀了。他的头颅和在达契亚要塞找到的金银财宝一起被送回了罗马。为了庆祝，图拉真连续进行了 123 天的竞赛，有 1 万名角斗士参与并把 1 万 1 千头动物献祭[68]。为了纪念他的胜利，皇帝建造了一座巨大的纪念碑，其上环刻着征服的故事（图3）。这座纪念碑在 113 年被献给皇帝，现在依然被称为图拉真圆柱，矗立在罗马。

图 3 当罗马军队前来时，达契亚国王德切巴尔自杀。罗马图拉真柱庆祝达契亚战争胜利的系列故事的部分场景。

希罗多德一定很熟悉记功柱上雕刻的这些达契亚人。他们留胡子，穿马裤。他们在战斗中如此凶猛，甚至在本为歌颂征服他们的人而建的建筑物上也能清楚地看出这一点。独特的达契亚弯刀借鉴了东方其他民族的武器，让军团的战斗变得非常血腥。达契亚人的骑兵战术受到了草原斯基泰人的影响，也十分巧妙。

但让军团士兵吃惊的可能是这些野蛮人与他们多么相像。历代的达契亚人都和海岸的城市有联系。他们拥有的城墙要塞，石工非常复杂，同古老希腊殖民地所用切割方法十分相像。而且罗马人自己也曾派遣工程师帮助达契亚人建造防御工事（泄露太多先进科技对于现代的大国来说依然是一个问题）。他们的标志，一个金属狼头在微风中的风向标上飘扬，最终被罗马军团接受为自己的战旗。

在达契亚人被打败之后，这个地区成为了达契亚行省——或者叫作图拉真达契亚，以征服它的英雄命名——这个地区占据了现在罗马尼亚的大部分地区。军团在那里驻扎，而殖民者从帝国的其他地方征调而来，在山脉的矿井和多瑙河平原富饶的土地上工作。据地理学家托勒密记载，达契亚有 44 个左右的定居点，而这些对于他来说还只是"最重要的城镇"[69]。

然而达契亚一直是一个边疆省份。从北部草原来的游牧民族消耗了本已贫乏的防御力量。而可能只是因为考虑到移民的福祉，所以帝国才没有早早地放弃这个行省。这个地区的西部相对较快地被置于罗马牢固的控制之下。但是对其东部更靠近黑海的平原部分，罗马的影响力并不全面。许多达契亚人依然留在新建的行省中。东部草原的游牧民族依然使用希罗多德在数个世纪之前就描述过的小车在平原上迁徙。许多其他民族，无论是游牧还是定居，都在多瑙河上捕鱼，在冲积平原上耕作，在喀尔巴阡山脉的山脚下打猎。罗马在多瑙河北岸的权力仅仅持续了一个半世纪。到公元 275 年，奥勒里乌斯皇帝决定退出达契亚，把军团撤退到多瑙河——这条易守难攻的天然边界的南面。许多罗马移民不愿放弃他们的耕地和畜群，选择留了下来；作为对从北部草原不断涌入的游牧民族的回应，有些人可能甚至向更北面迁移，进入了由巨大花岗岩组成的喀尔巴阡山脉。

### 弗拉维厄斯·阿里安努斯的远征

在放弃达契亚行省的前后，罗马对黑海世界的文本记录都十分简略。大多数记录还是依据希罗多德的论述衍生出来的，而这些论述写就于罗马来到黑海地区的几个世纪之前。然而，有个重要的文献来源是一名叫作弗拉维厄斯·阿里安努斯的人的记录。他和黑海的第一次接触就像米特里达悌的那个预言性质的梦一样令人失望：

> （一片）乌云突然从东方飘来。然后就带来了一场猛烈的暴风雨。风刚好迎面而来，我们勉强才逃过了死亡的命运。因为暴风雨几乎立刻使海面翻涌而起，把我们置于浪头之间的低谷。然后就是一个巨浪打在（我们身上）。情况非常糟糕，因为我们多快地把水从船内泵走，水打进船内的速度就有多快。[70]

这艘船遭遇了重创，但是阿里安努斯没有受伤。这对罗马来说是件好事，因为他刚被指派为黑海南部海岸的总督。他的管辖范围包括过去米特里达悌帝国的地区，现在位于罗马的一个行省内。

他在海上的好运气伴随了他一生。阿里安努斯（或人们一般称呼他阿里安）是希腊人，出生于卑斯尼亚，但却在罗马军队中担任高级军事指挥官。在当时只有他一个希腊人占据了这个位置。他在年轻的时候培养了一种对哲学的爱好，他对于伊壁鸠鲁演讲的注释成为斯多葛派学生所要学习的主要文献。之后他转向史学，编纂了一部关于亚历山大大帝的重要史书。他本身具备良好的军事素养，又对狩猎和印度有一定的了解。在公元 131 年，35 岁的他被任命为卡帕多契亚的执政官，这是在已经毁灭了的本都王国的基础上建立的行省，负责监控罗马在黑海东部和高加索地区的边境。

在阿里安的时代，就像海对面达契亚地区游牧民族已经开始做的那样，山民的劫掠队经常骚扰边境。东方的大国帕提亚也一直在建设他们的帝国，且在乐于利用罗马的弱点中获益。海盗在地中海已经被消灭，但是在黑海还是一个严重的问题。而且有时本应忠诚于罗马的地方统治者却在暗地里支持这种行为。这里安全取决于与地方统治者的协定。阿里安作为总督，第一批任务其一就是调查这些协定实际上效果如何，然后给哈德良皇帝——图拉真的后继者一份报告。一部分的报告留存在他的《黑海导航》（*Periplu Ponti Euxini*）一书中。

阿里安从特拉佩苏斯开始记录他的旅程。这个城市是罗马势力在黑海东部最后的前哨；再向前就只有偶尔出现的边境岗哨。即使是特拉佩苏斯也不能被称为是一个文明的大都市。城中的祭坛由粗糙的石头筑成，其上有扭曲的雕刻和拼写错误的铭文。"这在野蛮人中非常常见。"他请求皇帝立刻送一个新的过来。这座古老的希腊城市的人民看上去忠诚又热心；他们为最近树立起的雕像而自豪：哈德良皇帝把手指向大海。阿里安遗憾地报告说，雕像与本人毫不相像，完全不能为皇帝增添荣耀[71]。

离开了特拉佩苏斯，阿里安沿着海岸向东航行。在一天之内他的队伍就到达了海苏斯（现在土耳其的瑟尔内那附近），在那里他发现了一队罗马步兵，将他们收编入队伍。当他们再次启程的时候，从河流处吹起的早晨的微风一度鼓满了帆。但是之后他们就要划桨了。很快风又吹了起来，这次是强风。大浪拍毁了船舷并淹没了甲板。每个人都忙着排水。船长有技巧地几次操控，避免了船只在海浪中倾覆。队伍中的另一艘船失去了控制，在满是岩石的海岸上撞得支离破碎。船体是没用了，但是阿里安命令船员回收船帆并从上面刮下蜡（一种稀有的海上密封剂）来加固船体。

风暴持续了两天。当队伍能够再次起航时，他们前往阿普撒鲁斯（靠近现在土耳其的萨普）。阿普撒鲁斯据说得名于阿布绪尔托斯——科耳喀斯的王子。当他的姐姐美狄亚决定带着金羊毛和伊阿宋及阿尔戈英雄们一起逃跑时，据说他被美狄亚谋杀并埋葬在这里。这个假想的墓穴一直以来都是从罗马西部来的旅游者观光必到之处，也是当地人朝圣的地方。但是阿里安在城镇中发现了更令人惊奇的东西——一个大型的、设防的罗马营地，其中有 5 个纪律良好的纵队。阿里安向他们发放了早应到来的薪金，并且检查他们的武器装备和城墙防御。阿里安也拜访了医院，慰问了军团士兵，他们被阿坎普西斯河（楚鲁河）边不利于健康的空气搞坏了身体。

　　阿普撒鲁斯是一个重要的岗哨，因为附近的阿坎普西斯河就是罗马帝国的东部边界。当阿里安乘船驶过河口的时候，他知道，他正在进入的是罗马只有一个并不牢固的据点的地域。他停靠在旧日米利都的殖民地迪奥斯库里亚，在那里找到了一个小型罗马前哨。内陆的统治者效忠于哈德良，但是那里几乎没有罗马行使过权力的痕迹。东部海岸上都是蛮族部落，无法通过陆路进行旅行。罗马有时能够收取贡品，从首领那里得到忠诚的保证。拉兹人由马拉萨斯王统治，名义上为罗马的属民，在尤利阿努斯王（他由哈德良的父亲加冕）治下的阿帕斯莱人也是如此。萨尼盖人和阿巴斯西人（他们的国王都由哈德良加冕）允许罗马人的部队驻扎在迪奥斯库里亚。但是其他族群，例如萨尼人，最近背弃了他们进贡的承诺，取而代之的是他们开始劫掠海岸城市。阿里安报告哈德良：“我们要强迫他们守诺，或者消灭他们。”[72]

　　阿里安也知道这是自吹自擂。只有靠外交技巧和哄骗才能让他们服从罗马。这就是为什么他特别热衷于了解处于帝国实际控制之外的地区其政治风向的变化情况的原因。他听说博斯普兰王国的国王迪奥斯库里斯（一度被米特里达悌控制）最近逝世了。而这件事造成的政治混乱可能是一个在北部海岸扩展罗马影响的好机会。但是除了这条消息以外，信息非常不足。可能有北部海岸消息的人士并不愿意同一个好打听的罗马官员分享这些消息。

他对于黑海其他部分的报告十分简略，混合了对于尚未为人所熟知的地域的传说和二手新闻——多数就是希罗多德500多年前报告过的那些奇事。阿里安告诉皇帝说，在迪奥斯库里斯的王国北面是"吃虱子的人"。关于塔奈斯河（顿河）的消息很少，据说这里是欧洲和亚洲的边界。位于克里米亚的一度非常繁荣的港口提奥多西亚现已废弃。据说阿喀琉斯会托梦给在多瑙河河口一座小岛上睡觉的人[73]。除了对航行历程的总结之外，这些就是阿里安报告的内容。除了自己的经历，其他部分他就依靠想象，就像希罗多德时代的诗人和剧作家已经做过的那样。

### 阿波诺忒克乌斯的先知

黑海中没有可供人居住的岛屿。但是对于罗马人来说，大部分的海岸城市就像岛屿一样。它们是帝国权力的孤岛，有些防御坚固，并有军队守卫，但并非所有城市都是这样。已知最古老的黑海地图画在一位罗马时代士兵的盾牌上，于幼发拉底河流域出土，我们可以从中得知：海岸地带仅有一系列彼此孤立的城市。即使是这些城市，同地中海的大城市也大不相同，其中的地方社会由罗马士兵以及可以追溯至殖民时代的希腊人、内地来的野蛮人互相通婚产生的后代组成。对于西方人来说，黑海的居民都是容易上当受骗的肥羊，尤其是那些半野蛮人。阿里安从他的边境岗位退休几十年之后，罗马讽刺作家吕西安记录下了一系列事件，这些事件显示出在帝国的其他部分看来，黑海地区的人们有多么奇怪。

在公元150年左右，一座在黑海南岸帕夫拉戈尼亚地区的城镇阿波诺忒克乌斯（现在土耳其的伊内博卢）出现了一条预言。神庙的工人发现了几块神秘的青铜石板，上面昭示了治疗者阿斯克勒庇俄斯——阿波罗之子的降临。在世间的那么多城市中，神偏偏选择了边城阿波诺忒克乌斯作为降临之地，真是神意难测。

地方显贵很快就准备迎接天上来的客人。他们开始建造一座新的神庙，神可以在里面歇息并接见崇拜者。但是当神庙的地基接近完成的时候，又一个奇迹发生了，一个名叫亚历山大的当地人从他的农地中发现了一只外形完美的蛋。当他把蛋敲开的时候，从中爬出了一条蛇。他宣称，这条蛇就是阿斯克勒庇俄斯。这位神终于来到了阿波诺忒克乌斯，以未成熟且不敢恭维的形态居住在他未完成的神庙里。

在几天之内，这条蛇奇迹般地长大，大得像巨蟒一般。亚历山大则自封为神与凡人交流的中介。这位神很快就开始工作。阿斯克勒庇俄斯向他的先知宣布神谕，先知再把神谕传达给忠诚的信徒。对于位高权重的市民，神甚至会用希腊语直接同他们交谈。

在接下来的 20 年中，阿波诺忒克乌斯成为能够和其他任何一种罗马帝国境内的宗教相提并论的阿斯克勒皮乌斯教的中心。达官贵人从罗马一路赶来听取自己的命运。各个家庭争先恐后地把自己漂亮的儿子送入阿斯克勒庇俄斯庙当唱诗班歌手，希望或许能一瞥这位咝咝作响的神。丈夫把妻子扔在神庙，要求她们同先知亚历山大睡觉，以怀上神眷之子。

一切都进行得很顺利。当然整件事情都是亚历山大自己的谋划。他就是最初那个青铜石板埋下去的人。他也很努力地把一条小蛇塞到空鹅蛋里，结果比他预想的还要好。那条成年的蛇——神的化身是他的杰作。他在一种纸质的植物纤维上画出了较为生动的人的面部特征，这就是神的头，再用一种由铰链和马的鬃毛组成的系统控制蛇嘴部的开合和伸出分叉的舌头。他把这个头装在一个长长的蛇的身体上，放在神庙中接受人们的朝拜。

他还赋予了这条蛇说话的能力。通过把几个通风管连接到一起，他制造了一个通过神庙墙壁到另一个房间的通话管道。当众人集结起来聆听神谕时，亚历山大就可以找个借口退到神庙的后面，就像奥兹的巫师一样，用蛇的口说他的话。当他的预言与事实不符时，神就会说一条马后炮的神谕来弥补这个错误。

这桩事业非常成功。一条先知的呢喃的价码，尤其是直接从蛇的"嘴"中给出的，值好几天的工钱。而亚历山大一天能卖出一百多条。他也很满意那群好看的唱诗男孩和源源不断前来为他这个阿斯克勒庇俄斯的先知服务的女人。他活得很久，大约 70 岁，但是最后的死法非常适合他，他死于一条巨大的腹股沟伤口，其中都长出了蛆。

这个阿斯克勒庇俄斯的先知正好坚定了许多受过教育的罗马人对于黑海人民的看法。但是吕西安希望他的读者不要太在意假先知的受害者易受骗上当的程度。"说实话，"他写道，"我们必须原谅那些帕弗拉戈尼亚人和本都人。他们的脑子不好，又没有受过教育。"[74] 如果居民们短时间内陷于一条说话的蛇这样的骗局，这是可以原谅的。毕竟我们对生活在荒凉的帝国边境的人又能有什么期待呢？

我们很容易倾向于把罗马晚期的黑海历史视为巩固脆弱的边境，对抗不断增长的野蛮人的威胁——剃须、穿裙子的和留胡子、穿裤子的两个文明间的冲突。但是像在阿波诺忒克乌斯的居民所知的那样，这些界线并没有那么清楚。

有时很难把征服者和被征服者区分开来。阿里安视察的士兵可能是一个大杂烩，由从帝国的最远方的民族到当地人组成：阿尔卑斯高地人，西班牙和高卢的征募兵，一些特拉佩苏斯和科尔喀斯本地人，甚至可能有些达契亚人[75]。就像之前和之后的士兵们一样，在一个不熟悉的环境中的生存之道，就是模仿那些对此地知之甚详的敌人，而这些敌人现在可能就在他们身边当军团士兵。就像阿里安在一本专著中评论军事战术时所说的那样：

> （哈德良皇帝）强迫他的士兵练习野蛮人的动作，其中既有帕提亚的弓箭手的动作，也有萨尔马特人和凯尔特人快速散开的动作。他们也被强迫练习与这些动作相伴的战吼——凯尔特人的、达契亚人的、雷蒂人的。他们训练如何让马跳过壕沟和障碍物。总之，除了要进行古代传下来的练习，这些士兵还要学习那些新发明的东西……增加灵活性或速度，或是使敌人觉得恐惧……[76]

这意味着交战双方的战吼常常会是一样的。但是哈德良是从一手经验中得到这个信息的。在前任图拉真治下，他在参加达契亚战役的军队中服役，听着野蛮人战士一边嚎叫着一边冲向己方阵线。在派出代理人阿里安之前的数年，他自己也在黑海的南部海岸旅行。他甚至把他的爱马以斯基泰地区的河流命名为波利斯泰尼。

渐渐地，罗马人开始前所未有地认可这种互惠互利的关系。庞培把黑海世界带入了罗马帝国；征服本都王国将帝国的边疆推进到了高加索。在之后的数个世纪中，罗马同黑海的接触会延伸得更远——通过直接管理的西部和南部沿岸行省，或是通过保护关系管理的北部和东部海岸。但是很快罗马和黑海世界的区别就变得模糊不清。在从达契亚省撤退的一个世纪之内，帝国首都就迁到了黑海的大门——拜占庭。

## 注释

1　Xenophon，*Anabasis*，7.1.69.

2 关于追溯最早的希腊扩张时间的困难性，可见 Thomas S. Noonan, "The Grain Trade of the Northern Black Sea in Antiquity," American Journal of Philology, Vol. 94, No. 3 (1973): 231 – 242; 和 Stefan Hiller, "The Mycenaeans and the Black Sea," in Robert Laffineur and Lucien Busch (eds.) Thalassa: L'Egée préhsitorique et la mer (Liège: Universite de Liege, 1991), pp.207 – 216.

3 Plato, Phaedo, 109b.

4 Xenophon, Anabasis, 5.4.

5 Pierre Gilles, The Antiquities of Constantinople, ed. Ronald G. Musto, trans. John Bell, 2nd edn. (New York: Italica Press, 1988), p. xlv.

6 Strabo, Geography, 11.2.12.

7 Pliny the Elder, Natural History, 4.9.44.

8 Strabo, Geography, 11.2.1; Pliny the Elder, Natural History, 7.1.10, 7.2.17; Herodotus, Histories, 3.116, 4.24, 4.106.

9 David Braund, Georgia in Antiquity: A History of Colchis and Transcaucasian Iberia, 550 BC – AD 562 (Oxford: Clarendon Press, 1994), p.50, p.90.

10 Herodotus, Histories, 2.104 – 105.

11 现有的关于西米利人的知识在 A. I. Ivanchik, Kimmeriisy: Drevnevostochnye tsivilizatsii I stepnye kochevniki v VIII – VII vekakh do n. e. (Moscow: Russian Academy of Sciences, 1996) 有简要介绍。

12 Gocha R. Tsetskhladze, "Greek Colonisation of the Black Sea Area: Stages, Models, and Native Population," in Gocha R. Tsetskhladze (ed.) The Greek Colonisation of the Black Sea Area: Historical Interpretation of Archaeology (Stuttgart: Franz Steiner, 1998), pp.8 – 68.

13 Plato, Phaedo, 109b.

14 Strabo, Geography, 12.3.11.

15 Strabo, Geography, 11.2.17.

16 Pliny the Elder, Natural History, 6.4.13. Cf. Strabo, Geography, 11.2.16 认

为这个数字是高估之后的产物，但是可能依然有 70 个部落。

17　Strabo, *Geography*, 11.3.1; Pliny the Elder, *Natural History*, 6.4.13.

18　Strabo, *Geography*, 7.4.4.

19　Herodotus, *Histories*, 4.53.

20　Michael Grant, *The Rise of the Greek* (New York: Scribner: s, 1988), p.273.

21　关于西岸的城市发展最好的资料是 Krzysztof Nawotka, *The Western Pontic Cities: History and Political Organization* (Amsterdam: Adolf M. Haakert, 1997)。

22　Chris Sarre, *The Penguin Historical Atlas of Ancient Rome* (London: Penguin, 1995), p.81.

23　由伯利克里发动的一场远征把许多城市和贸易集散地都置于雅典的有效控制之下。到公元前 425 年，50 个左右的黑海城市都向雅典进贡。Braund, Georgia in Antiquity, p.125.

24　Anthony Bryer and David Winfield, *The Byzantine Monuments and Topography of the Pontos*, *Vol. 1* (Washington: Dumbarton Oaks Research Library and Collection, 1985), p.128, note 35.

25　Virgil, *Georgics*, 1.58, 2.440 – 445.

26　Xenophon, Anabasis, 4.8. Cf. Pliny the Elder, *Natural History*, 21.45.77 在本都给杜鹃花传授花粉的蜜蜂现在依然生产土耳其人所说的 *deli bal*——疯狂的致幻蜂蜜。

27　Diodorus Siculus, *Library of History*, 31.24.

28　Pliny, *Natural History*, 9.18.48.

29　Strabo, *Geography*, 7.6.2.

30　Peter Simon Pallas, *Travels Through the Southern Provinces of the Russian Empire*, *in the Years 1793 and 1794*, *Vol.2* (London: T. N. Longman and O. Rees et al., 1802 – 1803), p.289.

31　Mikhail Rostovtzeff, *Iranians and Greeks in South Russia* (1922; repringt New York: Russell and Russell, 1969), p.11.

32　对于 15 世纪文学中的野蛮人的刻画，可见 Edith Hall, *Inventing the Barbarian: Greek Self-Definition Through Tragedy* （Oxford：Clarendon Press, 1989）。

33　可见 S. L. Solovyov, *Ancient Berezan: The Architecture, History and Culture of the First Greek Colony in the Northern Black Sea* （Leiden：Brill, 1999）。

34　Herodotus, *Histories*, 4.108.

35　Timothy Taylor, "Thracians, Scythians, and Dacians, 800 BC - AD 300," in Barry Cunliffe （ed.） *The Oxford Illustrated Prehistory of Europe* （Oxford：Oxford University Press, 1994）, p.389.

36　Pausanias, *Description of Greece*, 1.31.2.

37　Herodotus, *Histories*, 4.5.

38　Herodotus, *Histories*, 4.75.

39　Herodotus, *Histories*, 1.105.

40　Herotodus, *Histories*, 4.46.

41　可见 Sergei I. Rudenko, *Frozen Tombs of Siberia: The Pzyryk Burials of Iron Age Horsemen*, trans. M. W. Thompson （Berkeley：University of Californian Press, 1970）; Rostovtzeff, *Iranians and Greek*; Ellis H, Minns, *Scythians and Greeks: A Survey of Ancient History and Archaeology on the North Coast of the Euxine from the Danube to the Caucasus* （Cambridge：Cambridge University Press, 1913）; Renate Rolle, *The World of the Scythians*, trans. F. G. Walls （Berkeley：University of California Press, 1989）。

42　Rolle, *The World of the Scythians*, p.128.

43　Diogenes Laertius, *Lives of the Eminent Philosophers*, 1.103.

44　Herodotus, *Histories*, 4.76 - 77.

45　Plato, *The Republic*, 10.600; Aristotle, *Posterior Analytics*, 1.13; Strabo, *Geography*, 7.3.8; Pliny the Elder, *Natural History*, 7.56.198. 他发明的是有锚臂的锚，而非一块石板。

46　Jan Fredrik Kindstrand，*Anacharsis: The Legend and the Apophthegmata* (Uppsala：University of Uppsala，1981)，pp.3 - 10.

47　Plutarch，*The Dinner of the Seven Wise Men*，148c - e.

48　Jean-Jacques Barthelemy，*Travels of Anancharsis the Youger in Greece，During the Middle of the Fourth Century Before the Christian Aera*，trans. William Beaumont，Vol.1 (London LJ. Mawman，F. C. and J. Rivington et al.，1817)，p. i.

49　可见 Marie Guthrie，*A Tour，Performed in the Years 1795 - 1796，Through the Taurida，of Crimea，the Ancient Kingdom of Bosphorus，the Once-Powerful Republic of Tauric Cherson，and All the Other Countries on the North Shore of the Euxine，Ceded to Russia by the Peace of Kainardgi and Jassy* (London：T. Cadell，Jr. and W. Davies，1802)，p. 29；Henry A. S. Dearborn，*A Memoir of the Commerce and Navigation of the Black Sea，and the Trade and Maritime Geography of Turkey and Egypt*，Vol.1 (Boston：Weels and Lilly，1819)，p.313，Baron de Reuily，*Travels in the Crimea，and Along the Shores of the Black Sea，Performed During the Year 1803* (London：Richard Phillips，1807，) bound in *a collection of Modern and Contemporary Voyages and Travels*，Vol.5 (London：Richard Phillips，1807)，p.53；Edward Daniel Clark，*Travels to Russia，Tartary，and Turkey* (New York：Arno Press，1970) [reprint of Vol.1 of his *Travels in Various Countries of Europe，Asia，and Africa*，London，1811]，p.348.

50　Tim Severin，*The Jason Voyage* (New York：Simon and Schuster，1985).

51　Strabo，*Geography*，1.2.10.

52　Strabo，*Geograpy*，1.2.10，11.2.19. 现代旅行者发现居住在格鲁吉亚中北部的思凡人 (Svans 斯特拉波的 "色内斯人" [Soanes]？) 之中也有同样的习俗。但是没有确切的表明他们同格鲁吉亚法西斯河低地地区的科耳喀斯人有关联的证据。举例可见，Edmund Spencer，*Travels in the Western Caucasus*，Vol.1 (London：Henry Colbun，1838)，p.341。关于在罗马尼亚的罗玛人，或是吉普赛人中类似的习俗，可见 James Henry Skene, *The Frontier Lands of the Christian and the Turk*, Vol.1, 2nd edn.（London：Richard Bentley, 1853），p.323。

53　Alexdre Bashmakoff, *La synthèse des périples pontiques: Méthode de precision en paléoethnologie*（Paris：Librairie Orientaliste Paul Geuthner, 1948），pp. 14 -16. Braund 论证有些最早的 *periploi* 可能能够追溯到 4 世纪，但是基于 6 世纪时的材料。可见 Braund, *Georgia in Antiquity*, p.17。

54　*Bryer and Winfield*, *The Byzantine Monuments*, Vol.1, p.119.

55　Thucydides, *History of the Peloponnesian War*, 2.97.

56　Sergei Saprykin, "Bosporus on the Verge of the Chrisitian Era（Outlines of Economic Development)," *Talanta: Proceedings of the Dutch Archaeological and Historial Society*, Vols.32 - 33（2000 - 2001）：96. 关于高加索城市的衰落，可见 Braund, *Georgia in Antiquity*, p.63。

57　Gocha R. Tsetskhladze, "Black Sea Piracy," *Talanta: Prodeedings of the Dutch Archaeologicaland Historical Society*, Vols. 32 - 33（2000 - 2001）：13 -14.

58　Dio Chrysostom, "*Borysthenitic Discours*," 36.4。但是对于迪奥是否真的拜访过奥尔比亚这一点，尚有争论。

59　Dio Chrysostom, "Borysthenitic Discours," 36.24.

60　Dio Chrysostom, "Borysthenitic Discours," 36.7 - 8.

61　Ovid, *Tristia*, 3.13.28.

62　这段描述基于 Appian, "Mithridatic Wars," 116 - 117, 和 Plutarch, "Ponpey," 45。新征服的地区的数量肯定有所夸大：庞培根本就没有去过其中的许多地方。

63　Peter S. Wells, *The Barbarians Speak: How the Conquered People Shaped Roman Europe*（Princeton：Princeton University Press, 1999），p.94.

64　David Magie, *Roman Rule in Asia Minor to the End of the Third Century after Christ*（New York：Arno Press, 1975），p.217.

65　Plutarch, "Pompey," 42.

66　Plutarch, "Pompey," 32.

67　Ovid, *Tristia*, 4.6.47.

68　Cassius Dio, *Roman History*, 68.13 – 15.

69　Claudius Ptolemy, *The Geography*, trans. And ed. Edward Luther Stevenson (New York: Dover, 1991), p.82.

70　Flavius Arrianus, *Arrian's Voyage Round the Euxine Sea*, Translated; and Accopanied with a Geographical Dissertation, and Maps (Oxford: J. Cooke, 1805), p.3.

71　Arrianus, *Arrian's Voyage*, p.1.

72　Arrianus, *Arrian's Voyage*, p.9.

73　Arrianus, *Arrian's Voyage*, pp.14 – 15.

74　Lucian, "Alexander the False Prophet," 16.

75　H. F. Pelham, "Arrian as Legete of Cappadocia," *English Historical Review*, Vol.11, No.44 (October 1896): 637.

76　Quoted in Pelham, "Arrian as Legate," 640.

至于从拜占庭到大湖（亚速海），也就是攸克星海周围的土地，我没法给出任何准确的描述。因为在伊斯特河流域（他们也把它叫作多瑙河）的野蛮人使罗马人无法在此处旅行。

——普罗柯比，公元 6 世纪


他们不定居在任何城市中，也不知道接下来要去哪里。他们都叫作斯基泰人，活动范围是从多瑙河到太阳升起的东方。每一个酋长都知道按人头来算他的部落的牧场大小。无论春夏秋冬，他就在这片牧场上养活他的牧群。

——罗伯鲁的威廉兄弟，出使
鞑靼的法国大使，1253 年


我们在黑海沿岸的国家中找到了科尔喀斯人、亚细亚斯基泰人、匈奴人、阿瓦尔人、阿兰人、匈牙利突厥人、保加尔人、佩切涅格人和其他一些民族的居所，这些民族在不同的时间入侵多瑙河沿岸。在此之前，多瑙河流域已经被高卢人、汪达尔人、巴斯塔奈人、哥特人、格皮德人、斯拉夫人、克族人和塞族人等等由北方南下的民族反复踩躏。

——佩赛尼尔的克劳德·查尔斯，出使
克里米亚鞑靼的法国领事，1765 年

# 第三章 大海：500－1500 年

对于拜占庭帝国早期的历史学家普罗柯比来说，黑海是需要回避的地方。黑海沿岸尽是些对帝国抱有敌意的部落。尽管他的君主查士丁尼尽最大的努力巩固了数个海岸的定居点，但是一直以来，内陆的野蛮人依然是个威胁。他笔下的黑海地带发生的最引人注意的事件现在看来相当可笑：一只外号叫"玻菲鲁乌斯"的大鲸在博斯普鲁斯海峡威胁过往船只。因此，当它在海滨搁浅时，村民们冲到海滩上用斧子砍死了它[1]。要是野蛮人的问题也能那么容易解决就好了。

普罗柯比在君士坦丁堡写作。这座城市的大门同时向黑海和地中海世界敞开。在公元 330 年，当君士坦丁大帝移都此城，并把帝国分为东西两半时，它就成为罗马帝国的首都。起初它似乎不是一个理想的帝国中心：自古以来此城就不断地被摧毁，从来没有一个重要的王国或帝国定都于此。但是它与黑海紧密相连的地理位置是一个不可忽视的优势。

拜占庭最早是一个在公元前 7 世纪中叶建立的希腊殖民地。传说德尔斐神谕指示麦加拉的一个统治者拜扎斯在盲人之地的对面建立一座城市，而拜占庭的位置正符合神谕的描述。它建在博斯普鲁斯海峡边上的一个三角形海岬上。面海的两边都利于防御。海峡对岸是查尔斯顿，一个更古老的麦加拉殖民地。拜扎斯认为查尔斯顿人都是瞎子。因为他们把城市建设在海峡东边的山丘和开阔的低地上，而没有选择海峡西边绝佳的海岬[2]。

拜占庭帝国不是罗马帝国的后继者。因为在拜占庭人眼中，他们

就是罗马人。帝国的属民称自己（有一段时间别人也称他们）为
Romaioi（罗马人）。他们的帝国也被缩写为"Romania"（"拜占庭帝
国"这个名词是后世欧洲历史学家的发明）。当然它与旧罗马帝国有
两个根本的区别。其一是新帝国建立在爱琴海、黑海和地中海东部各
都市中形成的希腊化传统上，因此在文化上希腊化（直至今天，在土
耳其的说希腊语的人依然被称为 *Rumlar*，是这段"罗马"过去的遗
迹）。其二是帝国首都不再位于台伯河畔这个帝国地理上的中心地带，
而是靠近帝国的边境。

　　君士坦丁堡能够控制黑海的入海口，但是新罗马帝国，不像旧罗
马帝国那样能够利用这种地理特征，反而饱受其苦。讽刺的是，当外
邦人对这片水域出入的控制权垂涎三尺的时候，坐拥这种优势的拜占
庭却不太愿意利用这种优势。拜占庭的陆军和海军一度成功地阻止了
波斯人和阿拉伯人在南部和东部海岸立足；克里米亚的克尔涅索斯经
过数个王朝的巩固，确保了帝国在黑海北部的战略利益。但是这些成
就大部分是防御性质的。除了保证谷物和盐等货品的供应和与北方草
原民族进行贸易并向他们征税外，拜占庭人主要关心的是防止黑海带
来恶果，而非从中受益。在中世纪黑海的经济潜力再度显现之时，拜
占庭皇帝把商业利润拱手让给了威尼斯、热那亚等意大利城市。拜占
庭海军缩水成了一支负责保卫首都的小舰队。即使这样，市民还是更
依赖最后一道水上防线：架在浮筒上的巨大铁链，能够把君士坦丁堡
港口和可能的进攻隔开。直到 1453 年城市落入奥斯曼土耳其之手时，
这些铁链还在使用中。

　　然而，拜占庭的文化影响却是另一回事。即使在帝国与内陆各方
势力关系最差的时候，信仰东正教的商人和水手也穿过大海前往那
里。希腊语社区在沿海地区蓬勃发展，尤其是东南部。某些地区仍大
部分在君士坦丁堡的控制范围之内，例如克尔涅索斯和它的周边地

区，安纳托利亚的大部分沿岸地区。即使在脱离了"尘世"的帝国控制之时，它们依然是东方基督教世界这个永恒帝国的一部分。当前者经历潮起潮落之时，后者却在稳步地扩张自己的地盘。因此，在中世纪早期，海岸线上的基督教王国从最西面的保加利亚到最东面的格鲁吉亚，都准备挑战拜占庭皇帝天下共主的特殊地位。结果两股非传统宗教势力的介入彻底地改变了黑海周边地区的生活——地中海的天主教势力和奥斯曼帝国的伊斯兰教。

### "斯基泰人是统一的"

在君士坦丁大帝时期，大部分内陆地区已经脱离了帝国的掌控。罗马帝国在公元 3 世纪时放弃了北部河道纵横的地区，高加索的山区，甚至还有多瑙河平原。对罗马人来说，这些地方已与在图拉真、哈德良时代时一样，再次成为外邦。在拜占庭人的想象中，野蛮人，尤其是那些从北方草原来的人，是文化古旧的外邦人。凡是罗马人有的特质，他们都不具备。许多人过着游牧生活，没有定居的城市，他们不说希腊语，不是基督徒，而且不是神意钦定的皇帝的属民[3]。于是拜占庭人既抱持着古典时代雅典人的文化偏见，政治上又像晚期罗马帝国一样唯我独尊。

然而，无论两群人的文化分野多么大，历代王朝都知道，事实上帝国和其首都的安全都系于一线之间：就是向不断从草原迁出并对帝国边境持续造成压力的人们妥协。野蛮人统治者的利益必须得到保证。否则他们就会毫不犹豫地抛弃君士坦丁堡，而转投其他饥渴的雇主：波斯帝国或是之后在中世纪崛起的巴尔干诸王国和中欧与东欧的大公国。新的民族持续从亚洲的草原到来。最初他们定居于北部和西部沿岸地区，后来的突厥人则定居于拜占庭在安纳托利亚的心脏地带。随着世代更替，这些新的移民也被纳入拜占庭的帝国体制中——

重新商定协议，缔结盟约。这样拜占庭也能满意，至少避免了被这些移民毁灭的危机。

　　长久以来，草原一直是欧洲和中亚之间的高速公路。几乎在整个拜占庭文明的一千年中，这条"公路"的交通始终繁忙。大多数的移民群体（萨尔马特人、匈奴人、阿瓦尔人、马扎尔人、佩切涅格人、库曼人）是从遥远的东方（蒙古和中国西部）起源的一连串人口迁移运动的西部前锋。但是这些迁移很少是大群挥舞着鞭子的骑手在稀树草原上雷霆万钧地狂奔。用"浪"和"波"形容野蛮人侵略者模糊了一个事实：向西边的移民运动是一个持续了数个世纪的漫长过程[4]。对于某些族群来说，从伏尔加河到第聂伯河的数百公里可能要花费好几代人的时间，到多瑙河则要更久。大群游牧民从东方而来十分罕见，除了5世纪时的匈奴人和13世纪时的鞑靼蒙古人。他们行动缓慢，总是想着为牧群找到足够的水与草。

　　要了解每个族群十分困难。因为除了定居民族的书面记录，线索很少。但是有一点似乎是肯定的：在从罗马帝国覆亡到奥斯曼帝国崛起之间动荡的黑海历史中，似乎北方草原的文化具有一定程度的延续性，而非一个族群的文化彻底替代另一个族群的。这种文化可能具有几个特征：基于游牧、半游牧和远距离贸易的经济系统，加上伊朗和突厥的语言和文化形态元素，并且受到与希腊、斯拉夫、日耳曼人长时间接触的影响。"就生活形态和组织来看，斯基泰人是统一的，"一位6世纪的拜占庭作家写道。他把希罗多德在近一千年前曾经使用过的通用标签再一次贴到了北方民族的身上[5]。比起早先的罗马和波斯帝国，拜占庭与这些黑海那边的人保持了更长久、更密切的接触。这是不可避免的。因此从帝国的诞生开始，这些族群对于拜占庭控制的克里米亚，甚至帝国都城本身的威胁都是显而易见的。

　　在新罗马帝国建立之前，斯基泰人就让位于之后到来的萨尔马特人。他们可能与斯基泰人一样也是伊朗语民族的一支。早在希罗多德的时代，他们就已在顿河流域以东生活。希罗多德声称萨尔马特人是斯基泰人和亚马孙人结合的产物[6]。随着他们的西进，原来以"Scythia"为人所知的土地逐渐有了新的名字"Sarmatia"，一半在欧洲，另一半在亚洲。（直到 19 世纪，制图学传统上还把顿河作为欧洲和亚洲的分界线。）还有其他的族群跟随着萨尔马特人的脚步。大部分的族群，比如阿瓦尔人，通过东方的道路进入欧洲的内地。其他的族群，如凯尔特人和哥特人从北方和西方进入。有些族群甚至渡过黑海直至南部海岸。4 世纪的拜占庭编年史详细记载了哥特人在东部和东南部海岸洗劫阿布哈兹和特拉佩苏斯的事情。哥特人甚至一度在克里米亚建立了一个有相当规模的基地。直到中世纪，半岛西南部的一小片土地依然被叫作"Gothia"。（在 15 世纪早期，一位旅行者记载，他的日耳曼男仆可以轻松地与当地人交谈。当地还保留了一些失传的条顿语言的元素[7]。）大部分族群皈依了基督教。拜占庭向他们派驻了主教，甚至用一些建造在君士坦丁堡的教堂当作对他们的奖赏。

普罗柯比生活于 6 世纪，当时正是拜占庭在经历长时间的丧城失地之后的复兴阶段。他非常清楚拜占庭保持对黑海的控制权，同时保护硕果仅存的散落在沿岸地带的希腊语社区有多么困难。曾经遍布海岸线的岗哨当时大多已经废弃。普罗柯比甚至不能对黑海的真实情况做一个估计。在黑海周边尤其是北部的野蛮人太多，以至于他无法获取可靠的信息。他说，除了偶尔交换大使之外，拜占庭与这些人的互动很少[8]。然而在某些地区，普罗柯比的皇帝查士丁尼还是设法重新建立了权威。他重建了年久失修的港口。在特拉佩苏斯，他建造了一条引水渠，解决了长期以来的淡水供应问题。在潘提卡佩和克尔涅索斯——普罗柯比形容这里为"罗马帝国的极限"——他发现城墙已倾颓，于是制定了修复计划[9]。

当然，问题是这个"极限"并不是非常遥远。在拜占庭时期的大部分时间里，拜占庭的关注点并不在如何利用黑海的优势上，而在于如何防止其他人利用它。这是皇帝君士坦丁七世玻菲罗根尼图斯的主要担心。在 10 世纪时，他为自己的儿子和继承人罗穆卢斯编纂了一本治国手册，《论帝国行政》（*De administrando imperio*）。自普罗柯比的时代以来，黑海周围已经物是人非。但是帝国和它的邻居们的基本关系依然不变。公元 7 世纪时斯拉夫人在黑海地区出现。到君士坦丁七世的时代，他们已经在巴尔干南部建立起强大的帝国。在北边，佩切涅格人取代了萨尔马特人和阿兰人。他们是在 9 世纪从东亚过来的突厥人的一支。在更北面，拜占庭人所称的罗斯人——一群受北欧贵族统治的斯拉夫人已经在海岸地区积极开展贸易。如果情况合适，他们就同拜占庭开战。在东部和南部有阿拉伯人。他们的军队由新兴的信仰——伊斯兰教驱动。尽管格鲁吉亚和亚美尼亚能够充当面对穆斯林的缓冲，但是基督教信仰并不构成他们为了自己的利益而向其他基督教国家开战的障碍。

佩切涅格人对于君士坦丁堡具有特殊的意义，因为他们是拜占庭安全保障中的重要一环。与他们保持和平意味着克尔涅索斯能够保持安全。而保持克尔涅索斯的安全意味着拜占庭能够在黑海北部保有一定经济上和军事上的影响力。克尔涅索斯人是与草原民族贸易的中间人。他们用从南部海岸的拜占庭城市中心进口的紫色布料、缎带、金织锦、胡椒、红色衣服和皮革，交换从草原来的皮毛和蜡[10]。佩切涅格人名义上为城市提供保护，但是他们并不只是单纯地提供保护。他们知道可以通过对保护城施压来影响拜占庭。在过去，克里米亚港口曾经向南部出口谷物，但是现在情况却倒过来了。克尔涅索斯似乎依赖于南部的谷物供应。他们用草原游牧民的动物制品作为交换[11]。另外，佩切涅格人是对罗斯人和巴尔干和高加索地区的基督教统治者的绝佳牵制。因此与他们保持良好关系对拜占庭至关重要。

　　君士坦丁建议每年与佩切涅格人交换一次大使。他说，大使应该试着延长长久以来的友好条约，并提供足够的礼物来增加条约的吸引力。这种台面下的交易唯一存在的问题是，与君士坦丁堡保持良好关系的历史似乎把部落成员变得更为贪婪：

　　　　现在这些贪婪地追求自己没有的东西的佩切涅格人，毫不羞耻地要求过分的礼物……他们用各种借口：自己、自己的妻子、自己的麻烦甚至是他们牛群的冷暖。然后当帝国的代表进入他们的领地时，他们先是要求皇帝的礼物。当这些满足了男人的胃口之后，他们又为自己的妻子和父母要求礼物。[12]

　　几百年以来，所有北方的民族都习惯了这种格局。他们不断地增加换取和平的贡品需求。因此，一个优秀的皇帝需要知道如何有外交技巧地拒绝他们直线上升的要求。君士坦丁七世建议，如果他们要求紫袍和皇冠，告诉他们这些东西只能由皇帝使用，如果其他人使用就会遭到诅咒。如果他们要求与你女儿联姻，就说你的习俗不允许[13]。大部分其他的要求倒可以迁就。

　　然而，君士坦丁七世强调，有一件物品无论在任何情况下都不能交给佩切涅格人。他劝告自己的继承人，如果他们想要，那么就故作神秘地告诉他们：这是上帝授予罗马人的宝物，不能外传。它是拜占庭守口如瓶，随着帝国一起消失的最高国家秘密。这就是他们拥有的海上武器。

## 海上火

黑海上最古老的船只——就是荷马或是神话中阿尔戈英雄们熟悉的那种——船体光滑，甲板是开放式的。它足够轻，可以拉上岸或是从陆路运过险滩。装在船中央的桅杆上的四角帆在风向有利的情况下可以使用，但是它的大部分动力来自坐在狭窄长凳上人手一桨的桨手。渐渐地，开放式甲板演化成遮盖式甲板，顶上加盖了屈曲甲板。有三层桨的船只——希腊的三层桨船，成为公元前 5 世纪的主要战船，参加了希波和伯罗奔尼撒战争。

接下来的数个世纪中，建造更好的船就等同于建造更大的船。大船能够拥有更多排桨和许多拉紧船侧巨大刀锋的桨手。海船设计的巨大化倾向在希腊化时代登峰造极。一些希腊化国王试验了四边配备多层桨和双层船壳的连体船。然而在罗马时代，过去僵化的海战形式被各种从追逐海盗到平息被保护国的叛乱这些新型的模式所取代。时代要求战船能够适应帝国的各种需求：不仅能够打一场大规模海战，还能够执行海岸警卫任务。罗马人仿造了亚得里亚海盗的小型双层桨帆船。在哈德良和图拉真的时代，就是这种帆船驻扎在黑海沿岸。图拉真记功柱上就刻画了达契亚战役中停泊在一个多瑙河港口中的小帆船[14]。

到 4 世纪末，三层桨船大多已消失。受到人员和资金短缺的威胁，晚期罗马帝国重新拾起了一千年前使用的小型帆船。这种基本设计延续到了拜占庭时期。拜占庭舰队中的大部分船只都是一人一桨的单层桨帆船，船的两座桅杆上悬挂着深受阿拉伯水手喜爱、更具机动性的三角帆。尽管风帆能够在风向有利的时候使用，在战斗中船长更愿意依靠他的桨手肌肉的力量。有些桨手还可以充做水兵。在以君士坦丁堡作为基地的舰队中有一些双层桨、200 名船员的较大型船只。

但是在行省的前哨中，如克尔涅索斯或是特拉比宗，小型船只仍占支配地位。

希腊和罗马的海军指挥官在海战中有两种基本的战术选择。其一是把船只本身当作武器，撞击敌船的船身迫使其沉没。因此希腊三层桨船坚固的船身构造和船头的分水船鼻是伟大的技术革新。另一种战法是尽量贴近敌船展开接舷战。如果无法靠得够近，那么就使用投掷类武器攻击。罗马人完善了接近战的方式。桨手操纵船只接近敌人，水兵则准备放下铺板，通过它扫荡对方的船舷。

但是拜占庭人对海战的形式进行了实质性的革命。其核心便是君士坦丁七世敦促他的儿子不要透露给佩切涅格人的大秘密。水手们叫它"海上火"（*thalassion pyr*）。拜占庭水手在战船的船头会放置一根镶着青铜的长木管。木管的一端瞄准敌船，另一端连接着一个空气泵。从木管的一端，水手放入一种可燃物质并点火，另一端的人利用空气泵把燃烧着的液体射向敌船（图 4）。大型战舰可以配备不止一根木管，拜占庭还为水兵开发了一种手持版本[15]。这种物质甚至能够在海面上燃烧，更增加了它的威力。阿拉伯编年史家伊本·埃塔尔提供了有关这种物质毁灭性威力的第一手资料。"一根抛射火焰的管子能够顶上十二个人，"他写道，"这种火焰既猛烈又黏稠，没有人能够抵御。这是穆斯林最害怕的武器。"[16]

关于"海上火"（外邦人把它叫作"希腊火"）的最早记录可以追溯到 6 世纪或者 7 世纪。一个叫作卡利尼库斯的人发明了它，但是具体的配方现在仍不得而知。其原材料可能是原油；或者是从地表矿藏提取到的石脑油，来自东北方海岸古老的希腊殖民地潘提卡佩附近的塔曼半岛。泉水把黏稠的石脑油带到地面上，就可以方便地用壶储藏起来。这一地区以地震活动而闻名，地下岩浆活动造成的烟雾和热量给后来的旅行者留下了很深的印象[17]。"海上火"成为拜占庭海上

图4　14世纪的手稿：拜占庭的水手向敌船施放"海上火"。在这种早期的火焰喷射器中，拜占庭人很有可能把黑海地区产的石油类物质当作燃料。

防御的依仗物。拜占庭主要依靠它的力量击败从海上陆续而来的敌人，从7、8世纪时的阿拉伯人到10世纪时的罗斯人。在接下来的数百年中，它成为对抗各方面不断增长的威胁的"防波堤"。

塔曼半岛的石脑油井成为拜占庭军械库中严密守卫的部分。因为"海上火"发明的时候正好是帝国海上力量衰落之时——这时战船正需要这种武器所提供的防御能力。帝国海军一度在6世纪（也可能再度在11世纪）经历了辉煌的时期。它夺回了失陷在入侵的野蛮人手中的地中海周边的土地并制衡黑海各方势力。这片海成为拜占庭普世帝国的象征和君士坦丁精心选址的城市的优势所在。君士坦丁堡的诗人用华丽的辞藻形容水面上的光影和波浪拍打海岸的节奏。帝国法律甚至保护"观海权"[18]。但是总体上拜占庭与黑海的罗曼史与帝国的海事能力并不相符。缺乏国家经费支持，其他的海上力量在地中海的崛起，地方海盗，帝国失政都导致了帝国的问题。历代王朝都对进行远距离贸易缺乏兴趣，而更愿意对其征税。考虑到帝国首都坐落在国际商贸路线的交汇点上，这可能是一个有悖常理的选择。

## 哈扎尔人、罗斯人、保加尔人和突厥人

在其盛期，黑海北部海岸的旧希腊殖民地贸易繁荣的原因有二：南方稳定的出口市场；内地相对稳定却又没有过于强大的帝国的政治格局。在罗马帝国晚期，这两个因素都消失了。经印度洋前往东方的贸易路线降低了黑海的重要性。欧亚草原在人口构成上的长期变化改变了内地政权之间的关系。

直到君士坦丁堡建立数世纪之后，北方才恢复相对的稳定。君士坦丁七世对这种情况既感兴趣又颇担心。对于拜占庭来说，与环绕黑海的诸多政治实体保持良好关系至关重要。不仅因为他们能够攻击帝国首都，就像他们之前多次做过的那样，也因为许多重要的资源需要依赖海上通道：西部和西北海岸的谷物，草原的皮革和其他产品，北部森林的皮毛，高加索地区的奴隶。这个连接着帝国首都和各方海岸的复杂系统，可以从拜占庭与不同时期的四股政治和经济力量——哈扎尔人、罗斯人、保加尔人和突厥人——的关系中窥见。

大约从 7 世纪到 10 世纪，在 300 年左右的时间中，黑海东面和北面的哈扎尔人国家是黑海地区国际政治和经济角逐中最重要的选手之一。哈扎尔人的起源我们并不清楚，但是他们的领地似乎集中于高加索山脉的北部，在黑海和里海之间。他们是波斯和阿拉伯作家笔下传奇故事的素材；他们在古代进行过多次侵略。就像斯基泰人和萨尔马特人在古代一样，他们的名字有时被用来指代所有高加索以北的民族。哈扎尔统治者，也就是大汗（khagan），曾经向西班牙国王声称，他的民族是诺亚之子雅弗的后代。这也是其他地方的人和其他一些高

加索民族都乐于声称的神话谱系。哈扎尔人可能是突厥人种，因此拜占庭作家常常称呼他们为"*tourkoi*"。他们可能也和之后的佩切涅格人、库曼人以及从草原来的鞑靼人使用相似的语言。

　　哈扎尔人通过做中亚和西方的贸易中间人发家，是这条之后在中世纪贸易量激增的商路上的先驱。他们确立了从伏尔加河到克里米亚所有领土的支配权，并且建立了里海到黑海间的贸易连接。从伏尔加河到顿河的沿岸城市是他们主要的商业中心。来自欧亚大陆各处的商人在这里交易盐、蜡、皮毛、皮革、蜂蜜和奴隶。10世纪时，阿拉伯旅行家伊本·法地兰在访问哈扎尔人领地时遇到了几群文身的北欧人，他们操舟从波罗的海通过河道来此交易[19]。

　　拜占庭和哈扎尔人有时断时续的联系。他们有时会合作对抗阿拉伯人、波斯人和佩切涅格人。但是君士坦丁七世建议他的继承人同其他势力结成同盟来对抗哈扎尔人的野心。君士坦丁有理由忧虑，因为哈扎尔人过去曾经插手拜占庭的国内政治，在数不清的帝国继承纷争中支持某些特定的派别。公元695年，皇帝查士丁尼二世曾经被他的对手赶下皇座，还被割下鼻子驱逐至克尔涅索斯这座当时在哈扎尔人影响范围内的城市。但查士丁尼二世充分利用了他被流放的机会。他策划了一个攻击君士坦丁堡的方案并寻求当地哈扎尔人的支持。他与大汗的一个姐妹成婚并得到了嫁妆——法纳果里亚城。在外来势力的帮助下，他从篡位者手中抢回了王位。他的哈扎尔妻子受洗并更名为提奥多拉，成为拜占庭历史上首位异族出身的女皇。提奥多拉的皈依并不令人吃惊，因为哈扎尔人以宗教宽容而著名。但是这种精神生活上的实用主义却导向了令人意想不到的结果——哈扎尔人接受了犹太教作为国教。

　　关于他们如何成为犹太教徒，哈扎尔人有个浅显率真的故事。在遥远的过去，布兰大汗希望接受正式的宗教训练。他从拜占庭人、阿拉伯人和犹太人中间召来饱学之士，让他们比较各自信仰的优劣。结果这场辩论变成了毫无实质内容的大嗓门比赛——这也是意料之中的事。最后，恼怒的布兰大汗质问基督教和伊斯兰教的学者，他们认为除本信仰外的另两种宗教哪种更好。在必须要择其一的情况下，两人都宁愿选择犹太教。在大汗看来，事情就这么解决了。布兰宣布哈扎尔人（起码是他们的首领）立即成为犹太教徒，他本人也接受了割礼。故事本身不足凭信，中世纪的斯拉夫编年史家也用一个相似的故事来解释他们的祖先如何成为基督教徒。但是哈扎尔人似乎的确在公元 8 世纪中叶左右接受了犹太教。哈扎尔人皈依的消息吸引了全拜占庭和阿拉伯地区的犹太人。来自君士坦丁堡和巴格达的学者都前来就信仰上的事务指导哈扎尔贵族。

这个崭新的横跨欧亚的犹太帝国在中世纪早期声名显赫，可以说是吸引着基督教冒险者之后前往东方的"约翰牧师的假想王国"的真实原型。事实上，我们所知的哈扎尔人皈依的大部分情形来自一位科尔多瓦的拉比和哈扎尔大汗的通信（可能是伪造的）。宗教上的繁荣伴随的却是政治上的衰落。在几个世纪内，帝国彻底消亡，几乎没有留下其存在过的痕迹。然而对于它的记忆还是萦绕不去。里海——阿拉伯人称之为 *"Bahr al-Khazar"*，而突厥人叫它 *"Hazer Denizi"*——保留了它的哈扎尔名字。中世纪时，当地中海的水手航向克里米亚时，他们依旧把目的地称为 *"Gazaria"*[20]。

哈扎尔帝国是北部新兴帝国的牺牲品。与游牧的佩切涅格人周期性的战斗削弱了他们的城市。更重要的是，罗斯人建立的在北方的森林中并沿着草原上的河道扩张的国家，正对哈扎尔人控制下的伏尔加河到里海的领地虎视眈眈。至 10 世纪末，罗斯人已经控制了高加索北部主要的哈扎尔要塞，把哈扎尔人的势力从亚速海周围驱赶了出去。

君士坦丁七世也警告他的儿子要小心罗斯人，就像小心佩切涅格人和哈扎尔人一样。他们居住在佩切涅格人以北，有时会互相攻伐。但是他们一般力求和游牧民族保持和平，因为牛、马、羊等牲畜的贸易是他们经济的支柱之一。他们也频繁地顺着河流进入黑海，然后航向君士坦丁堡。由于满载着货物，他们的船是佩切涅格劫掠者的绝佳目标，尤其是他们的船过多瑙河的激流险滩，或把货物换装到在河口停靠的大船上时[21]。有时大群的罗斯人也会跨海进行劫掠。他们在860 年攻击了君士坦丁堡，数世纪之前哥特人也进行过这样的远征。据说罗斯人把数量惊人的2 000 条船都装上了轮子，跨过城市西边的平原并把拜占庭守军吓得魂飞魄散[22]。之后两个世纪中，没有"轮船"的罗斯人以较小的规模反复进行袭扰。

渡海而来的罗斯人可能是伊本·法地兰之前在伏尔加河下游遇见的同哈扎尔人做生意的北欧人的一支，之后斯拉夫编年史家把他们看作是被邀来管理多瑙河谷中四分五裂的斯拉夫民族的外国君主。但是他们扎根的过程可能更加漫长。北欧商人原本从波罗的海通过河道到达，之后许多贸易站为了他们周期性的到访而设立。这些北欧人自己建立或是从当地斯拉夫人手中强夺过来的贸易站发展成了永久的城市。最后，这些武装的北欧商人接受了他们斯拉夫属民的语言和习俗。在 9 世纪，北欧君主攻陷了基辅，然后是哈扎尔帝国的一个个属国。当拜占庭作家提到这支北方的新兴力量时，他们使用了各种名称——斯基泰人、萨尔马特人、瓦兰吉人甚至北极人。最后他们把这支民族定名为"Rhosoi"。事实上，这支民族的起源地要比拜占庭称作"Rhosia"的北部海岸要遥远得多。

在 9—10 世纪间，罗斯人沿着北部和南部海岸进行了大规模的劫掠。他们使用的是可能同时也在英国海岸出现的维京长船。一位拜占庭作家哀叹道：

　　他们从普罗庞提斯（马尔马拉海）（散播）毁灭，还扫荡了整个沿岸地区，波及当地的圣者之城（现在土耳其的阿玛塞拉）；他们对任何人都毫无怜悯之心，也不放过老人和幼童，用染血的刀剑屠杀所有人。他们总是尽可能快地毁灭一切。[23]

　　然而，罗斯人同拜占庭也并不总是处于冲突之中。帝国早就认识到了这些北方的君主不仅可以当作伙伴，而且也是对抗其他敌人的有力盟友。在长达两百年的时间里，波罗的海的皮毛、琥珀、蜂蜡和奴隶顺河道源源不断地被输送到君士坦丁堡。基辅——罗斯人的领土中最大的城市，作为多瑙河上的货物集散地而繁荣昌盛。北欧人与拜占庭人的关系在 10 世纪时变得非常亲密，一群北欧佣兵加入了拜占庭军队，成为皇帝卫队的中坚力量。他们之中最有名的一位是哈拉尔·西格尔德森。他之后成为最后入侵不列颠的维京君主——挪威国王哈拉尔三世，在 1066 年斯坦福桥战役中死于萨克森人的箭下。

　　罗斯人通过与拜占庭的贸易变得足够强大，能够对连接着多瑙河入海口到博斯普鲁斯海峡之间的黑海海上贸易线路施加影响。一些同时代的阿拉伯制图学家把黑海标记为 "bahr al-Rus"，似乎罗斯人而非拜占庭人才是黑海的真正统治者。罗斯人甚至得以在一段时间内主导他们与贸易伙伴的关系。在 10 世纪晚期，基辅大公弗拉基米尔要求娶皇帝巴西尔二世的妹妹，起初巴西尔二世把妹妹安娜许配于他，但是之后皇帝似乎又食言了，于是弗拉基米尔洗劫了克尔涅索斯。之后皇帝以弗拉基米尔皈依基督教为条件答应了这件婚事。988 年，大公受洗，并娶了安娜，基辅人就此一跃进入拜占庭的皇室和普世教会。早在弗拉基米尔皈依之前，基督教就已经传播到了北方的河流流域。但是这场洗礼为更多的拜占庭影响大开方便之门——字母、音乐、艺术和建筑。这些元素形成了基辅公国的文化，进而影响到了中世纪俄国。尽管两国有联姻，拜占庭与基辅的直接联系依然短命。在11、12世纪，另一支游牧民族库曼人切断了北部城市与沿岸地区的联系，贸易也随之消失。对于拜占庭来说，失去这一有利可图的盟约意味着北部沿岸地区永久脱离了他们的掌控。

巴西尔二世从与基辅公国的联系中获利良多。因为基辅人提供的佣兵对他统治时期的一系列可观的军事胜利做出了重要贡献。这位皇帝的诨名——"保加尔人屠夫"（*Bulgaroktonos*）就得名于这些战役。

保加尔人一度是拜占庭的盟友，是拜占庭帝国在边境上结成的众多关系中的一个范例。他们还多次在拜占庭的国内政治中扮演重要角色。事实上，查士丁尼二世能够与他的哈扎尔妻子回到君士坦丁堡，部分就是依靠了保加尔人的力量。他的岳父——哈扎尔大汗答应在位的拜占庭皇帝在查士丁尼进攻君士坦丁堡之前刺杀他，提奥多拉警告了查士丁尼这个阴谋。于是他俩从法纳果里亚跨过黑海逃到了多瑙河流域。在那里，查士丁尼受到了比东边哈扎尔岳父所给的更为热烈的欢迎。他的新主人，保加尔人，提供了能让他凯旋的军队。

在查士丁尼二世时期，也就是8世纪早期，保加尔人才刚刚出现在拜占庭帝国边境上，但是已经在帝国的外交和内部事务上起了重要作用。保加尔人原本的家园在更远的东方。在伏尔加河上游，有一片地域，直到18世纪制图家还称之为"大保加利亚"。哈扎尔人和保加尔人可能有相近的起源，他们都宣称自己是诺亚同一个儿子的子孙。伏尔加河上游的保加尔领地很早以前就被哈扎尔汗国所吞并。

作为草原民族大西进运动的一部分，保加尔人在公元7世纪晚期于多瑙河流域崛起。在阿斯帕鲁赫酋长（或是大汗）的带领下，他们渡过多瑙河并征服了南部的斯拉夫人。他们的到来让拜占庭帝国十分困扰。君士坦丁堡同意向阿斯帕鲁赫和他的后继者进贡，并承认他们对多瑙河到巴尔干山脉之间地区的控制权。如果拜占庭拒绝纳贡，那么战争就开始了，而且通常是保加尔人占上风。在一次大胜之后，克鲁姆汗把拜占庭皇帝奈塞弗勒斯的头骨当作杯子来使用。拜占庭人用武力没有做到的事情，他们又希望用传播福音的方式来完成。在 9 世纪时保加尔人皈依了基督教，并且在 1054 年那场把基督教世界分为东西两边的教会分裂中站在君士坦丁堡的一边。到此时，保加尔人已失去了大部分过去游牧民族和突厥人的特征，逐渐被当地的斯拉夫人同化。

　　但是，信仰同一种宗教并没有使保加尔人与拜占庭的关系缓和下来。直至拜占庭帝国灭亡，保加尔人问题一直是拜占庭对外关系中的重点。在 10 世纪时，西蒙尼——拥有头衔“所有保加尔人和希腊人的沙皇”——治下的保加尔帝国可能是东欧最强大的国家，其首都普雷斯拉夫据说在华丽程度上能与君士坦丁堡比肩。这个帝国为皇帝“保加尔人屠夫”巴西尔二世所灭。他在北欧佣兵帮助下驱散了保加尔人的军队。编年史记载，巴西尔把每 100 个俘虏中的 99 个刺瞎，剩下一个把其余的人领回保加尔人的营地。之后保加尔帝国被拜占庭吞并，君士坦丁堡得以在数百年之后重新控制巴尔干半岛的大部分地区。但好景不长，150 年后，保加尔帝国东山再起。第二帝国定都特尔诺瓦，13 世纪全盛期时，其疆域从现在的阿尔巴尼亚延伸至黑海，但是随着中世纪塞尔维亚等其他巴尔干王国的崛起，它很快就湮没在历史长河之中。

　　基督教一直是拜占庭皇帝对付保加尔人和罗斯人的强有力武器。皈依并不总能平息冲突，但是从拜占庭的角度看来，冲突的性质就从与不信教者之间的战争变成了基督教世界的内战。如果紧邻的国家不能够纳入帝国中或是结成联盟，次好的办法就是把他们纳入教会的管辖范围。

然而，安纳托利亚的情况相当不同。尽管是帝国的后院，安纳托利亚却一直是语言、民族和宗教交汇之地：希腊语、亚美尼亚语、阿拉伯语、高加索语和斯基泰诸语种，基督徒与穆斯林，异端和正统。但是新的族群土库曼游牧民的到来从根本上改变了这里的政治和社会关系。

土库曼人起源于中亚大草原。他们于 11 世纪开始对拜占庭的东部边境构成压力。他们名义上服从以巴格达为中心的大塞尔柱帝国的权威。但是就像大多数游牧民族一样，他们很少受到任何直接的政治约束。因为害怕自己帝国的安全受到威胁，塞尔柱人鼓励土库曼人向西推进，用安纳托利亚中部肥美的牧场和劫掠拜占庭市镇所能得的财富引诱他们。1071 年，塞尔柱人在东安纳托利亚进行的曼兹科特战役中击败了拜占庭军队。这场军事胜利为大规模土库曼移民浪潮打开了远至爱琴海地区的通路。

在接下来的两个世纪中，安纳托利亚经历了就像之前在北方的草原地带进行的那样缓慢的突厥人移民潮。政治权力逐渐从拜占庭人转到众多土库曼部族的地方埃米尔手中。有些部族定居下来或是过着半游牧生活，和拜占庭的农业地区及城市保持着紧张的关系。双方战事频繁，但是其原因不是穆斯林埃米尔和拜占庭的基督教皇帝间的宗教冲突，而是争夺牧场所有权或是游牧民掠夺外围的农场或居民区。争斗双方的阵营每年也都在变化。地方的拜占庭贵族，甚至是君士坦丁堡的某个派系，在无数的撕裂帝国的内战纷争中，经常向不同的埃米尔寻求帮助。

大塞尔柱帝国的权威在 13 世纪蒙古人到来之后终结。蒙古人侵使塞尔柱帝国体系陷入混乱，并且触发了新的一波向西的移民运动。其结果是产生了一系列势力延伸到黑海海滨的土库曼埃米尔汗国和联邦。阿克于努（Akkoyunlu，"白羊"）土库曼部族占据东安纳托利亚和西波斯地区。罗姆塞尔柱人——结合了它的两个邻居（巴格达的大塞尔柱帝国和君士坦丁堡的罗马帝国）的名字——占领安纳托利亚的中部和南部。包括锡诺佩和特拉比宗等城镇的沿海地区，在不同阶段由不同的势力所直接掌控或保护。

政治上的变化伴随着社会生活的缓慢转型。一些基督徒，尤其是与城市中心的教会分离的那些，皈依了伊斯兰教。一些说希腊语或是说亚美尼亚语的人开始使用突厥语言。一部分土库曼游牧民定居下来，成了基督徒。毫无疑问地，他们也开始说希腊语或亚美尼亚语或库尔德语或是格鲁吉亚语。其他的游牧民依然过着逐水草而居的生活，不断地在牧场之间驱赶他们的畜群。如果年景不好，他们也会劫掠村庄和市镇，而定居的居民在数代之前可能和他们过着一样的生活。

在一些土库曼埃米尔国归入安纳托利亚西北部奥斯曼人的伊斯兰帝国之后，土库曼人依然没有从历史舞台上退出。虽然在奥斯曼帝国的数百年中大多数土库曼人都定居下来，但是各种形式的游牧生活依然留存了下来。现在从伊拉克北部的土库曼族群到黑海东南海岸的切佩尼人都过着这么一种生活。在夏天，牧羊人把他们的绵羊和山羊赶到高山牧场，遵循着与拜占庭时期同样的方式。

拜占庭皇帝对罗斯人、巴尔干和高加索的基督教国王以及周期性从北方草原或东安纳托利亚倾泻而出的游牧民都感到忧虑。但最终并不是以上几股势力把拜占庭与黑海隔离开来，而是西方的拉丁强国。它们与君士坦丁堡既没有政治上的联盟，也没有宗教上的归属关系，最终导致了拜占庭帝国的失败。

从 11 世纪开始，中欧势力的崛起就一直威胁着拜占庭在西边的利益。诺曼人夺走了意大利的大部分领土，意大利的航海国家控制着地中海；法国、德意志和教皇的军队不断试图削弱拜占庭仅存的领地。十字军运动一次又一次地把所有这些势力引到君士坦丁堡的城门口。皇帝只能用娴熟的外交技巧，加上战略性联姻，才能防止他们在去圣地的路上顺便洗劫君士坦丁堡。

第四次十字军东征时，外交策略已经捉襟见肘。1199 年，一支远征军在意大利集结并说服威尼斯总督恩里科·丹多罗帮助进行一场针对埃及的战役。他同意了，但条件是获得沿途征服的土地。在装备十字军战士时，目标改变了：不再是穆斯林异教徒，而是君士坦丁堡的裂教者。为了东地中海的贸易权，威尼斯已经同拜占庭进行了断断续续的战争。这场对抗异端皇帝的十字军是确立威尼斯在东方经济事务中主导权的大好时机。在商讨了如何分赃之后，1204 年春，十字军终于对君士坦丁堡发动了进攻，很快它就陷落了。

当时的编年史家称这一事件为"普世灾难"。其破坏程度是巨大的。十字军亵渎了圣索菲亚大教堂。许多偶像被扔进了海里。修女遭到强奸而年轻的修士被卖作奴隶。十字军的一个指挥官佛兰德的鲍德温被扶上了御座。一个威尼斯人成为了牧首，正式同罗马言归于好。一些拜占庭贵族渡过马尔马拉海逃往尼西亚，建立了一个流亡帝国，帝国很快便吸引了许多希腊语贵族和教士。在对于帝国的大分割——所谓的"罗马分割"（*Partitio Romanae*）中，拜占庭被拉丁征服者分成几块。拜占庭的影响依然残留在尼西亚的流亡贵族、特拉比宗（Trebizond）的一个家族和希腊的一个小王国中。但是，传承了十多个世纪的帝国，其整体从此不复存在。

拜占庭帝国在黑海的历史到 1204 年落下了帷幕。虽然拜占庭人在 1261 年设法夺回了君士坦丁堡，但重建的拜占庭帝国不过是局限于两大海峡地区的一个小国，挤在巴尔干和高加索的其他基督教王国和土库曼埃米尔汗国之间的一股小势力而已。它的经济和贸易命脉主要掌握于意大利人之手。处于博斯普鲁斯海峡以北的黑海彻底在帝国的掌控之外。但是，拜占庭时代之后的黑海，迎来了周边经济活动无比繁荣的时代。黑海从来没有如此接近欧洲的心脏。

## 哈扎里亚的商贸

13 世纪晚期，在蒙古族可汗忽必烈帝国游历多年的马可·波罗踏上归途。其间他曾从特拉比宗出发航行向君士坦丁堡。他偶然提及这段航程：

> 我们还没有向你介绍黑海或是围绕它的诸省份，尽管我们已经彻底地探索过了它。我避免向你提到它。因为我认为反复地解释既不必要，也没有用，而且别人已经说过无数次的话再说就非常无聊。因为天天都有许多人在这片海域航行——威尼斯人、热那亚人、比萨人和其他经常跑这条航线的人。人人都知道这里有些什么。[24]

沿着这条航线的旅行非常普遍，他认为专门描绘这些太过无聊。这只是司空见惯的从一个大型贸易中心到另一个的日常通勤而已。

在马可·波罗到来时，黑海已经是囊括从中国的桑树林到马赛的丝绸作坊，从诺夫哥罗德和基辅的集市到大不里士的巴扎的巨大贸易网络的中心。它正处于国际主要干道的交汇处。"丝绸之路"从中国蜿蜒通过中亚，穿过里海到伏尔加河，然后从陆路到顿河，顺流而下到达亚速海和克里米亚诸港口；或者从南面穿过中亚和波斯，通过亚美尼亚到达特拉比宗。北面的河流连接着波兰、俄罗斯和波罗的海。

古时候琥珀通过这条路线出口到地中海地区，而现在丝绸、皮毛和动物皮革则通过这条路线被运至发展中的北欧各城市。纺织品等制成品从中欧运来之后分销至欧亚草原各处。谷物和香料则反方向进入中欧，或是从博斯普鲁斯海峡进入爱琴海。

这片海的名称折射出了贸易关系。早期阿拉伯地图标注其为"特拉比宗之海"（*Bahr al-Tarabazunda*），以商队从波斯出发，穿过安纳托利亚前往卸货的终点命名。波兰人称之为"利沃夫之海"（*mare Leoninum*），尽管这个内陆商业城市在西北数百公里之外的波属加利西亚[25]。对于新一批从中世纪意大利城市国家蜂拥而来的水手和商人而言，这里就是"大海"（*ilmare Maggior*）。一个商人从热那亚或是威尼斯出发，渡过半个地中海，跨过博斯普鲁斯海峡进入黑海。在目的地他可能还能和认识的意大利人喝杯小酒。如果一个欧洲进口商能够带着他的中国丝绸和印度香料到达黑海，那么他就已经快到家了。如果一个出口商带着他的葡萄酒或是棉布到这里，那么他就很快把它们卖掉了。就像中世纪商人行会发现的，把你的货物运到黑海，你就能把它们卖到世界的任何一个角落。

在拜占庭从一个行省殖民地发展到帝国首都的几百年中，意大利海岸城市中也发展出了主要的航海中心。威尼斯从一个混乱的小渔村扩展成了利益遍布整个东地中海的贸易帝国。在中世纪早期之前，威尼斯向意大利本土出口鱼干。之后这种贸易渐渐转变成了对从小亚细亚和黎凡特到南欧港口的航线的绝对控制。在半岛对面，热那亚和比萨没有威尼斯的地理优势。它们的眼光放在较为贫穷的西地中海，而不是富饶的东方。但是他们通过与阿拉伯劫掠者的一系列作战建立起强大的海军，成为威尼斯共和国的有力对手。

威尼斯曾经是拜占庭帝国的一部分，向君士坦丁堡宣誓效忠以换取帝国的保护，从而免受意大利本岛上贪婪的王公们的侵害。随着时间的流逝，这种关系反了过来。作为保护航线免遭地中海海盗袭扰的副产品，威尼斯海军变得强大，而拜占庭的海军则衰落了。不久，拜占庭就开始依靠本来依附于帝国的威尼斯海军。早在 9 世纪，拜占庭帝国就给予威尼斯人商业特权来换取海上保护，包括君士坦丁堡的城市防御。在十字军东征时期，这种早期的联系发展成了威尼斯对于东方贸易实质上的垄断。教皇和君主有足够的宗教狂热，但是只有威尼斯的总督有足够的资金。威尼斯人为十字军提供武器和军粮，并把他们运送到圣地。到这时，比起继续保护拜占庭帝国，威尼斯人对劫掠它更有兴趣。当 1024 年十字军攻占君士坦丁堡时，得益最多的便是威尼斯人。在之后对帝国的分割中，威尼斯获得了拜占庭 3/8 的土地，包括爱琴海群岛、希腊北部和黑海沿岸地区。一夜之间，共和国获得了足以缔造一个帝国的土地。

即使是在威尼斯主导帝国时期，热那亚和比萨也设法从拜占庭取得了一些租界。12 世纪时，靠近金角湾的一部分被划为他们的商业区。但是"罗马分割"给他们创造了一个千载难逢的良机。当威尼斯享受新获得的成果时，热那亚和流亡的拜占庭王朝结成了同盟。这个王朝控制着缩小的尼西亚"帝国"，位于安纳托利亚西北部。这项投资很快就获得了一笔意外之财。当流亡者在 1261 年重新夺回君士坦丁堡并驱逐十字军之后，热那亚获得了威尼斯之前享有的特权地位。热那亚人迁入了君士坦丁堡的佩拉区的主要部分，在一座小丘之上，隔着金角湾正对着皇宫。帝国的所有港口，包括黑海上的，都对热那亚商人完全开放。

威尼斯人和比萨人都不愿意接受这种新的安排，接下来就是三个城市国家间长达一个多世纪的战争，包括一场在博斯普鲁斯海峡的大规模海战。结果是比萨没落，不再是海上强国，威尼斯在东地中海崛

起，以及威尼斯和热那亚商人在黑海保持不稳定的共存关系。在顿河
流域的古老的希腊殖民地塔奈斯（现在被意大利人称作"塔纳"）成
为威尼斯人前往东方的大门，中国和中亚出发的陆路路线的终点。然
而，在从黑海贸易路线获利的竞赛中，热那亚是古代米利都的真正后
继者。13世纪末期，热那亚在重建的拜占庭内部建立了实质上是他
们主导的帝国。从佩拉区的高地上，热那亚社区的总督（*podestiá*）
照看着一个在财富和地理广度上无可匹敌的商业帝国。"这片海，"一
个拜占庭编年史家写道，"只属于他们"[26]。

　　意大利商业势力进驻黑海使黑海周边的城市得到了新的活力。有
些城市自北方草原民族大举南下时就处于沉寂状态。另外一些，像克
尔涅索斯，经历了作为拜占庭紧张边疆中边远前哨的风风雨雨。然而
到13世纪末期，一圈活跃的港口城市环绕着黑海。许多建立在古老
的希腊殖民地基础之上的城市，现在成为通往东方财富的大门。

　　即使加上沿途停泊获取给养或进行贸易的时间，大部分船只还是
能在几个星期内从君士坦丁堡航行至特拉比宗；如果需要，在非常有
利的天气下单程甚至不需要一个星期[27]。船只可以从特拉比宗快速驶
过克里米亚，在古老的希腊港口提奥多西亚（意大利人将其更名为卡
法）下锚，然后继续前往亚速海直至塔纳。从此地开始，货物由陆路
运至伏尔加河，然后逆流而上到里海。在整条黑海海岸线上，热那亚
人都占据着政治和商贸中的支配地位。热那亚在东岸的锡诺佩、特拉
比宗、塞瓦斯托波利斯（现代格鲁吉亚的苏呼米）、多瑙河河口的列
克斯托默和莫罗卡斯特罗、德涅斯特和卡法都设了常驻领事馆。威尼
斯在该地区也有势力，尤其是在塔纳和索达亚（现在乌克兰的苏达
克），但是他们在东地中海的霸权意味着黑海地区对他们来说永远只
居次要的地位。

　　任何访问这些商业中心的人都能看到，这里的市场和热闹的作坊

里满是从世界各地前来的商人。克里米亚沿岸的那些尤其繁忙。在铺过路面的街道上可以听到各种语言，路边小贩用希腊方言和意大利方言叫卖。多明我修会和方济各修会的修道院的报时钟声同伊斯兰教的祈祷声和东正教神父的吟唱声此起彼伏。镇民和商人聚集在领事官邸，寻求赔偿或是寻找公证员批准合同。骆驼车队和驮马从城门到港口绵延不断。从南欧来的商人——意大利人、加泰罗尼亚人等等——同数量不断增长的穆斯林和犹太人和从伯罗奔尼撒和爱琴海群岛不断涌入的东正教徒一起定居在都市中，也有一些只在回欧洲之前在这里过冬。

那段时期的一些热那亚公证记录保留了下来。它们描绘了一幅令人惊异的图画：在不同的海港之间展开的贸易和进行贸易的人员竟然如此多样。1289 年 4 月，古列莫·维萨诺把一艘运输船——穆加托号 1/3 的利润卖给了韦尔蒂诺·劳格略；5 月，马努勒·涅革荣涅把一个来自高加索海岸的奴隶市场的 30 岁奴隶韦纳利卖给了马佐·卡波和奥博蒂诺·德奥尔本加；6 月，天主教徒吉亚科莫·吉所弗作为吉格列莫·萨卢佐的代理人，从穆斯林科莫·塔卡马蒂吉处获得一笔款项用来购买哈桑——一个原籍叙利亚现定居在卡法的穆斯林卖给他的一船牛皮。1290 年 4 月，亚美尼亚人佩拉、瓦西里和皮利切同东正教徒提奥多莱和科斯塔斯，从维瓦尔多·拉瓦吉奥（一个在额尔古纳河的战船指挥官）处得到消息说，大不里士的蒙古可汗找到了他们被一个名叫尤足赤的海盗抢走的财产[28]。在不同的社会团体之间长距离的贸易如此普遍，难怪马可·波罗认为不必详述黑海的情况了。

从意大利人和加泰罗尼亚人绘制的彩色海洋图中我们可以直观地看到欧洲人对这片海域的知识的详尽程度。现在博物馆和私人收藏家都高价求购的这些海洋图都绘制在精制皮纸上，并且卷成卷轴以便在航程中携带。它们依据主要的风向指出方向，并描绘了大概的海岸线，大小港口都标注其上。大多数能够追溯到 13－15 世纪的海洋图上的地理细节准确得令人吃惊。突出于海中的海岬上，点缀着代表港湾的半圆形凹陷，整片海的形状，海岬的位置，克里米亚和亚速海的轮廓都大致正确。而在意大利支配黑海时代结束之后的几个世纪中的地图，都将这一带的地理特征绘得谬误百出。

　　沿着海岸线分布的热那亚社区和港口的行政形式上由设在热那亚的"哈扎里亚事务所"（*Offcium Gazariae*）管理（哈扎里亚是留存下来的神秘的哈扎尔人地名中的一个），但真正的行政中心位于克里米亚的卡法。卡法设有选举制的参议院和一个民事官僚制政府。总领事由政府指派，其薪金比在佩拉区的热那亚总督还多，负责税收，计划公共预算，供给军队和为大多数其他黑海港口指派领事[29]。领事的行政范围包括建设防御设施（一道砖石墙，间隔设有防御塔楼，前面附设壕沟环绕）[30]。城市的新月形港口停泊着许多平底远洋船只、三桅小帆船和其他从地中海引进的小型海岸船只。根据阿拉伯旅行家伊本·巴图塔记录，那里有 200 多艘"战船和贸易船只，大小皆有"。他在一生中看过许多海港，但认为卡法是"世界上最壮观的港口之一"[31]。

　　另一个旅行家，科尔多瓦的佩罗·塔富尔在 15 世纪 30 年代末某个晴好天气中驶入卡法港。他从特拉比宗越海而来，且很高兴能离开那里。当时的特拉比宗（古时叫特拉佩苏斯）由独立的与拜占庭敌对的皇帝执政，热那亚和威尼斯商人在那里都非常活跃。使他伤心的是在那个南部港口他发现皇帝把公主嫁给了当地穆斯林首领。在科尔多瓦，人们绝不接近摩尔人，塔富尔一定觉得特拉比宗的人已经向土库曼人屈膝投降了。卡法（起码是它的一部分）看上去更文明。该城的领事亲自接见他并满足他的需求。他十分满意所住的旅馆，也十分高兴地拜访了方济各修道院的修士。"这座城市和塞维利亚一样大，甚至更大，居民更是它的两倍，其中包括基督教徒、天主教徒还有希腊人（东正教徒）和世界各地的人"。他说每天都有船只从遥远的港口驶来，随之而来的乘客操着各种语言，把街道挤得满满当当。香料、黄金、珍珠、奇石、俄国的厚毛皮和奴隶都在这里买卖，价格有时出奇地低。他也买了几个奴隶，还强调说，这是慈善事业，这样他们可以免于落入不敬神的穆斯林之手[32]。

对卡法和其他他拜访过的城市的活力，塔富尔的最终评价并不高。在东方的城镇之中，它们算是挺富有生机的，但是并没有满足塔富尔那在听了西班牙流传的关于丰饶东方的故事之后所产生的期望。他说，冬天非常冷，船都冻在港口中。要去内地就像要去印度那样难。食物几乎难以下咽，市场中的大多数人都非常野蛮。方济各会修士和少数有品位的商人力求带来一些秩序，但是这并不容易。"当然，如果不是热那亚人，这些人根本和我们（信天主教的欧洲人）不会有任何交集。""因为他们来自那么多国家，吃穿和婚姻的习惯都各不相同。"据他说，处女可以用葡萄酒来交换。尽管觉得不太体面，但他自己还是换了一个[33]。

塔富尔有个理论：克里米亚港口的居民从意大利到达时还非常文明，一些上流家族的后裔也定居在这里。但是他们逐渐在和当地部落，特别是亚细亚鞑靼人的交往中堕落了。北岸的大部分内陆区域由鞑靼首领控制。他们随 13 世纪蒙古入侵的大潮一起进入这个地带。起先意大利人和他们商谈，获得了在海岸城市一角经商的权力，但是他们逐渐把控制范围扩展到了郊区。有些鞑靼人和意大利人一起居住在城墙内，但是这并不能阻止其他鞑靼人周期性地围城。只要有大汗对他得到的那份贡品不满，大群的武装鞑靼人就会出现在城门口。多亏城市民兵先进的武器——弩、大炮和火绳枪，港口才逃过了鞑靼人的蹂躏。有时这些武器也不能阻挡他们，意大利人不止一次地从废墟上重建他们的家园和事业。

塔富尔和许多来到黑海港口的天主教欧洲人（至少是那些主要来体验异国情调而不是来居住或做生意的）一样抱持着反穆斯林的偏见。他为特拉比宗的基督教政权与安纳托利亚的穆斯林埃米尔的密切关系而感到羞愧。他也同样为鞑靼人在克里米亚城市中与基督教徒共同生活感到担心。但是就像许多拜访黑海沿岸的外邦人一样，塔富尔忽视了这里基本的社会关系：是鞑靼人，更是广大的蒙古帝国使意大利人的商业成功变为可能。

## 蒙古和平

蒙古人是从中亚西进的民族的最后一波。半为征服欲所驱使，半出于所有游牧民族共同的流浪欲，他们跟随在自己的牧群身后迁移到了黑海地带。他们起源于突厥人种，于是同时代的观察家把他们命名为鞑靼人（Tatars，更古老的拼法为 Tartars）。这个标签对所有黑海地区北部的蒙古后继者都适用，但是他们的武士阶级可能主要是蒙古人。就像古代的斯基泰人一样，虽然语言不同，他们拥有一种共同的欧亚文化和生活方式。

在成吉思汗的领导下，鞑靼-蒙古人的领土扩张得很快。在大汗去世时的 1227 年，蒙古的领土从中国的海滨一直延展到黑海。他的后继者继续开疆拓土：终结库曼人在黑海草原上的统治，攻击波兰和匈牙利，占领波斯和高加索地区。鞑靼-蒙古骑手在黑海北部平原上的出现使欧洲人颇为忧虑。在他们的兵锋抵达之前，就有他们劫掠城市、屠杀居民的传闻开道，蒙古人似乎能够征服远至中欧最坚固的城池。教皇和王公们号召对这些洗劫了基辅、克拉科夫和布达佩斯并且对新征服的国家横征暴敛的异教徒进行新的十字军东征。

编年史家和后世的历史学家都把鞑靼-蒙古人的统治看作是东方

暴政的黑夜。中世纪评论家把鞑靼和塔塔罗斯（Tartarus）——古典希腊神话中的地狱相提并论。但是在中世纪的大部分时间里，所谓的"鞑靼枷锁"事实上在奴役人之外也让人们获益不少。在最初的西进移民之后是两个世纪的相对稳定，为经济上的繁荣，如意大利人在黑海的成就，提供了政治基础。此前黑海北部的草原和城市不断易主。斯拉夫君主在彼此之间，同时与突厥首领不断竞争。稳定状态的形成通常是利益暂时均衡的结果，而就像拜占庭皇帝熟知的那样，一个新的从东方来的游牧民族就可以轻易地打破这种脆弱的平衡。

　　但是在 13 世纪和 14 世纪，黑海地区处于两个由鞑靼-蒙古征服产生的稳定政治力量的交界处：北面是金帐汗国，南面是伊尔汗国——定都大不里士控制波斯的蒙古征服者。一个天主教、东正教或是亚美尼亚的商人可以从一个近东商贸城市旅行至下一个（从波斯西北的大不里士到黑海的特拉比宗到顿河流域的塔纳），而不出成吉思汗子孙的地界。罗伯鲁的威廉兄弟因外交事务被法王路易九世派遣至鞑靼人处。他从索达亚放眼眺望，了解了鞑靼人势力的强大：

> 　　在南面由有拜占庭皇室血统的统治者所统治的特拉比宗，他们也是鞑靼人的臣属。接下来是突厥苏丹的城市西诺波利斯（锡诺佩），似乎也是他们的附庸国。从塔奈斯河（顿河）口以西到多瑙河流域的土地都是他们的领地。[34]

　　对于一个商人来说，把黑海作为向东路程的一部分也有经济上的意义。从君士坦丁堡出发到特拉比宗，然后随商队到波斯只用耗费从安纳托利亚走陆路 1/3 的时间[35]。海上发生暴风的风险远远比陆路不通或碰到强盗的风险低。

鞑靼蒙古人的首领当然是熟练的武士，但是他们也欢迎有益的商业和政治交往。像威廉兄弟和马可·波罗这样的旅行者都惊叹于鞑靼蒙古人行政的复杂程度。即使是散布于欧亚大陆各处的次等可汗，手下也有能翻译西方国王友好信件的官员。在中世纪，很少有比鞑靼酋长的移动帐篷城市更具有国际性的地方。当威廉兄弟渡过顿河前往撒里台（成吉思汗的一个重孙）的帐篷时，他惊讶地发现一个聂斯脱利派的基督徒主管外交礼仪而一个圣殿骑士对众人侃侃而谈他在塞浦路斯的见闻。继续往东旅行，在撒里台的祖父、伟大的大汗蒙哥处，他遇到了一个巴黎金匠，一个大马士革来的基督徒，一个嫁给了宫廷中俄罗斯木匠的法兰克洛林女子，巴格达、印度、塞尔柱突厥来的使者们和一个想要让蒙哥皈依基督教的亚美尼亚修士[36]。

在鞑靼蒙古支配的时代以前，北方草原上极少出现欧洲人。内陆非常危险，想要踏足这片土地的无畏旅行者必须诉诸诸多灵巧的手段来保证自己的安全。1235 年，四个野心勃勃的多明我会修士从布达佩斯出发寻找匈牙利人的古老家园（通常认为在伏尔加河河畔），想让他们仍未皈依的异教兄弟皈依基督。他们从多瑙河顺流而下进入黑海，再航向顿河。在水上平安无事，但是他们在伏尔加河的陆路旅程则险象环生：库曼部族间互相征战，草原上充满了劫掠者，很少有商队或一同旅行的伙伴出现。

随着食物和盘缠的减少，他们想出了一个新奇的办法。四人中的两个自愿卖身为奴。这样剩下的两个能够获得旅费，购买更多的粮食，继续他们传教的任务。这个计划失败了。修士发现他们没有足够的技巧吸引买家。他们最多只能激起雕木头勺子的作坊的兴趣。结果三个人放弃，只剩下一个充满勇气的人——朱利安，继续向东。他没有找到匈牙利人的亲缘部落，但是确实找到了文明。在伏尔加河畔的某处他遇见了蒙古大汗的侦查骑兵队。他惊讶地发现这个小队的翻译能说六种语言，包括德语和匈牙利语[37]。

在几十年之间，从这队骑兵身上表现出的秩序传播到了整个黑海地区。在连接黑海和中亚的商业路线行商的人是如此之多，以至于意大利人在导游手册中就可以了解它的情况。佛罗伦萨的一个银行家，弗朗西斯科·佩戈洛蒂，在一本书中为前往东方的商人提供了建议。该书名为《商业的实践》（*The Practice of Commerce*），成书于 14 世纪早期。书中提到，身体虚弱者不能踏上这趟旅程。从塔纳到中国可能需要 9 个多月。佩戈洛蒂建议商人们把胡子留长，这样就不会暴露他们外国人的身份，以防不测。但是朱利安兄弟和他的伙伴们所经历的艰辛当时已不常见。"从塔纳到卡塞（Cathy）① 的路程在白天和晚上都非常安全，"他写道。在路上四处可见的武装骑兵小分队就是鞑靼蒙古帝国对于道路安全的保证[38]。

即使有如此多的国际往来，鞑靼蒙古帝国基本上依然是一个移动社会，主要由牧人组成，冬天和他们的牲畜一起向海边迁移，夏天则向北迁。他们把蒙古包装在大轮车上，在草原上四处游荡，人站在蒙古包的门口掌握方向[39]。在佩戈洛蒂之后的时代，另一个商人约萨法·巴巴洛爬上塔纳的城墙，并记录下了他对于游牧民族迁徙场景的印象：

> 打头的是（几百头的）马群。之后跟着的是骆驼和牛群，再之后是六天也走不完的小型牲畜。这还是我们目力所及的范围。平原上满是上路的人和牲畜……我们站在城墙上（因为我们把城门关上了），到傍晚时已经厌倦了观看他们。[40]

---

① 原文如此，疑为"卡法"。——编者注

一千年前的旅行者看到和听到的也是这种景象和声音——车轴上实心木轮的吱吱声，直达天际。

中世纪时期，蒙古和平（*pax mongolica*）使商业和其他贸易得以兴盛。它为欧洲商业的起飞搭好了舞台，同时激起了欧洲探险家寻找去中国的海上路线的热情。然而，成吉思汗后继者之间的敌对意味着所谓的"和平"并不是波澜不惊的。在14世纪中叶，鞑靼蒙古帝国已经变成各个敌对封地之间的松散联盟。每个封地都希望能够通过掠夺对方的牧群来使自己受益。金帐汗国就是内部斗争的牺牲品。东边的大汗们（包括野心勃勃的帖木儿）短时间之内扩展了他们的控制范围，却留下了更没有组织的政治真空。中国的明王朝在1368年推翻了蒙古人的统治，通往中国的道路关闭了。

于是，经黑海海港城市进行长途贸易的高潮持续时间并不长，大概是整个14世纪上半叶。这一带的鞑靼人的政治斗争和通往东方的海洋商路的开拓降低了塔纳和卡法作为国际贸易中心的重要性。但是在这段有限的时间内，人们能够在海洋和草原之间自由来去。自希腊殖民时代和罗马帝国时代开始，这还是第一次。变革总伴随着代价。这段时间也为一个不受欢迎的访客打开了大门。这是每个来到黑海港口的欧洲人都不熟识的访客。

## 自卡法出发的船只

热那亚和威尼斯各地的人口主体从来不是意大利人。举例来说，卡法意大利人最多的时候也只占全部人口的1/5[41]。希腊人——通常指所有的东正教徒，包括从爱琴海到安纳托利亚讲希腊语的人和现在分类的罗马尼亚人、塞族人、乌克兰人等民族——占了相当的一部分，还有其他的基督徒和亚美尼亚人，数量不断增长的穆斯林社群，北部海岸来的鞑靼人，北高加索地区的人，以及安纳托利亚的突厥人和黎凡特的阿拉伯人。

虽然他们在商业交易和货运中通力合作，但这些族群之间的关系也并不一直是友善的。任何港口城市都非常混乱，黑海地区也不例外。为了一件小事、一次交易、一个女人，加上格鲁吉亚和克里米亚葡萄酒的催化，争执有时候就升级为暴力冲突。1343 年一个闷热的夏天，塔纳就发生了这么一起事件。

一个威尼斯商人安德列奥罗·奇夫兰诺，据说同当地的一个穆斯林奥马尔扭打在了一起。他们争执的原因没有被记录下来，但是奥马尔死了[42]。他被谋杀的消息一传开，城中的鞑靼人就开始攻击威尼斯人、佛罗伦萨人、热那亚人和加泰罗尼亚人——他们称呼的法兰克人，也就是所有的欧洲天主教徒——烧毁商业区和居民区并威胁到了临近港口的仓库区。当地的鞑靼可汗听说了这个商人的死讯后封锁了顿河河口的水路交通，并且下令对远至克里米亚的意大利殖民地进行复仇。

这场危机的消息最终传到了威尼斯。共和国采取措施进行补救，使顿河航运得以重开。参议院投票通过，驱逐了奇夫兰诺，并从陆路向塔纳派遣了外交使团重新修补关系。而热那亚人则对讨好当地人不太热心。他们已经和反复无常的鞑靼人打过交道——在这个世纪之初鞑靼人曾经烧毁了卡法——并且确信，要解决问题只能依靠武力，而不是外交上的迁就。卡法的热那亚领事鼓舞他的威尼斯同僚，两个意大利团体少见地联合在一起，汇集他们的资源，在卡法的城墙后装备起来，对不可避免的鞑靼人进攻严阵以待。

第二年，进攻开始了。热那亚人此时已可在军事上与可汗的军队相匹敌。他们对海洋的控制则保证城市的供给不会被轻易切断。尽管鞑靼人控制了从半岛中心地带到海岸的陆地，1344 年夏天至 1355 年，航运依然十分稳定。鞑靼人惯于进行短时间的劫掠，他们对可能持续数年的围城失去了耐心。此时，一种奇怪的疾病在可汗的军队中蔓延。热那亚人说这是上帝的干预。但是随着越来越多的士兵倒下，可汗发现他们死了比活着更有用。

他命令手下的军官把尸体装上投石机，投入城中。这个战术一度有效。一些卡法的居民生了同样的病，长出了折磨鞑靼士兵的疖子，还伴有剧痛。但是热那亚人组织了一支队伍，在尸体从天上掉下来之后尽快把它投入海里。这样似乎阻止了疾病的传播。渐渐地，可汗厌倦了围城，正像热那亚人领事预计的那样。威尼斯人得以回到塔纳。

但事情并未就此结束。从君士坦丁堡为被围的城市带去粮食的船只在返航时却带回了糟糕的货物。加布里奥·德慕西——一位意大利公证员声称曾经待在 1347 年夏天从卡法开出的一艘船上，这并不确定，但是他的故事的蓝本可能基于亲历者的证言。他报告说许多水手在旅途中患上了神秘的疾病，并且他们停靠到哪里——夏天在君士坦丁堡，早秋在西西里，1348 年春天在热那亚——疾病都从船上快速地传播到了市中心。感染了鞑靼军队的致命疾病的人现在通过海路回到了意大利本土，当德慕西的船在马赛靠岸时，船员们都瘦得像骷髅一样。"噢，热那亚，为你所做的忏悔吧。"他写道，"我们回到家乡；我们的同胞和邻居从各处前来欢迎我们。当我们与他们说话时，当他们拥抱并亲吻我们时，我们从嘴唇间传播死亡。"[43]

到这个世纪末，黑死病已经夺取了 2 500 万人的生命，可能占到欧洲人口的 1/4 以上。瘟疫当然之前也出现过。类似症状的疾病——化脓的小泡，腺体的肿胀（引起腹股沟腺炎），几天的剧痛之后无可避免地死亡——在罗马时期就已经为人所知。随着贸易的开放和航海的接触使疾病能够方便地从欧亚草原传到西方，从黑海不断扩张的城市中心传到中世纪欧洲不断成长的城镇和城市。"在斯基泰北部肆虐的疫病"，拜占庭皇帝约翰六世坎塔库泽努斯哀叹道，"不仅入侵了本都……而且几乎是整个世界。"[44]即使是建筑在骆驼商队和木头船只上的这种程度的全球化，也有受害者。

## 科穆宁帝国

当拜占庭帝国被第四次十字军东征的成员扯得四分五裂时，竞争新罗马的继承者这一头衔的，至少有四方。十字军帝国控制着君士坦丁堡，但是与帝国的传统和之前希腊皇帝的施政格格不入。希腊北部新建立了一个帝国，但是它很快就被扫平。在尼西亚，与之前的拜占庭皇帝敌对的家族在等着回到首都、夺回王位的机会。在遥远的东方，另一个被罢黜的王朝——科穆宁以特拉比宗为首都建立了他们的帝国。在1261年，尼西亚皇帝赶走了拉丁人，回到了君士坦丁堡。与热那亚人的盟约保证了复辟的皇帝的安全，代价是热那亚在新帝国内拥有商业特权。这个王朝——帕里奥洛基在奥斯曼土耳其帝国来临之前一直控制着君士坦丁堡。但是即使在帕里奥洛基胜利之后，特拉比宗的科穆宁依然在黑海东部保持着他们独立的地位。这个状态使拜占庭的传统在君士坦丁堡陷落于奥斯曼人之手后得以延续。事实上，在拜占庭帝国最后的两个半世纪之中，特拉比宗——而非君士坦丁堡才是黑海地区真正的帝国首都。

科穆宁家族最初是1057年开始统治君士坦丁堡的皇族，他们在位时，这是拜占庭最富有也是最光彩照人的王朝之一。但是在第四次十字军东征前的20年之中，他们遇到了困境。一场宫廷政变在1185年推翻了他们的统治，扶持了一个敌对的家族；许多科穆宁王朝中的重臣都被杀害。最后，科穆宁皇帝的两个婴儿，亚历克赛和大卫被送往高加索地区。他们被格鲁吉亚女王塔玛尔接收。拜占庭和格鲁吉亚王室一直保持着亲密的关系，他们的军事联盟为联姻所加强。而科穆宁同巴格拉提奥尼——塔玛尔所属的格鲁吉亚王朝有特别紧密的联系。女王事实上就是这两个科穆宁婴儿的姑妈[45]。

拥有同格鲁吉亚王室的亲密关系对于科穆宁来说是幸运的。不仅是因为这种关系拯救了家族免于被灭绝，而且因为在当时，格鲁吉亚可能是这一地区最强大的国家。在早些时候，国王大卫二世（"中兴者"，1089－1125年在位）把内地的格鲁吉亚和阿伯卡茨的沿海地区联合成了一个基督教国家。大卫的后代之一，塔玛尔（1184－1213年在位）在这个成功的基础上开创了中世纪格鲁吉亚王国的黄金时代。她进一步拓展国家的边界，同邻国结成了同盟，并且建立了从巴尔干地区到里海地区经济和军事力量最强的国家。事实上，比任何在1204年拜占庭被分割之后产生的小国都要强大。在她的庇护下，两个被流放的科穆宁男孩可能不仅以希腊语还以格鲁吉亚语为母语，在塔玛尔奢华的宫殿里被养育成人。

在这两个兄弟20多岁时，拜占庭落入了拉丁人之手。没有人知道为何他们能够拥有特拉比宗。可能是他们的姑妈交给他们的。塔玛尔一直因为在位的拜占庭皇帝亚历克赛抢走了她给阿托斯山的修道士的一笔不小的馈赠而同他不和。在拉丁入侵造成的混乱之中，她可能找到一个机会攻占了特拉比宗——拜占庭在东部最重要的港口，作为补偿[46]。无论如何，在1204年的春天，一支在亚历克赛和大卫指挥下的军队从格鲁吉亚的陆路出发，攻占了这座城市。可能没有发生太大的战斗。这座城市一直享有一定程度上的自治，而且即使是拜占庭在黑海对面的领土——克尔涅索斯和其他克里米亚港口——可能也没有特拉比宗这样的自治程度，尤其是在贸易伙伴意义上。当科穆宁进入城市的时候，他们不仅占领了城市本身，还占有了它在黑海对面的克里米亚的贸易伙伴。

弟弟大卫继续沿着海岸行军，占领了西至赫拉克里亚本都卡的诸港口并威胁到尼西亚帝国的领土。他可能希望进攻占领君士坦丁堡的十字军。然而大卫在西部的冒险导致他在战斗中死亡，也结束了该王朝的领土扩张。于是，在 1214 年左右，由亚历克赛独自统治的特拉比宗帝国的边界从西部的锡诺佩一直延伸到格鲁吉亚。依靠这条海岸线的和克里米亚的领土——大致就是米特里达悌的旧本都王国的领地——亚历克赛的继承者赢得了头衔"全东方的、伊比利亚（即西南高加索）、海外土地（在克里米亚）的皇帝和共主"。由于这个王朝与这个新国家的形成息息相关，因此该国皇帝往往就简称自己为"伟大的科穆宁"（megas Komnenos）。

和大多数帝号一样，"伟大的科穆宁"也是夸张的。特拉比宗一度向格鲁吉亚进贡。在亚历克赛在位的最后一段时间中，北方的克里米亚领地已经开始脱离特拉比宗的控制；鞑靼和意大利人很快控制了那里。但是在他们有限的政治和地理边界内，"伟大的科穆宁"还是创造了一个在许多外人看来非常伟大的国家。它混合了东方的奢华和东方基督教超世俗的虔诚。在特拉比宗帝国极盛时期（13 世纪 20 年代到 14 世纪 30 年代），它保持着同整个近东和许多欧洲强国的外交关系。皇帝甚至接见过英格兰国王爱德华一世的大使[47]。城市的位置正好能够利用同波斯的陆路贸易路线。尽管其天然海港并不是非常理想，但皇帝们还是允许意大利商人在东部郊区建造港口设施。

就像历史学家安东尼·布赖尔注意到的，许多拜访特拉比宗的旅行者最初是通过海路到达，等待他们的景象令人惊异[48]。船只靠得非常近之前，城市都会被海岬挡住。首先映入眼帘的是城市西部最主要的献给圣智的教堂的钟楼。然后就是整个城市的全景：一簇簇建筑在一道道灰色峭壁上的建筑，其间是水流不断的深深的河谷。本都山脉是其背景。花园、葡萄园和果园覆盖着城市的山坡。木桥把人们带过河谷，进入城墙内。城墙里是一座座紧靠着城堡的木头房子和金色的科穆宁皇宫。皇帝在下城靠海的地方为船只建造了一道防波堤，但是商业旅行者还是会在东部郊区上岸。热那亚人和威尼斯人围绕着一个小港湾建造了港口和仓库。在这个活跃的商贸中心，旅行者可以找到工场和航运公司，一个拥挤的巴扎，面向陆路商队开设的旅馆和一系列为亚美尼亚人、天主教徒和其他人开设的教堂和神殿。

对于出发探索城市和其周边的旅行者来说，更大的奇观在等着他们。圣智教堂（也就是圣索菲亚大教堂）比它在君士坦丁堡的姐妹要小，但是一样令人印象深刻（图 5）。它有独立的钟楼和光辉四射的壁画[49]。科穆宁的宫殿坐落于城市的上半部分。地板由大理石铺成，柱廊厅有奢华的金色拱顶，上面有星形的装饰。墙壁上挂有历任皇帝的肖像和他们的功绩介绍[50]。更靠近内地的是许多著名的修道院。它们因科穆宁家族给予的免税特权和土地馈赠而变得富有。苏美拉修道院是特别受朝圣者欢迎的一个。这座修道院坐落在半山腰，常常被底下河谷茂密的森林产生的迷雾环绕。修道院于 10 世纪建立，保存着著名的"全圣的雅典娜"塑像，据说这是圣路克亲手描画的仅有的几件原作之一[51]。

科穆宁比任何其他拜占庭时代的王朝享有更长不间断的统治时间。他们宫廷的荣光令无数欧洲的使节印象深刻。这些使节前来同皇帝建立贸易和外交关系，或是仅仅前来拜访这位基督教世界边缘的统治者的。路易·冈萨雷斯·德·克拉维吉奥，一位西班牙国王的大使，在 1404 年春拜访了特拉比宗，同伟大的科穆宁曼纽埃尔三世会面。皇帝穿着华丽的帝袍，戴着修饰得很好的貂皮高帽，上面还插着鹤毛，接见了他[52]。这令他印象深刻。然而无论是宫廷的富有还是王朝的长寿，都建筑在特拉比宗帝国的两个特征上。这两个特征以现代的眼光看非常奇怪地互相矛盾着。

首先，特拉比宗帝国不是一个像君士坦丁堡的皇帝统治下的那样多语言和多宗教的国家。它主要是一个希腊国家。也就是说，它的文

图 5 （上）壮观的苏美拉修道院，位于港口城市特拉比宗的内地。苏美拉修道院是在特拉比宗皇帝的庇护下得益的主要教会机构之一。直到 20 世纪 20 年代希腊语基督徒消失之前，苏美拉修道院都是黑海内陆希腊文化生活的中心。

图 6 （左）一个穿传统服饰的切尔克西亚女人，是对于奥斯曼帝国和 19 世纪欧洲来说的异国风情要素之一。从北部和东北部海岸到安纳托利亚（常常之后就转往欧洲）的男女奴隶贸易是早期奥斯曼黑海经济的支柱。

化主要建立在希腊语的旧拜占庭帝国的传统之上，即使科穆宁时代这种文化被称为"罗马文化"（科穆宁皇帝和他们的属民都未曾使用"希腊的"这一术语描述他们的语言和文化）。帝国的心脏不位于沿海的城市而是在内地，在从海岸一直延伸到山脉间的葱绿河谷中。这一地区被称为马祖卡（现在土耳其的马吉卡），正位于特拉比宗和大不里士的商路必经之途。其人口分散于一系列小村庄和农业社区之中。他们放牧牲畜，种植出口到海岸地区的谷物。这个地区像苏美拉拥有大地产的修道院一样不仅提供了稳定的行政秩序，还帮助在当地的人中保存一种文化认同。这种认同扎根于古老的希腊化东方传统，但是在引入基督教的过程中有所改变。他们也保持着同安纳托利亚人民和文化的联系。祖卡是黑海周边唯一一个保持可从 20 世纪上溯至古典时代的希腊语传统的主要地区。在中世纪晚期，希腊语基督徒在特拉比宗以南的内地人口中占 90%；到 1920 年他们仍占人口总数的 2/3[53]。直到 20 世纪 20 年代希腊土耳其战争之后的驱逐运动才彻底消灭了这些人口。

　　另一个主要的特征——这个特征比其他任何原因都更好地解释了科穆宁王朝在政治和经济上的成功——是帝国同安纳托利亚的穆斯林埃米尔保持了紧密的关系。自 11 世纪以来，本都山脉另一边的土地由一系列的突厥民族居住着，有些民族游牧，有些在主要城市中定居。有点讽刺的是（起码是从现代角度看来），拜占庭各地区势力中最"希腊化"的一支却同时又是与内地的我们今天称为突厥人的民族关系最紧密；但是对于科穆宁和其他许多政治领袖来说，基督徒和穆斯林之间的鸿沟是可以跨越的。如果通过联姻能够获得政治、经济或军事上的优势，科穆宁不会迟疑。事实上，严谨的天主教徒佩罗·塔富尔在 15 世纪早期拜访这座城市的时候就对这种情况表示了不满。

　　同安纳托利亚的土库曼人的联系，以及与其他像伊尔汗国和金帐汗国这样的穆斯林汗国的联系非常广泛。这使得许多王朝的血脉互相融合。举例来说，在统治年限最长的科穆宁皇帝亚历克赛三世（1349－1390）时期，特拉比宗帝国陷在了一个包括整个近东的政治婚姻系统中。皇帝的一个姐妹嫁给了库特鲁伯格——白羊王朝土库曼人的酋长，另一个姐妹嫁给了另一个土库曼埃米尔——哈奇-奥马尔；亚历克赛的女儿嫁给了哈奇-奥马尔的儿子——苏莱曼，另外两个女儿嫁给了埃尔祖鲁姆和里曼尼亚的埃米尔，在后者死后，这个女儿又嫁给了拜占庭皇帝——约翰五世帕勒奥洛古斯，还有的女儿嫁给了白羊王朝库特鲁伯格（现在成了亚历克赛的连襟）的儿子和巴格拉特四世——格鲁吉亚国王。通过这些联姻，亚历克赛成为了两个土库曼埃米尔的连襟，另外四个的岳父，又是拜占庭皇帝和格鲁吉亚国王的岳父。特拉比宗最珍贵的出口品毫无疑问是女人[54]。

亚历克赛的统治标志了特拉比宗命运的高峰。复杂的王朝联姻系统使帝国和它的邻国间保持和平。当帝国发生内乱时，例如一场宫廷政变或是意大利商人的叛乱（这些担心都是有理由的），王朝可以依赖于一系列强大的姻亲国。然而，还有另一个威胁亚历克赛没有预见到，那就是在西面的另一股穆斯林势力的崛起。在亚历克赛死后的半个世纪，这将会成为特拉比宗皇帝最为担心的国家。

## 特齐亚

在中世纪，水手们到达的那个地方叫什么取决于他们在哪个时期抵达那里。当意大利人第一次在黑海展开商业活动时，他们互相指称的是去"罗马尼亚"做生意——也就是去新"罗马人"的帝国，定都于君士坦丁堡的那个。然而在 14 世纪中叶，"罗马尼亚"从威尼斯和热那亚的记录中消失了。拜占庭帝国当然继续生存了一个世纪，但是当水手从亚得里亚海启程的时候，他们现在是前往一个叫作"特齐亚"（Turchia）的地方[55]。突厥人一直在黑海海岸出现，从拜占庭中期的佩切涅格人到安纳托利亚的土库曼埃米尔和帝国晚期的鞑靼蒙古人。但是意大利人所指的"特齐"特指的是一个族群——奥斯曼家族的人，奥斯曼人。

对于奥斯曼帝国起源的传统说法强调宗教是帝国势力扩张的主要动力：奥斯曼武士由他们的伊斯兰信仰驱动，不仅仅是为了苏丹夺取土地。实际上的图景远远比这复杂。奥斯曼原本是一个不起眼的边境王朝，由拜占庭农夫和土库曼游牧人组成。他们部分接受了伊斯兰教，另外一些依然是基督徒，另外此地还有些行商、穆斯林学者和希腊、亚美尼亚和其他居民——事实上，其构成状况与安纳托利亚各处的其他土库曼边地埃米尔国的文化混合状况差别不大。他们同相邻的穆斯林作战的时间几乎和他们与基督教国家作战的时间一样多。在任何情况下，哪怕此地最虔诚的伊斯兰教徒所遵循的，也同中世纪伊斯兰教中心，例如大马士革或是巴格达的想法相去甚远。最重要的，没有早期的拜占庭记录提到奥斯曼人试图为了信仰而征服，即使拜占庭人自己应该就是这种宗教狂热的目标。安拉的武士同异教徒作战的想法事实上是后来的奥斯曼历史学家发明出来的。一旦奥斯曼人在14世纪和15世纪获取了一个真正的帝国——征服了巴尔干和君士坦丁堡——他们就需要制造一种对于过去的解释，能够将他们异端的游牧祖先重塑为虔诚的穆斯林[56]。之后的欧洲历史学家仅仅是全盘接受了奥斯曼人对于自己的宣传。

早期的奥斯曼人在一个重要方面同其他的土库曼埃米尔国完全不同，那就是他们的地理位置。他们的土地邻接着拜占庭帝国的边缘，而拜占庭帝国的领土在14世纪已经萎缩到君士坦丁堡和海峡周边。奥斯曼人的领土正位于其东面，在古老的卑斯尼亚地区。这个位置使他们能够接触到肥沃的耕地和相对较为富裕的城镇。这些在畜牧提供的食物和其他产品产量下降时都可供劫掠。但是这些也意味着奥斯曼人同名义上承认拜占庭帝国为宗主的希腊语基督徒有密切的接触。渐渐地，这种关系发展为一种合作。奥斯曼苏丹为这个历来政治不稳定的地区提供了一定的秩序。即使是君士坦丁堡的皇帝也喜欢奥斯曼人胜于其他的西方势力——十字军和巴尔干国王们——他们不断地威胁并彻底扫除罗马的残留。在14世纪早期，两个进程在拜占庭的东部边境同时开始：在拜占庭控制较弱的外围地区，与他们建立的国家同名的奥斯曼人开始进行从游牧劫掠者到定居者的转型；拜占庭的农民和城镇居民被奥斯曼的文化和政治系统（名义上是伊斯兰教但是同时容忍其他宗教，是定居农业和游牧体系的混合）所吸收，这一体系对威胁其国家的力量时刻保持着警戒。

在整个14世纪中，奥斯曼帝国不断地扩张他们的领地。他们攻占了罗姆塞尔柱人的古老边疆地区，并且开始对马尔马拉海对面色雷斯和巴尔干南部的大公国和王国进行夏季远征。通常他们都与急于摆脱塞尔维亚和保加利亚那些麻烦统治者的君士坦丁堡皇帝联盟。奥斯曼人成功不是因为他们的粗野或是宗教狂热——这两个特征通常是许多欧洲人对"奥斯曼枷锁"的经典印象——而是因为他们完美的政治手腕。事实上，没有一场14世纪的大型战役（包括著名的1389年6月在科索沃土地上发生的战役）一方只有穆斯林而另一方全由基督徒组成，更别说是泾渭分明的"土耳其人""希腊人"和"塞族人"了。在中世纪，这些词的含义与其现代含义并不相同。这些战争是在互相竞争的敌对政治联盟间进行的。这些联盟跨越了语言、族群、地区甚至是亲属关系的界线。几乎从中欧到中亚的每个王室都在某些程度上纠缠在一起。事实上，君士坦丁堡的征服者，苏丹穆罕默德二世对拜占庭皇位的要求有一定的合理性：他是一个多世纪以来数个拜占庭公主和奥斯曼苏丹联姻的后代[57]。

　　在 15 世纪早期，另一个强大但是短命的征服者蒙古大汗帖木儿，扭转了奥斯曼人在安纳托利亚的征服趋势，恢复了这个地区在奥斯曼势力扩张之前的一系列小型埃米尔王国系统。但是这个挫败使苏丹国的重心转向西方。奥斯曼人把他们的首都从布尔萨迁到了色雷斯地区的亚得里亚堡（现代土耳其的埃迪尔内）。从这个城市建筑样式的改变就可以看出奥斯曼人从塞尔柱人的模仿者到兴建自己的近代帝国的转型。在城市的中心，三座壮观的清真寺拥有三种不同的建筑形式，每种形式代表了奥斯曼帝国意识的不同阶段。建于 1447 年的老清真寺的特点是四方的分割和低矮的圆顶。这是奥斯曼人从罗姆塞尔柱人那里继承下来的典型建筑风格。就在广场的对面，三层楼座清真寺（1447）在其中的一个光塔上有三层楼座（该清真寺也得名于此）。明显地，奥斯曼人已经把拜占庭的建筑技术和风格同他们原有的风格结合在了一起。不再是几个低矮的圆顶建筑在承重墙上，取而代之的是一个直指天际的巨大圆顶，由一个高高的鼓状物支撑，就像君士坦丁堡的圣菲亚大教堂一样。在中央广场的东北边矗立着壮丽的塞利米耶清真寺（1575），它是奥斯曼的大师级建筑师思南最好的作品，在迁都君士坦丁堡一个世纪后建成。它散发着光芒的尖塔，对称的设计、广阔的内部空间和错落有致的外部建筑，标志着奥斯曼人作为帝国建设者的黄金时代。

　　仅在几十年之后，奥斯曼人就从亚得里亚堡向君士坦丁堡发动了最后的攻击。这并不是因为拜占庭同奥斯曼的关系变得紧张，而是因为拜占庭作为奥斯曼的盟友已经无足轻重。奥斯曼人不仅可以从巴尔干和安纳托利亚召集起比拜占庭庞大得多的军队，而且他们开始组建了一支强大的海军。在 1405 年帖木儿死后，奥斯曼人重新控制了安纳托利亚，包括爱琴海的海岸地区和马尔马拉海。在这些地区，奥斯曼人利用了承认他们宗主权的海岸社区的航海传统。这些人包括我们现在所称的希腊人、意大利人，基督徒和穆斯林，甚至有些在海上旅行过的前土库曼游牧民，或者是皈依了伊斯兰教的说希腊语的人，或者是以上任何的组合。

到 15 世纪早期，奥斯曼人已经拥有自己的海军。他们在加利波利建立了一个兵工厂，并且利用爱琴海上航海的经验制造船只。不久，奥斯曼海军控制了意大利在爱琴海的财产，包括许多他们当作攻击基地的战略性岛屿。迅速成长的海军力量最后成了征服君士坦丁堡——这个奥斯曼土耳其帝国的长期战略目标的关键。他们从在加利波利的军械库出发，奥斯曼帝国控制了达达尼尔海峡。在 14 世纪 90 年代左右他们已经在博斯普鲁斯海峡建造了一座堡垒来限制君士坦丁堡向黑海的出口。第二座海峡对面的堡垒于 1452 年完工，保证了奥斯曼帝国对于海峡的完全控制。这样奥斯曼人的船只就能够自由驶过这两道海峡了。

1453 年春，奥斯曼帝国勒紧了套在拜占庭脖子上的绳索。苏丹穆罕默德二世命令他的军队从色雷斯向君士坦丁堡进军。他位于博斯普鲁斯海峡的舰队试图占领港口，但是拜占庭人用古老的锁链战术驱赶了它们。之后苏丹命令把船抬到小车上，运过城市北边的高地，然后溜进了位于锁链内侧的金角湾。港口充满了奥斯曼的战船，而敌人的士兵从城墙的缺口处不断涌入，拜占庭很快就被打败了。穆罕默德二世在 5 月 29 日进入城内。他把城市交给手下的士兵劫掠，但是特别命令船只制造厂不得受到损坏。它们现在为苏丹自己的海军服务。很快，这支海军就要进入黑海，进行在黑海上的第一场战斗[58]。

## 从东方来的大使

即使在君士坦丁堡陷落之后，特拉比宗的皇帝依然在位。他们现在是最后的拜占庭王朝了。欧洲的政治领袖对于他们还有些兴趣。科穆宁不仅拥有一个受人尊敬的王朝的遗产，他们也占据着绝佳的地理位置，他们在奥斯曼帝国背后，这是一个重要的战略位置。就在穆罕默德二世征服君士坦丁堡后不久，欧洲就准备发起一次新的十字军东征来帮助科穆宁王朝重新夺回这座城市。这个计划及其主要发起人之一鲁多维科·达博洛那最终的命运，足以说明当时西方世界对于黑海周边的了解有多么少，或者更确切地说，从一个多世纪以前，商业鼎盛的地中海世界还与之保持着紧密的经济接触以来，他们忘记了多少原本知晓的事情。在 15 世纪 60 年代，鲁多维科把西欧的国王们都卷入了一场把君士坦丁堡从穆斯林征服者手里解放的巨大阴谋中[59]。

鲁多维科的早年经历难以得知，但是似乎他早就作为通晓东方基督教王国的专家而闻名。他可能作为佛罗伦萨的大使去过印度和埃塞俄比亚。不管怎么看，在 15 世纪 50 年代他似乎的确学识够渊博，可受命担任教皇派往照管所有东方的基督教徒的代表：东正教，亚美尼亚派，马龙派，格鲁吉亚人和特拉比宗的科穆宁。他是否真去过这些遥远地区尚不得而知，但是他宣称去过了。在 1460 年，他回到了欧洲，自封为东方基督世界的代言人。他甚至带回来许多东方的大使，请求教皇和欧洲的君主对奥斯曼帝国发动十字军征战。

鲁多维科的使节团首先与神圣罗马帝国皇帝腓特烈三世会面，后者被说服组织一支十字军。之后他们前往威尼斯、佛罗伦萨和巴黎。在每个地方，大使都会向宫廷陈述基督教徒反对奥斯曼帝国的故事，表达他们希望与西方国王的军队联手，从君士坦丁堡赶走奥斯曼人的愿望。

随着使团在欧洲各地游走，接待鲁多维科的人开始对他带来的那群奇怪的代表感到越来越怀疑。鲁多维科有表演过火的倾向。最初，他带来了 6 个从东方来的使者，包括格鲁吉亚国王的代表。当时记载这些会面的记录把其中一个代表的名字记录为 custopa, costopa, custoda，chastodines 和 cossodan——这可能是编年史家不同的拼写，或是鲁多维科对于真实名字的加以想象的结果。当他们抵达意大利时，另一个叫作米切利·德利·阿里吉耶里的人加入了他们。他宣称自己不仅是但丁的后裔，而且是伟大的科穆宁家族特拉比宗的大卫的使节。当这个团队到达罗马时，他们又添了两个新的信使：一个是西里西亚亚美尼亚人，他穿着大披风，戴着尖顶帽并带着一种令人印象深刻的乐器。另一个是白羊王朝土库曼人的大使——奇怪的是，他们看起来都与之前被介绍为格鲁吉亚大使的人非常相像。

人们蜂拥而至，围观这群奇特的人。在每个他们落脚的地方，宫廷都被迫提供食物、住宿和礼物。这些都花费公共资金。鲁多维科自己从欧洲的统治者处收取了赞扬和馈赠。教皇庇护二世将他提名为安条克牧首。受到这些成功的鼓舞，鲁多维科增加了更多的大使作为他的随从。当他们抵达法国时，这群人练习了如何使群众感到惊奇。大使们会从展示他们与众不同的发型——同方济各修会独特的削发式有些相像——开始，而亚美尼亚大使用他的乐器吹奏独特的曲调。当他们在 1461 年 5 月来到巴黎时，这群人中甚至添加了一个牧师约翰的大使。而约翰只是一个传说中的基督教君主，他的王国据说（有不同的版本）位于里海或是中亚或是印度或是中国。在各国君主处得到派兵和提供其他支持的保证之后，鲁多维科的团队回到罗马，最后同教皇进行会面。

在这时，庇护二世已经开始怀疑：这些"大使们"似乎在取悦公众，满足贪得无厌的胃口和向欧洲的君主献媚上花了太多的时间，而对于他们之前拥护的军事事业不太热心。当他们终于在 1461 年 8 月回到意大利时，庇护二世揭穿了他们的伪装。他拒绝给予鲁多维科安条克牧首的委任状，并把他和他的随从作为江湖骗子抓了起来。鲁多维科重申了他坚定的信仰，但是在庇护二世能够采取行动之前逃离了罗马。使团解散了。鲁多维科的名字在许多文献中出现，直到 15 世纪晚期他才销声匿迹。

"考虑到遥远的距离，"庇护二世在他同鲁多维科最后一次会面之后写道："就有充足的机会来进行欺骗，而真相很少被发现。"[60] 鲁多维科的任务的真正目的到底是什么？也许是商业。他可能认为帮助驱赶奥斯曼人可帮助同他有联系的佛罗伦萨人获得贸易特权，就像热那亚人在 1261 年帮助拜占庭人之后获得了威尼斯人的地位一样。鲁多维科可能从与该地区新强国的联系中获益。这可能也是他同米切利·德利·阿里吉耶里联系的原因。这人可能是一个希望同特拉比宗的科穆宁王朝建立商业往来的佛罗伦萨商人[61]。各种各样的"大使"可能是在基督教东方的方济各会传教士。他们被鲁多维科宣称的为天主教徒解放君士坦丁堡的前景所吸引。当他开始旅程时，鲁多维科对这个计划能够生效信心满满：他个人的利益似乎与欧洲各国同特拉比宗和土库曼埃米尔联盟对抗奥斯曼威胁的利益非常相符。但是随着他穿过欧洲旅程的进行，他赚钱或是发起一场新的十字军的机会很快就消失了。

到 1461 年春天，苏丹穆罕默德二世开始集合他的舰队，可能有300 艘船之多。其中有些是新造的，有些是捕获的意大利船只。他组织他的军队准备一场新的战役。3 月他离开了在亚得里亚堡的宫殿向东进发，穿过安纳托利亚同军队主力会合。他们首先向锡诺佩进军，轻易地从土库曼酋长的手里取得了它。当军队穿过安纳托利亚时，舰队沿着海岸向东航行，然后向北进入黑海。

在夏末，舰队在海岬处下锚，穆罕默德命令他的步兵冲下山冈攻击特拉比宗。在 8 月 15 日的滂沱大雨之中——两个世纪之前，拜占庭就在这一天摆脱了占领君士坦丁堡的十字军——特拉比宗皇帝向苏丹投降，未发一枪一弹。可惜鲁多维科这个时候还不可能知道，当他于 1461 年夏末长途跋涉至罗马，希望能够就与伟大的科穆宁联盟一事获得教皇的支持时，拜占庭帝国这最后的残迹已经掌握在奥斯曼人手中了。

## 注释

1 Procopius, *Wars*, 7.29.16.

2 Herodotus, *Histories*, 4.144.

3 可见 Helene Ahrweiler, "Byzantine Concepts of the Foreigner: The Case of the Nomads," in Helene Ahrweiler and Angeliki E. Laiou (eds.) *Studies on the Internal Diaspora of the Byzantine Empire* (Washington: Dumbarton Oaks Research Library and Collection, 1998), pp.1 - 15。

4 Walter Goffart, "Rome. Constantinople, and the Barbarians," *American Historical Review*, Vol.86, No.2 (April 1981): 284.

5 Maurice, *Treatise on Strategy*, 11.2, 引自 Michael Maas (ed.) *Readings in Late Antiquity* (London: Routledge, 2000), p.328。

6 Herodotus, *Histories*, 4.110 - 117.

7 Josafa Barbaro, *Travels of Barbaro*, in Josafa Barbaro and Ambogio Contarini, *Travels to Tana and Persia*, tran. Wiiliam Thomas and S. A. Roy (London: Hakluyt Society, 1873), p.30.

8 Procopius, *Wars*, 8.5.31 - 33.

9 Procopius, *Buildings*, 3.7.1 - 10.

10 Constantine VII Porphyrogenitus, *De administrando imperio*, trans. R. J. H. Jenkins, new rev. edn. (Washington: Dumbarton Oaks Center for Byzantine Studies, 1967), p.6, p.53.

11 Speros Vryonis, Jr., *The Decline of Medieval Hellenism in Asia Minor and the Process of Islamization from the Eleventh Through the Fifteenth Century* (Berkeley: University of California Press, 1971, p.17).

12    Constantine VII Porphyrogenitus, *De administrando imperio*, 7.

13    Constantine VII Porphyrogenitus, *De administrando imperio*, 13.

14    Lionel Casson, *Ships and Seamanship in the Ancient World*, rev. edn. (Baltimore: Johns Hopkins University Press, 1995), pp.148–151.

15    J. R. Partington, *A History of Greek Fire and Gunpowder* (Baltimore: Johns Hopkins University Press, 1999), p.15.

16    Alexander Alexandrovich Vasiliev, *Buzance et les Arabes*, eds. Henri Gregoire and Marius Canard, Vol. 2, Prat 2 (Brussels: Editions de l; Institut de philology et d; histoire orientales et slaves, 1950), p.150.

17    Peter Simon Pallas, *Travels Through the Southern Provinces of the Russian Empire, in the Years 1793 and 1794*, Vol. 2 (London: T. N. Longman and O. Rees et al., 1802–1803), p.290, p.297.

18    Robert Browning, "The City and the Sea", in Speros Vryonis, Jr. (ed.) *The Greeks and the Sea* (New Rochelle, NY: Aristide D. Caratzas, 1993), pp. 98–99.

19    Ahmad Ibn Fadlan, *Puteshestvie Akhmeda Ibn-Fadlana na reku Itil'I priniatie v Bulgarii Islama*, ed. Sultan Shamsi (Moscow: Mifi-Servis, 1992).

20    哈扎尔人和其他在克里米亚的突厥语族犹太人社区"迦莱特"的联系几乎可以肯定是伪造的。对于哈扎尔-迦莱特有亲属关系的理论，可见 Arthur Koestler, *The Thirteenth Tribe: The Khazer Empire and Its Heritage* (New York: Random House, 1976)。对于它学术上的驳斥可见 Zvi Ankori, *Karaites in Byzantium: The Formative Years, 970–1100* (New York: AMD Press, 1968)。

21    Constantine VII Porphyrogenitus, *De Administrando imperio*, 4.

22    *Povest' vremennykh let*, quoted in Basil Dmytryshyn (ed.) *Medieval Russia: A Source Book, 850–1700* (Gulf Breeze, FL: Academic International Press, 2000), p.10.

23    引自 Alexander Alexandrovich Vasiliev, *The Goths in the Crimea* (Cambridge,

MA：Mediaeval Academy of America，1936），pp.111－112。

24　Marco Polo，*The Travels of Marco Polo*，trans. Ronald Latham（Harmondsworth：Penguin，1958），p.344.

25　Gheorghe Ioan Bratianu，*La mer Noire: Des origins a la conquete ottomane*（Munich：Tomanian Academic Society，1969），pp.44－45.

26　引自 Michel Balrd，*La Romanie Genois（XIIe-Debut du XVe siecle）*，Vol.2（Rome：Ecole Francaise de Rome，1978），p.501。

27　G. I. Bratianu，*Recherches sur le commerce genois dan lamer Noire au XIIIe siecle*（Paris：Librairie Orientaliste Paul Geuthner，1929），p.157.

28　可见 G. I. Bratianu，*Actes des notaries genois de Pera et da Caffa de la fin du treizieme siecle（1281－1290）*（Bucharest：Cultura Nationala，1927）。

29　Balard，*La Romanie Genoise*，Vol.1，p.142，p.373.

30　Pero Tafur，*Travels and Adventures*，1435－1439，trans. Malcolm Letts（New York：Harper and Brothers，1926），p.133.

31　Ibn Battuta，*Travels in Asia and Africa*，132501354，trans. H. A. R. Gibb（New York：Robert M. McBride and Co.，1929），p.143.

32　Tafur，*Travels and Adventures*，p.132，pp.134－135.

33　Tafur，*Travels and Adventures*，p.134，p.137.

34　*The Journal of Friar William of Rubruck*，in Manuel Komroff（ed.）*Contemporaries of Marco Polo*（New York：Dorset Press，1989），p.55.

35　Anthony Bryer and David Winfield，*The Byzantine Monuments and Topography of the Pontos*，Vol.1（Washington：Deumberton Oaks Research Library and Collection，1985），p.18.

36　*The Journal of Friar William of Rubruck*，p.88，pp.134－136.

37　Bratianu，*La mer Noire*，p.230.

38　Francesco Balducci Pegolotti，*La pratica della mercatura*，Allen Evans（ed.）（Cambridge，MA：Mediaeval Academy of America，1936），pp.11－12.

39　*The Journal of Friar William of Rubruck*，p.59.

40　Josafa Barbaro, *Travels of Barbaro*, in *Travels to Tana and Persia*, trans. William Thomas and S. A. Roy (London: Hakluyt Society, 1873), pp. 11 -12.

41　Gilles Veinstein, "From the Italians to the Ottoman: The Case of the Northern Black Sea Coast in the Sixteenth Century," *Mediterranean Historical Review*, Vol.1, No.2 (December 1986): 223.

42　Bratianu, *La mer Noire*, pp.243 - 244.

43　Gabriele de; Mussi, *Ystoria de morbo seu mortalitate qui fuit a.1348*, 引自 Francis Aidan Gasquet, *The Black Death of 1348 and 1349*, 2nd edn. (London: George Bell and Sons, 1908), p.20.

44　引自 Gasquet, *The Black Death*, p.12。

45　Alexander Alexandrovich Vasiliev, "The Foundation of the Empire of Trebizond (1204 - 1222)," Speculum, Vol.1, No.1 (January 1936): 7 - 8.

46　Vasiliev, "*The Foundation*," p.19.

47　William Miller, *Trebizond: The Last Greek Empire of the Byzantine Era*, *1204 - 1461*, new enlarged edn. (Chicago: Argonaut, 1969), p.31.

48　此描述基于 Bryer and Winfield, *The Byzantine Monuments*, Vol.1, pp.178 - 179 一书中生动的插画。

49　这座教堂于 1880 年被改造成了清真寺，其壁画被覆盖。虽然其形象被损坏，墙壁被劈开以便石膏附着，它们无疑还是拜占庭壁画中最为珍贵的财富。在 1950 年晚期开始了一项全面修复工程，可见 David Talbot Rice (ed.) *The Church of Haghia Sophia of Trebizond* (Edinburgh: Edinburgh University Press, 1968)。

50　Bryer and Winfield, *The Byzantine Monuments*, Vol.1, pp.185 - 186.

51　修道院不幸地被放任腐朽。但是由土耳其政府支持的目光宏大的修复计划于 2000 年开始。

52　Ruy Gonzalea de Clavijo, *Embassy to Tamerlane*, *1403 - 1406*, trans. Guy Le Strange (London: George Routledge and Sons, 1928), pp.111 - 113.

53　Bryer and Winfield, *The Byzantine Monuments*, Vol.1, p.251.

54　Miller, *Trebizond*, p.69.

55　Balard, *La Romanie Genoise*, Vol.1, p.6.

56　关于这一点，可见 Rudi Paul Lindner, *Nomads and Ottomans in Medieval Anatolia* (Bloomington: Research Institute for Inner Asian Studies, Indiana University, 1983)。

57　Anthony Bryer, "Greek Historians on the Turks: The Case of the First Byzantine-Ottoman Marriage," in his *Peoples and Settlement in Anatolia and the Caucasus, 800 - 1900* (London: Variorum Reprints, 1988), p.481.

58　George Makris, "Ships," in Angeliki E. Laiou (ed.) *The Economic History of Byzantium: form the Seventh Through the Fifteenth Century*, Vol. 1 (Washington: Dumbarton Oaks, 2002), p.99.

59　对于鲁多维科的记述基于 Anthony Bryer, "Ludovico da Bologna and the Georgian and Anatolian Embassy of 1460 - 1461," 见于他的 *the Empire of Trebizond and the Pontos* (London: Variorum Reprints, 1980) 一书，chapter 10。

60　引自 Bryer, "Ludovico da Bologna," p.195。

61　Bryer, "Ludovico da Bologna," p.186.

我忠诚的朋友，如果你了解的话
航海的艺术很难掌握
因为海洋总是抱有敌意地一言不发
而总有风暴提醒你它的怨恨

——皮瑞·雷斯，

奥斯曼海军将领和制图家，1525 年


（伊斯坦布尔）对黑海有绝对的控制权。通过黑海唯一
的门扉——博斯普鲁斯海峡，它能够切断黑海同世界其他部
分的联系。这样就没有船能够不经其允许就进入黑海……所
以任何希望从黑海及其周边海港和城镇的巨大财富中分得一
部分的国家，都必须与这座城市保持友好关系。

——皮埃尔·吉尔斯，

驻奥斯曼法国公使，1561 年


风暴开始无情地横扫我们。整整三天三夜，我们的头顶
上只有闪电和雷鸣，还有暴风和骤雨。乘客之中有的祈祷，
有的呕吐，有的允诺向神奉上贡品，或是救济穷人，或是进
行朝圣，以求保佑。现在这艘船一会儿被高高抛到天上，一
会儿被打到地狱深处……我发誓以后绝对不在黑海上航行。

——艾弗里亚·切勒比，

奥斯曼旅行者，1684 年

# 第四章　暗黑之海：1500 - 1700 年

在征服君士坦丁堡和特拉布宗不久之后，奥斯曼土耳其帝国控制了黑海周边的其他主要港口和要塞：1475 年占领卡法和其他克里米亚港口，还有顿河流域的塔纳；1479 年占领高加索海岸的阿纳帕；1484 年占领第聂伯河上的莫罗卡斯特罗和多瑙河上的列克斯托默。使内陆政权（南高加索地区的基督教国家、摩尔多瓦公国和克里米亚的穆斯林可汗）臣服也没用多久。到 16 世纪时，这些国家全部都承认了奥斯曼土耳其的宗主权。在君士坦丁堡陷落后的一个世纪之内，奥斯曼人把黑海变成了他们的内海。

之前还没有一个大国能够控制整个海岸及其内陆地区。奥斯曼的海军和商业船只把外国势力全都挡在了海峡之外。之前由意大利人掌控的黑海的地区贸易现在握于苏丹之手。商业贸易路线得到了调整，现在所有的路线都经过"君士坦丁的城市"（即使是在穆斯林的统治之下，拜占庭首都还是保留了这个名字）。这样，奥斯曼帝国就可以收税，并维持供养不断增长的城市人口。黑海与其产品成为了奥斯曼帝国的所有物，一个历代苏丹都十分珍惜的税收来源。就像法国大使报告的一样，在让外国船只进入黑海和让外国人进入后宫两个选项之间，苏丹情愿选择后者[1]。

奥斯曼帝国的黑海霸权持续了 300 年，始于连续不断的征服而终于 18 世纪晚期对欧洲商界开放黑海。因为欧洲船只在这 300 年间被限制出入黑海，欧洲的外交官和之后的历史学家常常把黑海称为"突厥人的湖"。然而，实际情况远比这要复杂。奥斯曼帝国严格限制黑海地区的出口，尤其是谷物这种粮食战略资源，但是对于外国船只的限制却是渐进且随意执行的，在奥斯曼帝国受到欧洲列强不断增长的海军威胁之后，限制才变得严格[2]。

此外，虽然奥斯曼人得以比他们的拜占庭前辈拓展出更大的势力范围，但他们的权力主要还是依赖于与地方统治者缔结的条约。保留附庸国，而非直接征服是控制内陆地区更好的办法。奥斯曼依赖于同北部海岸稳定的商业联系。如果目的是促进商业的话，武力似乎力不从心。当然，苏丹在需要的时候从不吝惜使用武力。夏季通常是战争的季节，在大多数年份里，奥斯曼的军队此时都在压服一个又一个反叛的附庸国的长途跋涉之中，或者他们就被派去对抗中欧或是东欧其他的强国——波兰、匈牙利，以及之后崛起的俄罗斯的威胁。但是在奥斯曼帝国控制黑海的后期，外交技巧比直接开战更有成效。这些技巧包括引诱、欺骗、说服和哄骗。

就这个地区的政治经济来说，在奥斯曼时期最大的变化是，贸易形式从原本寻求利益的个体商人行为转变为受奥斯曼帝国规章制度约束并缴税的集体行为。拜占庭人曾经试图控制两大海峡周围的交通。在当时，外国船只对拜占庭负责税收官僚的腐败叫苦连天。但是在13世纪早期，拜占庭人放弃了同外国进行商贸的权力，而且他们一大部分的内部贸易也转交给了意大利人。奥斯曼的革新是把都城——伊斯坦布尔——置于黑海地区的经济中心的位置。这样苏丹就可以随意把握黑海地区的经济。奥斯曼人需要供给他们的首都，之后还要防止敌对国家染指黑海的财富，奥斯曼人对于地缘政治、商业和国家建设都有很深的了解，远胜于拜占庭人。"我的苏丹，你居住在被大海庇护的城市之中，"16世纪的学者帕萨扎德·凯末尔写道，"如果大海不再安全，没有船只会到来；如果没有船只到来，伊斯坦布尔也就走到了末路。"[3]

　　和其他无价之宝一样，黑海也带来了许多烦恼。奥斯曼人认为这片从巴尔干延伸至安纳托利亚，处于帝国腹地的水域自然是他们的。但是这个宝物也需要尽心竭力地维护。同北方海岸进行贸易意味着先是要压制住从拜占庭时期遗留下来的海盗问题，并根除它。黑海周边的附庸国对苏丹的忠诚心一旦动摇，就要想办法让他们重回正轨。远方崛起的强国——西北的波兰和东北的俄罗斯——在它们威胁到苏丹的利益之前就要加以限制。随着时间的流逝，保持对黑海的控制越来越消耗国家的财富，而帝国已经为保证从中欧到阿拉伯半岛的其他帝国领土的完整而疲惫不堪。在 17 世纪中期，黑海这个一度是财富和安全感之源的帝国地缘战略的宝藏，变得越来越像是一个负担。古代时那个黑暗而又令人畏惧的黑海——奥斯曼人所说的 *kara deniz*——又开始重新出现。

### "众海之源"

　　苏丹经常以"双海之主"（黑海和爱琴海）的称号称呼自己。这并不难理解，因为奥斯曼土耳其帝国控制了它们之间的通道。控制两大海峡是征服君士坦丁堡的关键之一，新奥斯曼帝国首都的安全是征服它之后的要点。这也保证了奥斯曼帝国的两个主要部分的通行自由；一边是安纳托利亚西部和中部，另一边是南巴尔干地区和爱琴海沿岸。最重要的是，黑海对于奥斯曼帝国的经济至关重要。从北边来的货物供养着不断增长的城市。当穆罕默德二世于 1453 年进入君士坦丁堡时，这个城市实际上已将被废弃。但是到 16 世纪时，其人口已经增长至将近 70 万，是当时欧洲最大的城市[4]。这种显著的增长主要有赖于粮食的供给，尤其是从北部海岸运来的小麦和盐。

　　因此，黑海在奥斯曼帝国中占有特殊的地位。它被认为是苏丹控制区域内独特的地区。这片区域南部以安纳托利亚腹地为界，北部达

"*dasht-I Qipchaq*"（齐普恰克草原）[5]，它充当了波兰和莫斯科公国同黑海之间的缓冲。1538 年，奥斯曼帝国正式吞并了最后一片不在其控制之内的黑海海岸：在普鲁特河、多瑙河和第聂伯河之间的布贾克地区。从这时开始，整条海岸线被整合进了奥斯曼帝国的疆域内。

从博斯普鲁斯海峡周边到第聂伯河的西部海岸，克里米亚各港口和连接它们的沿海地带，还有刻赤海峡都成为了分省（*sancakes*），由中央政府指派的总督管理。南部海岸通常划分为省级行政区。高加索海岸尽管从来不是直辖的地区，也设立了由重兵把守的港口。更靠近内地的地区或是由苏丹直接管理，或是向他缴税。在地中海还令人头疼的海盗问题到 15 世纪末已经被彻底根除。这使得跨海贸易兴盛繁荣[6]。奥斯曼伟大的旅行家艾弗利亚·切勒比，走遍了奥斯曼帝国的每一个角落。但是他坚信帝国力量的中心在于控制了黑海。"如果我们看透事物的本质，"他在《旅行记》（*Seyahatname*）中写道："众海之源就是黑海。"[7]

奥斯曼帝国从海岸征得的财富更加强了黑海作为帝国海上力量中心的地位。在奥斯曼帝国治下，被意大利人控制的拜占庭贸易路线依然存在着。当然有一些重要的变化。蜂拥至拜占庭控制的各港口的地方商人——如东正教基督徒、亚美尼亚人、犹太人——都对意大利人商业上的垄断满腹怨言。奥斯曼人吸取了拜占庭衰落的教训，他们打破了"法兰克人"（他们这么称呼所有的天主教欧洲人）的垄断。两者一拍即合。原住民中的商人不论其信仰，对奥斯曼人热烈欢迎，把他们看成是意大利人进驻之前拜占庭制度的恢复者。许多拜占庭市民毫无疑问地从意大利人对商业的控制中获得了好处；就像在其他系统中一样，政治和经济精英总能适应新的现实状况并找到敛财的途径。但是随着奥斯曼人的到来，有洞察力的商人发现了摆脱两个世纪以来的旧系统，从而使他们能够和新的统治力量达成交易的机会[8]。内地的国家，如克里米亚的大汗和摩尔多瓦的君主，也有相同的逻辑。他们之前曾经数次试图将影响力扩展到海岸城市却失败了。他们也感觉到奥斯曼帝国是挑战意大利人的支配地位，也是对抗诸如波兰、匈牙利和莫斯科公国的有力盟友。

在奥斯曼对黑海地区的征服完成之后，意大利港口城市周围的防御工事尽数被撤去，领事也被赶走。旧有的威尼斯和热那亚自治社区包括在佩拉的执政中心都被解散。奥斯曼税收监察员进入岗位并重新安排贸易；独个商人的自由贸易让位于帝国城市的需求。有些意大利人留下了，甚至其中有人皈依了伊斯兰教。这些信徒连同从安纳托利亚和巴尔干地区的移民一起，导致了帝国人口中穆斯林比例的增加。在公元 1542 年的普查中，近半数的卡法人是穆斯林。而在几十年之前穆斯林所占的人口比重最多只有 1/4[9]。

许多在意大利人控制下十分繁荣的、旧有的贸易联系被其他阶层的商人所控制，但是商业依然十分昌盛。安纳托利亚纺织中心生产的棉布从锡诺普（Sinop）跨海运送到卡法，然后再向北运至俄国和波兰。商人带回西欧的是羊毛布料和俄罗斯北部出产的珍贵毛皮，从南方运至安纳托利亚的是在多瑙河和第聂伯河之间的肥沃牧场上生活的牛群和羊群出产的皮革，而胡椒和其他香料沿着这些贸易路线销往匈牙利和波兰，以及欧洲的其他地方。在伊斯坦布尔卖得高价的著名卡法黄油走跨海路线成包地销售。

奥斯曼税收官员强制让所有在黑海港口进行的商贸交易进行注册，留存至今的注册簿为我们提供了一幅早期奥斯曼帝国贸易的多样性的生动图景。在 15 世纪 80 年代的卡法，新的政治精英掌权似乎对商人的多样性和商贸的活跃程度没有多大的影响。洛伦茨——从塔纳来的一个"法兰克"船长装载了许多干鱼和杯子；一个名叫哈拉茨-奥格鲁的船长可能是个穆斯林，载着一群东正教商人，从特拉布宗出发来到卡法。他们的货物包括棉织品、葡萄酒和亚力酒。亚力酒在整个近东和中东都十分畅销。阿里·赖耶斯，一个萨姆松来的土库曼人运来了皮毛；其他的船只也装载了一系列令人印象深刻的货物：棉花、亚麻和大麻，小麦、小米和大米，橄榄、榛子，狐皮、貂皮、牛皮和羊皮，鸦片和蜂蜡，还有绝不能缺少的丝绸[10]。

同在拜占庭治下一样，卡法仍是奥斯曼管理北部海岸的行政中心，并整合起了整个黑海的商业。出众的港湾和港口设施使它能够成为整个北部的货物出口中心，以及水域对面锡诺普和特拉布宗（Trabzon）的天然贸易伙伴。在 16 世纪中叶，它拥有大约 16 000 人的居民，仅次于阿勒颇、大马士革和塞洛尼卡等帝国最大的城市[11]。它的重要地位使它拥有了一个别名，叫"小伊斯坦布尔"（küçük İstanbul）。

但是，一捆捆的棉布和一箱箱牛皮带来的钱财比起这里利润最丰厚的货物来说根本微不足道。正如在奥斯曼帝国时期许多拜访卡法的旅行者发现的那样，这座城市以及黑海周边港口真正的财富来源，是人口买卖。

### "到君士坦丁堡去——把我们卖掉"

黑海北部和东部海岸从古代开始就一直是奴隶贸易的重要货源地[12]。许多古代作家都提到了希腊城市和贸易中心的奴隶贸易。许多雅典的喜剧中都有名为"色拉塔"的奴隶角色。这个名字起源于黑海地区，是"色雷斯人"这个词的阴性。还有的名为"盖塔斯"和"达沃斯"，明显起源于盖塔人和达契亚人两个词[13]。在拜占庭统治下，许多意大利商人的财富来自在北部海岸、东部海岸和拜占庭所在的西部海岸之间充当奴隶贸易的中间人。黑死病造成欧洲劳动力的大量缺乏，商人急于满足对农业劳动力和家务仆人的需求。尽管奴役基督徒为教皇所不齿，但是天主教商人却得到允许可购买基督徒奴隶，防止他们落入穆斯林之手。在君士坦丁堡陷落几十年之前的 15 世纪早期，一个西班牙旅行者佩罗·塔富尔发现卡法的奴隶贸易是这个城市最繁荣的事业，其范围遍及全球。"在这个城市中出卖的男女奴隶，比世界上任何地方都更多，"他写道，"埃及的苏丹在这里设有代理人。他买了奴隶以后送到开罗。"塔富尔甚至带着这项繁荣商业的活证据回到了科尔多瓦：一个男人、两个女人和他们的孩子[14]。

在奥斯曼帝国治下，奴隶贸易得到了长足发展，奥斯曼人还发明了一套赋税系统来规范它。奴隶成为黑海海岸地区举足轻重的税收来源。在 16 世纪，奴隶贸易的税收占奥斯曼帝国克里米亚港口总税收的 29%[15]。奴隶的平均售价在 20－40 个金币之间，足够一个成年人两三年的生活费用。从 1500 年到 1650 年，每年来自波兰、俄国和高加索通过黑海运来的奴隶数量可能超过 1 万人[16]——同非洲卖往美洲的黑奴数量不能相比，但依然是世界上数量最多的"白奴"。

就像任何形式的商业一样，奴隶贸易也由供需两方面驱动——战争中的俘虏和在对黑海草原北部的森林中及高加索的山区散居人口的劫掠行动中抓住的人口是供应源，奥斯曼帝国和欧洲对于仆人和劳动力的需求则是需求方。伊斯兰法律只承认，当孩子的父母双方都是奴隶时，奴隶身份方可以延续到孩子身上[17]。世世代代为奴的情况在奥斯曼帝国中非常少见，但是战争提供了稳定的俘虏来源。这些俘虏不是被送入奴隶市场就是进入帝国的精英军队近卫军。1484 年，奥斯曼军队攻克了莫罗卡斯特罗的要塞，将近 2 000 名俘虏被当作礼物送给了克里米亚的可汗。而 3 000 名男孩进入了近卫军，2 000 名女孩被带入帝国首都的奴隶市场和皇家后宫[18]。另外一个重要的奴隶来源是对欧亚草原以北的村庄进行的劫掠，大致在波兰和莫斯科公国的边境地区，以及高加索的山地中。克里米亚的可汗和游牧的诺盖鞑靼人都是苏丹的附庸。他们通过绑架和出卖基督徒农民得到了可观的收入。如果说直到 18 世纪，整个克里米亚和大部分北部草原以及高加索高地的经济建筑在人口买卖上，那是绝不夸张的[19]。当艾佛利亚·切勒比旅行到北部海岸时，他记下了任何旅行者都需要了解的当地语言中的某些短语。"带个女孩来"是其一，"我没找到女的，但是找了个男的"是其二[20]。

这些奴隶来源满足了大量的需求。拥有奴隶是社会地位的象征。许多家庭都用能养得起多少奴隶来显示他们的财富和地位。大多数奴隶都是家务奴隶；女性奴隶通常充做富贵人家的妻子和后宫中的妾。有些则进行许多其他的工作，诸如农业劳动力、手工艺人、甚至是商业助手。被奥斯曼帝国代理人买下的奴隶常常进入军队中，充做近卫军中的步兵或是加利帆船上的桨手。（相对的，后者如果在战争中又被俘获，会在法国或是意大利的战船上填补相同的位置。）

有时在黑海的奴隶贸易中会有双赢的情况出现。不仅潜在的买家需要奴隶劳动力，有些人也愿意成为奴隶。迟至 18 - 19 世纪，许多西方旅行者都被奴隶或奴隶家庭把成为奴隶看作是通向财富和成功的阶梯的程度惊呆了。一个处于经济低谷中的人可能会把自己卖给一个鞑靼奴隶主或是奥斯曼船长，然后被运到卡法和特拉布宗的市场。家庭也可能会因为相似的原因把儿子或是女儿卖掉。如果孩子能够有一个足够富裕的主人，他们也许还能够形成一种有帮助的庇护关系。玛丽·古德里在 18 世纪 90 年代拜访了卡法，发现了一些从高加索北边的切尔克西亚运来的女人的想法（图 6）：

> 我可能表现得过于吃惊了……卡法的居民对于这些让我惊叹不已的美丽货物漠不关心。他们告诉我说，这些是那里

的父母改善他们美丽的女儿境遇的唯一方式，她们本来无论如何也是要进后宫的……简短地说，通过被富有的穆斯人（穆斯林）买下，她们能够在余生衣食无忧。她们的境遇也不会让穆罕默德的国家蒙羞，因为先知允许三妻四妾。但是相反地，如果她们落入封建领主的手中，也就是那些山区中的野蛮居民……她们的遭遇就会悲惨得多。因为这些粗鲁的首长从来没有对于正常两性关系起码的尊重和慷慨。[21]

甚至谴责奥斯曼社会其他元素的观察家也承认，这种看上去有悖常理的偏好有一定的道理。在 19 世纪，普鲁士贵族奥古斯特·冯·豪克斯特豪森详述了他和 6 个从切尔克西亚来的女奴的经历。他们是被一艘俄罗斯战船从奥斯曼运输船上"解放"的：

> 在宣布这些女孩被他们"解放"了之后，（俄罗斯）将军告诉她们，她们有几个选择：和同种族的王公一起回到故乡；或者嫁给俄罗斯人和哥萨克人；或是和我一起回德国，在那里所有的女性都是自由的；或者陪伴这个土耳其船长，他正要把她们运到君士坦丁堡的奴隶市场里卖掉。读者恐怕很难想到，她们异口同声地，几乎是不假思索地说："到君士坦丁堡去，把我们卖掉。"[22]

许多（也许是大多数）人被卖作奴隶时其身心都受到了创伤，尤其是在暴力情况下：在海上和在战场上被抓住，在欧亚草原的边境小村庄中被诱拐，或是从巴尔干的山村中被强行征走。因为奴隶的生活质量很大程度上由主人的社会地位所决定，奥斯曼帝国的奴隶大体的生活状况很难确定。但是像古德里和豪克斯特豪森这样的观察家都认为，奥斯曼帝国奴隶制的本质使卖身为奴成为一个可行的选择。奥斯曼人没有"奴隶阶层"的观念。奴隶这种地位并不意味着生理上的低贱。它极少是终身制的，也不会从父母传到子女身上。对于奴隶买卖双方的社会地位也有限制。举例来说，穆斯林通常不能卖给基督徒和犹太人，在黑海地区出身的"白奴"和北非、波斯湾、红海地区出身的"黑奴"之间有些微的区别。但是并不仅是一个特定的文化群体成为奴隶，因此奴隶并不像美洲的黑奴那样，同劣等种族的概念联系在一起。

奴隶也可以通过多种途径得到释放。例如同自由人结婚或者仅仅从自己的主人处逃离。伊斯兰法律鼓励好的穆斯林释放他们的奴隶，奥斯曼帝国实际上也允许给奴隶付工钱，并允许奴隶给自己赎身[23]。奴隶不是一个永久存在的社会阶级——"繁殖"奴隶的想法不容于伊斯兰社会——而且帝国的边境是这个系统中新生力量的唯一来源。对于巴尔干和欧亚草原以及高加索的年轻男女来说，成为奴隶可能是获得奥斯曼帝国内特权的一条明路。许多人自此成为大维齐尔、军事指挥官和苏丹的配偶，进入了帝国行政和社会的高层。在东欧，浪漫主义的民族主义者后来谴责奥斯曼帝国中奴隶主的贪婪，把民族年轻的花朵卖到了穆斯林的牢笼中。但是在奥斯曼帝国大部分的时间中，许多奴隶无疑把前往伊斯坦布尔的海上远航视为一种机遇——通往财富、社会地位和在帝国体系中心的新生活。

### 多姆尼、可汗和地利贝伊

对于后世的历史学家来说，奴隶贸易是"奥斯曼枷锁"中最为可憎的部分。它拖慢了经济发展的速度，把人同他们的家乡分隔。特别在巴尔干历史写作传统中，奥斯曼在大体上依然被视为其属民社会、文化、经济繁荣发展的障碍。但是，奥斯曼帝国和不同的附庸政权之间的关系远比这种解释要复杂。

在奥斯曼征服之前的两个世纪，黑海的地缘政治处于一个新的格局之中，两个横跨欧亚的大帝国：拜占庭和鞑靼蒙古帝国的残余势力互相竞争。1204 年拉丁势力占领君士坦丁堡，有效地终结了拜占庭作为一支重要军事和政治力量的历史。即使是在 1261 年拜占庭重新控制君士坦丁堡之后，这个帝国也发现自己笼罩在其他几股地区势力的阴影下。在巴尔干南部，尼曼雅王朝创立的塞族帝国的疆域从亚得里亚海边直抵黑海沿岸。在多瑙河以北，两个基督教公国：瓦拉几亚和摩尔多瓦在拜占庭的衰落和东部民族多次大移民后巩固了自身的地位。南部高加索地区也经历了相同的变化过程。13 世纪时鞑靼蒙古人的入侵造成拜占庭边界的收缩，让这个地区处于几个小基督教王国卡提利、卡赫提和伊梅列季之间的纷争。比起团结起来抵抗共同的敌人，这些国家更乐意互相争战。在北方，金帐汗国的解体在草原上制造了政治真空。诺盖人——佩切涅格人和库曼人的突厥后继者填补了这个真空。在克里米亚半岛，金帐汗国最后的残余势力在克里米亚可汗的身上得以延续。他是吉拉伊王朝的一员。这个王朝可以一直追溯到成吉思汗。

在穆罕默德二世进入君士坦丁堡之前，奥斯曼人已经踏足巴尔干地区。他们毁灭了塞尔维亚帝国并吞并了色雷斯。然而，大部分黑海海岸还是和从前一样，由大国边境旁的一系列小国占据。这些大国包括波兰、立陶宛、匈牙利、俄罗斯的各个大公国和波斯。面对这种复杂的情况，奥斯曼帝国选择了一种相对省力的战略：征服能够控制海洋的战略性堡垒和海港，然后和内陆强大的政治实体缔结条约。这些条约用贡品和对苏丹宣誓臣服换取一定程度上的自治。然而，这种战略有一定的风险。奥斯曼帝国权力的支点——那些河边的要塞和海港是附庸国反叛时的绝佳攻击目标。而且这种保护关系只有在附庸国能够从其宗主国处得到最大利益的情况下才是稳定的。这种共生关系的利弊在奥斯曼同黑海周边的三种政治实体从 15 世纪到 17 世纪之间的关系中体现得淋漓尽致。这三种政治实体分别是：瓦拉几亚和摩尔多瓦，克里米亚汗国和格鲁吉亚王国。

瓦拉几亚和摩尔多瓦，也就是所谓的多瑙河公国，崛起于喀尔巴阡山脉和多瑙河、第聂伯河之间。现在的罗马尼亚和摩尔多瓦共和国的大部分就建立在这片土地上。这里居住着许多不同文化的族群——斯拉夫人、罗马尼亚语和突厥语族的人等等，因为这里正巧是历次欧亚草原西进移民运动的必经之路。在 14 世纪，当地统治者确立了他们的权力，建立了两个独立的大公国：喀尔巴阡山脉以南的瓦拉几亚和以东的摩尔多瓦。两个国家起初都是匈牙利的属国。瓦拉几亚和摩尔多瓦国王的权力基于以下两点：一是他们控制的领土上丰富的自然资源。其中包括从茂密的森林生产的木材，从河谷平原上的牧群来的动物皮毛。二是他们的地理位置正坐落在从古老的热那亚港口开始的商路上，这些港口位于第聂伯河河口（莫罗卡斯特罗，之后的阿克曼），以及多瑙河的北部支流上（列克斯托默，之后的基里亚）[24]。

到了 15 世纪，两个公国都建立了持续的王朝，各自都经历了不论是作为军事强国还是文化中心的强大时期。分别给两国带来强盛的伟大君主是：瓦拉几亚的“穿刺者”瓦拉德（1443 - 1476 年在位，中间有间断），德古拉伯爵的历史原型，和摩尔多瓦的斯特凡大公（1457 - 1504 年在位）。就像他们的许多巴尔干邻国一样，多瑙河国家的王公是东正教基督徒。他们把君士坦丁堡看作他们的精神中心。然而，除此之外，拜占庭那时已经衰落为一股地区势力，在瓦拉几亚和摩尔多瓦的事务中扮演着不起眼的角色。真正的影响来自遥远北方的匈牙利和波兰。他们把这两个公国看作是从黑海到多瑙河的战略通道，同时也是抵挡开始向巴尔干内地进发的奥斯曼帝国军队的坚固盾牌。在 15 世纪的大部分时间中，这两个公国在不同的保护国之间穿梭摇摆——当他们没有互相交兵的时候。

现代罗马尼亚历史学家常常把 15 世纪和 16 世纪称为奥斯曼的"征服"时期。但是这个术语在当时并没有什么意义。多瑙河国王们常常和奥斯曼人寻求妥协，尽管这些妥协意味着跨过基督教徒和穆斯林之防。瓦拉几亚从 14 世纪 90 年代开始向苏丹进贡，而摩尔多瓦的进贡始于 15 世纪 50 年代。之后叛乱就频繁爆发，但是多瑙河公国的国王很少形成统一战线对抗奥斯曼人。只要苏丹还能够耀武扬威地压服附庸国，并且提供保护防止它们被其他的国家入侵，这些附庸国就满足于所拥有的自治权。与奥斯曼帝国在多瑙河南部的领土不同，穆斯林地主在多瑙河公国中的日子并不好过。而由贵族议会选举或是按血脉世代相承的地方统治者多姆尼（*Domni* 或者是 *Domnitori*）依然在位（这种格局一直延续到 18 世纪早期）。东正教教会处于瓦拉几亚和摩尔多瓦国家的中心，两国没有出现自愿或是因为其他原因而大规模皈依伊斯兰教的现象。除了同意为苏丹提供对抗敌人的军队之外，承认苏丹的宗主权的代价并不是非常繁重。因为奥斯曼是一个患难与共的朋友，当波兰人或是匈牙利人攻击这些大公国时，他们就从服从中获得了许多好处。

奥斯曼同克里米亚的关系则有些不同。首先，克里米亚鞑靼人是突厥语族的一支，他们的文化大体与奥斯曼相同。更重要的是，他们代表了成吉思汗的伟大帝国和更晚近的奥斯曼帝国的联系。鞑靼可汗的王室——吉拉伊家族可以通过金帐汗国上溯至成吉思汗。于是克里米亚代表的就不单单是战略上的重地，而且是一片具有意识形态重要性的领土。通过与鞑靼可汗的联系，奥斯曼帝国就能宣称对之前成吉思汗的帝国领土（包括北部海岸和欧亚大陆的其他部分）拥有处置的权力。

伊斯坦布尔和巴赫支沙莱（Bakhchisarai）的可汗的联系因此比它与瓦拉几亚和摩尔多瓦还要松散。可汗处理自己的事务，执行完全独立于奥斯曼帝国的外交政策。鞑靼人对于波兰人、俄罗斯人甚至是瓦拉几亚和摩尔多瓦的城市和商队的劫掠为奥斯曼在黑海北方提供了极好的工具。他们以此打击巴尔干地区的其他基督教国家和平定反叛的基督教国家。酋长们从劫掠中获得重要的战利品——奴隶，并保证从克里米亚到伊斯坦布尔之间有稳定的奴隶人口供应。然而，吉拉伊可汗的独立也意味着他们时不时地会执行同帝国利益相悖的政策。鞑靼人的袭击常常会引起同波兰和莫斯科公国进行全面战争的危险。事实上，从 17 世纪晚期以来，奥斯曼人对于鞑靼人的政策常常是试图控制他们莽撞的劫掠，而非把它用做对抗北部强国的武器。

高加索地区的情况则更为错综复杂。在所有黑海周边地区中，高加索是最难以控制的。高地上的切尔克西亚人、沿海地区的阿布哈兹人，和南部众多的格鲁吉亚君王，使得此地的政治四分五裂。没有一个单一的政治人物能够代表这整个地区。环境恶劣的内陆地带也意味着在狭长的海岸地带以外投放军事力量几乎不可能。就像罗马人做的那样，奥斯曼人于是常常让高地部落自生自灭，在重兵把守的港口设立行政官员，同低地的国王进行政治交易。

奥斯曼人依赖政治协定而非直接征服，有一个重要的战略原因，尤其是在格鲁吉亚的土地上。作为横亘于波斯和奥斯曼帝国之间的边境地带，南高加索需要消耗大量的警察资源。历代的苏丹都依赖于地方封建领主的私兵，保证奥斯曼帝国的利益并对抗波斯和它的同盟（这一点对瓦拉几亚和摩尔多瓦也适用。它们是奥斯曼帝国同匈牙利、波兰和俄国之间的缓冲国）。这就意味着，格鲁吉亚军队在战线的两边分裂了——受奥斯曼帝国影响的西格鲁吉亚的王国，也就是伊梅列季，对抗波斯影响下的东格鲁吉亚王国，也就是卡提利-卡赫提。双方还都拥有一些势力较小的统治者的支持。但是就像奥斯曼帝国系统的许多其他部分一样，是战略利益而非宗教或是语言决定了加入哪方阵营。

中央控制的贸易、复杂的进贡和赋税系统，以及同地方首领松散的政治-军事联盟的结合，在对外关闭黑海之后的两个世纪中起了很好的成效。奥斯曼人能够从海岸地区的资源中获益——不管是直接或是用对贸易课税的形式，而附庸国则利用同这个地区主要的帝国的联系为自己谋利。然而到 17 世纪时，这个系统发生了两个变化，对黑海周边的政治和经济关系造成了严重的影响。

其一是在帝国直接控制的领土内，马哈努二世（1451－1481）在位期间创造的高度集中的中央行政体系被一个更为松散的结构所替代。帝国开始依赖于地方显贵，而非之前由伊斯坦布尔指派到行省的总督。这些地方精英的权力为苏丹所承认。相对应地，他们在作战期间征税并组织军队。在某些地区，一些地主在他们所管理的地域内发展出了半王朝性质，甚至部分封建制的系统。当西欧的部分地区正在经历从封建到中央集权的转变时，奥斯曼帝国则正相反：从中央管理的税收系统向基于地区的贵族家庭分散权力。

这种地方化的动力是抛弃直接管理一个庞大帝国所需要的过于累赘的中央政府组织。然而其结果是慢慢地削弱了中央对于边缘地区的控制。这种权力的转移在安纳托利亚包括其黑海海岸部分特别明显。在那里，强大的地区家族的首领被称为地利贝伊（*Derebey*），字面意思是"山谷之主"。大地产的所有人中有些同在奥斯曼帝国政府之前就已经控制海岸的土库曼家族有千丝万缕的联系。他们能够控制整个地区的经济，从而控制政治。主要的港口例如锡诺普和特拉布宗成为了大家族的封邑，而中央政府无力改变这种既成事实。地利贝伊的权力在苏丹塞利姆三世（1789－1807）时达到顶峰。他正式承认了他们的地位并规范了他们的特权。

其二是黑海北部有更强大的国家崛起，它们开始对海岸周边的附庸国施加更强大的影响。当奥斯曼帝国在 15 世纪末征服主要的港口城市时，其潜在的对手还很少。主要的对手——波兰王国、匈牙利王国、莫斯科大公国——在地理上很遥远，不足为惧。然而在 16 世纪，波兰和莫斯科公国的国力开始增长。波兰于 1569 年与立陶宛联合，形成了波兰-立陶宛联邦。这样其控制范围从波罗的海南部一直延伸到了黑海草原。因此奥斯曼帝国把主要注意力放在了如何阻止波兰人继续向南推进上。鞑靼可汗的军队和诺盖人的劫掠部队被部署去骚扰波兰部队和防止斯拉夫人在草原地区进一步殖民。

莫斯科大公国同样在 16 世纪晚期成为重要的地区强国。当鞑靼蒙古人在 13 世纪掀起征服浪潮时，莫斯科大公国还仅仅是被迫进贡的众多俄罗斯城市国家中的一员。但是许多俄罗斯历史学家哀叹的"鞑靼枷锁"却是莫斯科大公国崛起的发动机。莫斯科君主充当鞑靼蒙古收集贡品系统中的服务商。他们承诺带来几个其他俄罗斯公国的贡品，从而减少自己的进贡。慢慢地，这个系统为政治集权化铺平了道路。在伊凡四世（恐怖的伊凡）治下，大公于 16 世纪获得了"全俄罗斯的沙皇"这个头衔。这标志着莫斯科大公国的地理界线发生了重大的变化，现在是"俄罗斯"。莫斯科大公国也获得了正当的崛起的权力和意识形态。俄国人开始把他们视为拜占庭帝国传统，也就是罗马帝国的继承者（"tsar"这个词也是从"caesar"派生而来）。但是他们也回首鞑靼蒙古时期来论证他们在欧亚大陆的霸主地位。这个地位由伊凡对于伏尔加河和西伯利亚的鞑靼汗国的征服作为保证。这两个源泉——罗马/拜占庭和成吉思汗给了沙皇声称拥有欧亚大陆权力的理由，并且从逻辑上把他同另外一个声称拥有这两份遗产的人——奥斯曼苏丹对立起来。

在奥斯曼国土内，中央权力的衰落和地方势力的崛起改变了黑海周边的战略关系。附庸国现在又有了新的潜在的保护者——波兰和俄国。他们可以在战争的时候抛弃奥斯曼帝国，有时候是克里米亚可汗。在黑海南部沿岸的地利贝伊们只关心自己的事务，而对国都发生的大事不闻不问。可是最终这些变化只是奥斯曼帝国于 16 世纪和 17 世纪之交面临的一个更大的挑战的背景。这个挑战来自海洋。

## 水手的涂鸦

在 16 世纪和 17 世纪的大部分时间中，在黑海没有出现像奥斯曼帝国在地中海进行的那样大规模的海战和小型战斗。在 1571 年著名的具有决定性意义的勒班伦海战中，大部分奥斯曼舰队被欧洲天主教国家联合军摧毁，但是黑海直到两个世纪之后才出现类似的战役。

奥斯曼的海上霸权有三根支柱。第一，显而易见也是最重要的，是对于黑海及地中海各处海峡和多瑙河河口的控制。这是欧洲船只能够进入奥斯曼领海的仅有的两条通道。在勒班伦海战之后，达达尼尔海峡和博斯普鲁斯海峡还有多瑙河河口要塞的良好战略位置，能有助于控制船只进出黑海。第二，在奥斯曼帝国附近的区域内，没有一个国家能够召集起一支能与之抗衡的海军。因为摩尔多瓦、克里米亚和格鲁吉亚把国家的中心放在内地的平原和山区，所以没有强大的海军。更重要的是奥斯曼帝国控制住了海岸地区，有效地防止了附庸国进入黑海。黑海因为这两个方面——对于海峡的控制和隔离附庸国与海岸地区——被称为是"突厥人的海"。

第三根支柱在某种意义上是前两根支柱的衍生物。那就是奥斯曼帝国在控制黑海的头两个世纪中消灭了海盗。这片海洋"被完全控制……恶人不再能够在此栖息"，15 世纪的编年史家伊本·凯末尔如此写道[25]。这是一个令人惊叹的成就。在近代早期，地中海海盗成灾。该时期的海军史就是不同的地区势力助长海盗，或是与海盗作战的历史。海盗让人又爱又恨：爱的是他们能够被劝诱攻击敌人的船只，恨的是他们也会攻击本国的船只。15、16世纪之交，奥斯曼帝国在地中海的海军势力增长，某种程度上可以看作是帝国希望保护其贸易航道不受意大利和黎凡特海盗船攻击的结果。大多数东地中海的武装船只都是自由劫掠者。只有威尼斯、奥斯曼帝国和罗得岛骑士团能够组织起训练有素的职业海军[26]。

海盗像商人一样，需要基地和市场能够策划行动的一个安全的港口，以及能够卸下战利品的地方。奥斯曼帝国在黑海最大的成就就是消除了这两种地点。每条海岸都有重兵把守主要的港口：南面的锡诺普和特拉布宗，顿河流域的亚速（早先的威尼斯殖民地塔纳），克里米亚的卡法，第聂伯河流域的阿克曼（早前的莫罗卡斯特罗）和多瑙河的基里亚（早前的列克斯托默）。黑海海域有限，在这些中心之间巡逻相对容易。因为这些港口也是重要的贸易集散中心，任何潜在的海盗都很难销赃，这就是为什么海盗行为通常和帝国没有稳固控制的海岸，也就是从特拉布宗到高加索之间联系在一起的原因。这些不仅是黑海同地中海之间主要的差别，还标志着对罗马和拜占庭治下状况的重大改变。海盗行为在过去的千年间一直是个问题。罗马和拜占庭的文献中都充满了对海盗的怨言。从公元4世纪的哥特人到之后提到的"拉兹人"（一个称呼黑海东南海岸的居民的通用术语。这些族群今天被称为格鲁吉亚人，在土耳其语中则仍被称为拉兹人）。然而在中世纪晚期，关于海盗的描述在文献中消失了。

在这种安全相对有保障的环境中，商业开始繁荣。这就能解释早期奥斯曼帝国中地方和国际商业活动为何如此活跃。短途航运（Cabotage）就像古代一样继续进行。其他形式的货运包括海路和河流航道的结合。奥斯曼帝国的货船在多瑙河、第聂伯河和顿河卸货，然后货物转装到外国的货船或是商队中。在海路贸易中，奥斯曼人将船引领至地中海，然后在爱琴海诸岛或是黎凡特转装外国货船。在不同时期都有一小部分外国船只获准进入黑海。在 16 世纪晚期，拉古萨（现在克罗地亚的杜布罗夫尼克）同地中海西岸的港口保持了活跃的贸易联系。这个城邦在其他欧洲国家团结起来对抗奥斯曼帝国时，依然同奥斯曼帝国保持外交关系[27]。拉古萨的贸易可能在 17 世纪渐渐衰落，因为从爱琴海群岛来的东正教商人控制了从黑海到地中海的转运贸易。

　　我们对于奥斯曼帝国早期的船只和海运群体的本质，不论是军事上的还是商业上的都了解不多。对于奥斯曼海上势力的研究长久以来被学者所遗忘。这是把奥斯曼在海上的历史视为国家扶持下的较为劣等的航海技术偏见的恶果。从近代早期到现在，欧洲对于穆斯林在地中海的水手的标准看法是：一些从隐藏的港口出发，攻击基督教船只，然后把无辜的俘虏卖到堕落的奥斯曼帝国皇帝妃子的闺房里去。这种观念更加强了偏见。然而，黑海的水手们自己，无论是穆斯林还是基督教徒，却为奥斯曼帝国治下的航海技术发展提供了一些最重要的证据。

　　和历来的旅行者一样，前去拜访奥斯曼帝国海港的人急于留下他们到此一游的图像记录。许多人的确通过在各种地标建筑上涂鸦达到了他们的目的。这些涂鸦通常留存在教堂石灰岩的墙壁上。这些教堂其中一些之后变成了清真寺。特拉布宗的圣索菲亚大教堂，一座和它在伊斯坦布尔的姐妹享有相同名字的建筑就四处点缀着这种涂鸦。但是最令人印象深刻的涂鸦位于保加利亚海岸的奈斯比，也就是早前的希腊港口莫森布里亚。这个城市的教堂里有大量的涂鸦，一共将近 180 幅。有些非常粗糙，但是也有的非常细致。其内容包括从 14 世纪到 19 世纪的各种海上船只。它们组成了从水手的角度发出的整个奥斯曼时代的航海图片史[28]。

可以从奈斯比的涂鸦中清楚地看到船型的变化。最早的船只是有瓜形船身的柯克船。它的船中心低凹，但是在船尾有高台。柯克船在14 世纪由地中海的商业共和国引进黑海。它们借鉴了早前汉萨同盟的船型。柯克船是短途船只，特别适于波罗的海和地中海的商贸。它同样适合在黑海航行。它平宽的底部可以装下许多货物，同样也可以装载压舱物，例如谷物。但是它只有一面四角帆，这意味着可操控性和速度不佳。从一个港口到另一个港口的航程很短，最多不过从海的一端到伊斯坦布尔。一旦穿过博斯普鲁斯海峡，货物可以装上更稳固的大船，航向地中海。在风暴大作的天气或是冬天里，柯克船很少出现在公海上。因为没有抢风转向所必备的复杂帆具，所以柯克船只的航行需要舒缓而又有利的海风。

柯克商船在奥斯曼帝国早期在黑海中占统治地位，但是另两种船也在奈斯比和其他地方的涂鸦中频繁出现。一种是同柯克船一样有平宽底部的卡拉维尔帆船，它的帆具显示出了对四角帆的巨大改良。十字军东征的经验使西方水手引进了阿拉伯船只使用的三角帆。（尼罗河上的三桅小帆船是三角帆具的绝佳范例。帆与桅杆呈一个锐角。）商人发现卡拉维尔帆船能够同时提供柯克船巨大的仓储空间和更好的可操控性；这种船只能够利用风向向目的地航行而非只能跟随着风吹的方向航行。

另一种船是卡拉克大帆船。卡拉克大帆船同卡拉维尔帆船一样，是柯克船的后代。但是其帆具更为复杂：三根或以上的桅杆，上面挂着四角和三角帆。这使得它能够航行更长的距离。它还可以装载一小队水兵进行接舷战或是对陆上的港口进行突击。这种做法在西欧国家控制的海军中尤其盛行。这种船只标志着远航船只既可以作为探索船只，又可以作为战舰的想法的发展成熟。卡拉克船型成为了 16 世纪时期葡萄牙、西班牙和英格兰不断扩张海军的基石。

柯克船、卡拉维尔帆船和卡拉克帆船在黑海涂鸦之中占据了主要地位。因为它们是主要前往奈斯比等港口的商业船只。但是它们之中混杂了另一种船。这种船揭示了海上生活的重要本质，特别是在 17 世纪。这就是大加利帆船（或者更准确些，加莱赛船），这是风帆和人力混合动力的船只，通常由加农炮武装并装载着水兵。画下这种船只停靠在奈斯比的人可能是加莱赛船员中的一人，或是在其他没有进港的船只上看到的。这种加利帆船有一层或者是更多层的桨，并挂着四角或是三角帆。帆能够在顺风时提供额外的动力。几百年之前的罗马和拜占庭水手就已经非常熟悉这种船了。

我们也许高估了奥斯曼航海者的落后程度，但是就船只设计来看，帝国的确落在了现代化进程的后面。1571 年的勒班佗海战是在地中海的两支桨船舰队之间的大战。威尼斯与其西方盟友是一方，奥斯曼帝国是另一方。但是一个世纪以后，奥斯曼帝国的海军依然主要由桨船组成，而同时代的西欧海军已经开始装备多桅的帆船。在大西洋欧洲，帆船时代的到来是因为几项关键的技术革新：新的帆具设计能够让各种不同的帆组合在一起，加上把船身延长以提高船只速度。但是船只设计的改变是因为战略需求，需要更有效率和国家财政能够支持的低成本的舰队。随着君权国家的巩固，建立海军成为获取军事优势的不二法门，而且还是国家荣誉的基础。尤其是那些对于海外有野心的国家，大型风帆帆船对于长距离航行和维持帝国稳固至关重要。然而船只的下水还要取决于是否有足够的船员。而装备一艘加利帆船需要大量的桨手，相比起风帆帆船的船员来说这真是天文数字。

奥斯曼帝国当然有能力进行技术革新，但是他们缺少欧洲的战略和经济上的动力，没有国外势力能够在黑海上航行。而黑海北部持续不断地提供着奴隶劳动力，装备加利帆船并不是一个困难的问题。事实上黑海上并不需要任何的战舰，因为它在奥斯曼帝国的治下非常和平。

然而，在 16 世纪晚期和 17 世纪早期，一股新的海军势力从一个意想不到的地方打破了这股平静。这支军队能够使用轻型的桨船对海岸城市和堡垒进行劫掠，也能够在海上攻击商船，甚至还能够挑战奥斯曼由加利帆船组成的帝国舰队。这个族群——哥萨克人——证明了奈斯比涂鸦中的大型加利帆船已经彻底过时，即使是在和平的黑海上。

### "海鸥"组成的海军

大众流行的对哥萨克人的印象是在欧亚草原上狂奔的挥着皮鞭的骑手。但是从 1550 年到 1650 年左右的一个世纪中，哥萨克人也是一股强大的海上势力。据说他们在 16 世纪 30 年代从第聂伯河河口顺流而下，攻击了奥兹（现在的奥恰科夫）。渐渐地，他们把势力范围扩展到了多瑙河口和整个西部海岸沿岸。在 1614 年他们对南部海岸的锡诺普发动了第一次攻击[29]。这样的海上攻击一直延续到 17 世纪中期。奥斯曼和欧洲的文献都提到了他们频繁的劫掠。文献用描述1200 年前哥特人攻击拜占庭时的语言描述他们造成的破坏：

> （他们）从（锡诺普）堡垒和城墙的顶部越过，进入城内，毁坏市中心周边的建筑，在地上洒下数千人的鲜血。他们用抢劫和毁灭之火横扫城市，不留下任何建筑，把它变成一片荒野和沙漠[30]。

根据艾弗里亚·切勒比的说法，在锡诺普周边的村民都放弃了耕作，因为他们的农作物一定会被频繁来袭的哥萨克人踩死[31]。

即使这些叙述有一定程度的夸大，从中也明显可以看出哥萨克人的进攻使奥斯曼帝国震惊。之前，黑海上没有海盗活动，而哥萨克劫掠者的到来被奥斯曼官员和编年史家视为地中海式的海上强盗行为的突然爆发。但是哥萨克人毕竟还是和自由劫掠者不同。他们的出现标志着一个从黑海北方海岸多元文化中汲取力量的独特社群正变得越来越强势。

哥萨克人是让奥斯曼帝国心惊肉跳的群体典型：利用居住在无法控制的几个主要大国交汇的边境地区——地理上、文化上和政治上的——这种优势的民族。"Cossack"这个词派生于突厥语"qazaq"，意为"自由人"。哥萨克人从斯拉夫农民、鞑靼游牧民、被释奴隶、宗教异端、雇佣兵和其他来到尚未被奥斯曼控制的草原地区的居民的混合体中崛起。有些人从奥斯曼领土，另外一些则从波兰和俄国到来。随着时间的流逝，他们凝聚成了许多小团体，也叫聚落，由地区或是一定程度上的语言差别区分。扎波罗热哥萨克人从第聂伯河下游崛起。那里有把河流上游和近海的河流下游分隔开来的十多个大瀑布（乌克兰语中称这个地区为 za porohamy，字面意思就是"在激流的远方"）。在其他的河道上也形成了相似的团体，例如顿河。在东边的哥萨克聚落说各种俄语，其中混合了突厥词汇，特别是在军事领域。在西边的则受到了现在称为波兰人和乌克兰人的族群的重大影响。在 16 世纪，各个聚落团结在强有力的酋长周围，并形成了类似于不完全的国家的组织。他们的生活既有草原的特征，又有海岸低地的特征：豢养（也劫掠）奶牛、绵羊和马；在海岸地区和北部充当贸易的中间人；捕鱼；并且和克里米亚和诺盖鞑靼人一起向奥斯曼市场出口奴隶。

哥萨克人对于公海的劫掠是他们在草原上的那些经济活动的自然

延伸。作为河流沿岸和湿地的居民，他们发展出了与其平原文化相应的水文化。他们有一种轻便的、无龙骨的划桨船，叫作海鸥（*chaikas*）（图7）。这种船特别适合在河流上航行，尤其易于在劫掠途中从路上搬运。（这种旅行的方式也是罗斯人在9－10世纪中使用的；事实上，哥萨克船只与罗斯人和北欧人的船只有很多相像之处。）如果造得大些，这种船只可以装载70人和小型火炮，就成为不错的海上战船。它在水上的部分很少，这样就可以不被发现地靠近猎物——海岸上的城镇和大型加利帆船。把有浮力的芦苇塞在船舷，这种船就很难被击沉。在17世纪的前半叶，哥萨克人能够集合300条船的舰队，把它派到黑海的任何一个角落[32]。由于前后都有舵，他们通常比派来追捕他们的奥斯曼加利战船要灵活得多。

　　一个法国的军事工程师纪尧姆·德·博普朗，曾于17世纪三四十年代受雇于波兰国王，他提供了有关哥萨克船只的第一手资料。当时他们正沿第聂伯河顺流而下：

　　　　这些船相距如此之近，它们的桨几乎都要撞在一起。突厥人往往都知晓他们的远征要来临，事先就做了防御准备。他们在波利斯丹尼河河口布置了几艘加利帆船来阻止哥萨克人进入黑海。但是哥萨克人十分狡猾。他们偷偷利用新月时的黑夜和河上芦苇的掩护溜过了封锁。加利帆船则不敢接近芦苇地带，因为过去曾经在这里吃过大亏。突厥人满足于在河口守株待兔，结果却遭到了（来袭者的）奇袭。

　　　　然而，哥萨克人还没有做到让守军毫无所觉地快速通过，所以整个帝国直至君士坦丁堡都响起了警钟。大领主（苏丹）向所有的海岸都派出了信使……警告哥萨克人进入了黑海，

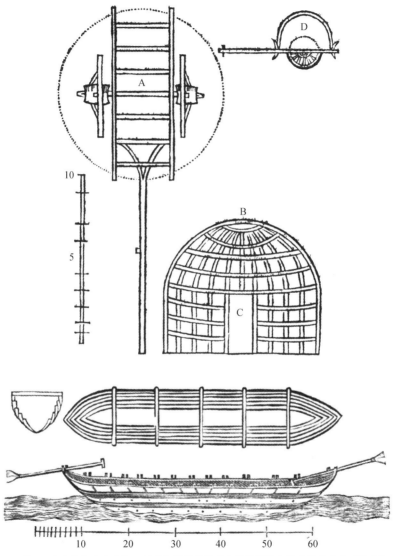

图7　从海上和陆地运输：17 世纪诺盖游牧民在黑海草原上使用的小车和"海鸥"（也就是小船）的剖面图。哥萨克劫掠者用这种船同奥斯曼战船作战。

所以每个人都要严防死守。可是这些都没有奏效。因为哥萨克人选择了对他们有利的时机。在 36 - 40 个小时内他们就抵达了安纳托利亚，每个人都带着火器上岸，每条船留两个男人和两个男孩看守。他们奇袭了城镇，占领它们并烧杀抢掠，有时冲入内地达一里格远①。然后他们立刻回到（船上），载着战利品起航，再到其他地方碰运气。

博普朗也评论了哥萨克人优秀的战术。他们是远比奥斯曼人更善于隐藏行踪的水手：

因为哥萨克船只在水面上的部分大概只有 2.5 英尺高，他们每次都能在被发现之前先发现对手。然后他们放下桅杆，观察目标驶往何方，随即试图在夕阳下山之前赶上目标。在日落前的一个小时，为了防止目标离开目视范围，他们用尽全力划向目标，直到离它一里格左右，并保持这个距离直到半夜。一旦信号发出，他们便划向目标，一半的船员准备战斗，等待着在接舷的时刻跳上敌船。对方船只上的人会很惊讶地发现他们受到了 80 - 100 条船的攻击。甲板上瞬间就站满了敌人，船被占领。哥萨克人会抢走船上每一件值钱的东西、散装的货物及饮用水。在凿沉船只之前，他们也会带走铸铁炮等他们认为有用的一切东西……如果他们有能力驾驶一条加利帆船的话，就会连船也一起带走。但是他们没有这个技术[33]。

---

① league，古代的长度单位，约等于 3 英里或 4.8 公里。——译者注

这种远征在 16 世纪 50 年代之后非常频繁，黑海几乎彻底脱离了奥斯曼帝国的掌控。

哥萨克人的攻击在 1637 年达到顶峰。在这一年，大群的顿河哥萨克人围攻了亚速城堡。城堡内驻守着几千名奥斯曼士兵和鞑靼雇佣军。奥斯曼帝国几次试图夺回城堡，但每次都只是证明了哥萨克人不仅是天生的劫掠者，更拥有良好的军事组织。艾弗里亚·切勒比目睹了一次主要的反击。据他说，哥萨克人有 8 万人和一支 150 艘船的舰队保护着城堡面向河流的一面。奥斯曼人从黑海对面地区集结了一支军队。陆军包括色雷斯的鲁梅利亚总督提供的士兵，从布贾克行省征召的 4 万名鞑靼士兵，瓦拉几亚和摩尔多瓦来的 4 万名基督教士兵和特兰西瓦尼亚的 2 万名基督教士兵。在海上，奥斯曼帝国舰队由 150 艘加利帆船和更多的护卫舰及小船组成，共计有 400 艘船和 4 万名海员（艾弗利亚的数字可能有所夸大，但是不管是陆军还是舰队的规模都令人印象深刻）。

尽管奥斯曼人军队有令人畏惧的数量，但还是面临许多困难。哥萨克人坚守住了城堡，挖筑了防守战壕，并且用潜泳绕过河道封锁线的办法来送来援军。这些潜泳来的援军在水下用芦苇秆呼吸，随身携带着装在皮革袋中的武器。两个月后，冬天即将到来，奥斯曼人终于放弃了，他们把要塞留给哥萨克人，但是劫掠了四周的乡村作为报复。艾弗利亚记录到，这次劫掠获得了大量的战利品，竟使市场上的物价跌到令人难以置信的水平。1 比索能够买到一匹马，5 比索能购买一个女孩，6 比索能买一个男孩[34]。

亚速的灾难并不妨碍奥斯曼舰队在对抗哥萨克人的战斗中获得一些胜利。在第聂伯河河口加强巡逻可以阻止大规模的舰队进入黑海，但像博普朗描述的那种小规模的舰队是无法阻止的。奥斯曼人组织了数次沿顿河而上的大型远征，动用了成百的加利帆船和小型船只。渐渐地，哥萨克人无疑承受了大量人员的损失。因为尽管不太频繁，一旦遭遇奥斯曼的加利帆船，通常只有一小部分哥萨克船员能够活着回家[35]。亚速最后还是回到了奥斯曼帝国的手中。哥萨克人一开始把要塞当作礼物献给俄国沙皇，但是沙皇害怕引起同苏丹的全面战争，拒绝了。哥萨克人意识到在经历了反复的围攻之后，这座几乎被彻底摧毁的要塞似乎已没有什么用了，于是在 1642 年放弃了它。

对于奥斯曼人来说，即使是这样不完全的胜利，其代价也是巨大的。为了对抗哥萨克人的威胁，仅有的海军资源都投入了地中海之外的地方。南北海岸之间繁忙的贸易关系不可避免地遭到损害，因为船长们都意识到了哥萨克劫掠者的威胁。如果我们把目光放得更远，一支由快速船只组成的海军能够击败操控性不佳、速度太慢的加利帆船舰队，这表明奥斯曼帝国在数个世纪之前曾经征服了整个东南欧的军事机器并不是无敌的。随着哥萨克人学会利用身处数支互相制衡的力量——波兰人、俄国人和奥斯曼人之间的优势，他们也终结了之前奥斯曼人采取的"帝国总体和谐"战略。

这支非正规的哥萨克海军标志着奥斯曼帝国和黑海之间关系的转变。直到 16 世纪中期，奥斯曼人还理所当然地控制着黑海和其海岸地区。附庸国有时会难以驾驭，而高加索地区的内地，甚至有时是海岸地区会脱离控制，但是奥斯曼帝国还是能够控制大局。他们控制着黑海的主要入口——第聂伯河河口和几处海峡。整个南部和西部海岸都是帝国的行省。北部则由同盟的穆斯林国家和一片难以穿越的草原保护。奥斯曼人对于黑海的战略主要是防御性的[36]。帝国政策的要点在于关闭入口，建立强大的海岸要塞和离齐普恰克草原越远越好。尽管奥斯曼帝国致力于扩展苏丹的疆域和穆斯林的居留地——他们用这些来解释其在 14 世纪和 15 世纪的成功——扩张的理念在北部并不适用。理由非常简单：在黑海，奥斯曼帝国已经处于一个非常优渥的位置。

　　随着哥萨克人的到来，一切都开始改变。黑海和北方草原成为不安定的源头。奥斯曼帝国要比以前付出多得多的资源来保证这里的和平。黑海不再是一个内陆海，一片由帝国控制的土地包围的水域。现在它成为了边境地区。到 17 世纪末，北方实力日渐增长的国家，例如俄国，开始从这种改变中得益。

## 注释

1　"Kara Deniz,"*Encyclopedia of Islam*，Vol.4，pp.575－577.

2　Halil İnalcık，"The Question of the Closing of the Black Sea Under the Ottomans,"*Archeion Pontou*，Vol.35.（1979）：108.

3　引自 Elizabeth Zachariadou，"The Ottoman World,"in Christopher Allmand（ed.）*The New Cambridge Medieval History of Europe*，Vol.7（Cambridge：Cambridge University Press，1998），p.829。

4　"Istanbul,"*Encyclopedia of Islam*，Vol.4，p.244.

5　"Kipchak"指草原的游牧居民。他们的语言是独特的突厥语言的一支齐普恰克分支。突厥则属于乌古斯这一支。

6　Victor Ostapchuk，"The Human Landscape of the Ottoman Black Sea in the Face of the Cossack Naval Raids,"*Oriente Moderno*，Vol.20，No.1（2001）：28－29.

7　引自 Ostapchuk，"The Human Landscape,"p.33。

8　Halil İnalcık，with Donald Quataert（eds.）*An Economic and Social History of the Ottoman Empire*，Vol.1（Cambridge：Cambridge University Press，1997），p.271. 也可见 Gilles Veinstein，"From the Italians to the Ottomans：The Case pf the Northern Black Sea Coast in the Sixteenth Century,"*Mediterranean Historical Review*，Vol.1，No.2（December 1986）：221－237。

9　东正教基督徒在大部分北部海岸的小城市占大部分人口。Veinstein，"From

the Italians to the Ottomans," p.224。

10　Halil İnalcık, *Sources and Studies on the Ottoman Black Sea. Vol. 1: The Customs Register of Caffa*, 1487‑1490 (Cambridge, MA: Ukrainian Research Institute, Harvard University Press, 1996).

11　Veinstein, "From the Italians to the Ottomans," p.223.

12　我很感激费力西亚·露西 (Felicia Roşu) 在这一部分的写作和研究上给我的帮助。黑海的奴隶数量可能比地中海的其他中心更少。可见 David C. Braund and Gocha R. Tserskhladze, "The Export of Slaves from Colchis," *Classical Quarterly*, Vol.39, No.1 (1989): 114‑125。在奥斯曼帝国控制之下的经典论文可见 Alan Fisher, "Muscovy and the Black Sea Slave Trade," *Canadian-American Slavic Studies*, Vol.6 (1972): 575‑594。

13　M. I.Finley, "The Black Sea and Danubian Regions and the Slave Trade in Antiquity," *Klio*, No.40 (1962): 53.

14　Pero Tafur, *Travels and Adventures, 1435 ‑ 1439*, trans. Malcolm Letts (New York: Harper and Brothers, 1926), p.133.

15　İnalcık and Quataert, *An Economic and Social History*, Vol.1, p.283.

16　İnalcık and Quataert, *An Economic and Social History*, Vol.1, p.285 考达科夫斯基估计仅仅在 17 世纪上半叶莫斯科公国域内就有 15 万－20 万人在鞑靼劫掠中被捕捉。Michael Khodarkovsky, *Russia's Steppe Frontier: The Making of a Colonial Empire*, 1500‑1800 (Bloomington: Indiana University Press, 2002), p.22。

17　Halil İnalcık, "Servile Labor in the Ottoman Empire," in Abraham Ascher, Tibor Halasi-Kun, and Bela K. Kiraly (eds.) *The Mutual Effects of the Islamic and Judeo-Christian Worlds: The East European Pattern* (New York: Brooklyn College Press, 1979), p.34.

18　Nicolae Iorga, *Studii istorice asupra Chiliei şi Cetăţii Albe* (Bucharest: Institutul de Arte Grafice Carol Göbl, 1899), p.161.

19　国家所有的奴隶的补充来源是 *devşirme*，即强征儿童税体系。儿童被带往伊斯坦布尔，皈依伊斯兰教，然后被充入奥斯曼国家机构和军队。这一系统从 14 世纪到 17 世纪一直在运行，其重要对象是南巴尔干的斯拉夫东正教人口。

20 Evliya Çelebi, *Narrative of Travels in Europe, Asia, and Africa, in the Seventeenth Century*, trans. Joseph von Hammer, Vol. 2 (London: Oriental Translation Fund of Great Britain and Ireland, 1834), p.58.

21 Marie Guthrie, *A Tour, Performed in the Years 1795－1796, Through the Taurida, or Crimea, the Ancient Kingdom of Bosporus, the Once-Powerful Republic of Tauric Cherson, and All the Other Countries on the North Shore of the Euxine, Ceded to Russia by the Peace of Kanardgi and Jassy* (London: T. Cadell, Jr., and W. Davies, 1802), p.154.

22 August von Haxthausen, *Transcaucasia: Sketches of the Nations and Races Between the Black Sea and the Caspian* (London: Chapman and Hall, 1854), p.8.

23 İnalcık and Quataert, *An Economic and Social History*, Vol.1, p.284.

24 可见 Şerban Papacostea, "La pénétration du commerce genois en Europe Centrale: Maurocastrum (Moncastro) et la route moldave," *Il Mar Nero*, Vol. 3 (1997－1998): 149－158。

25 引自 Ostapchuk, "The Human Landscape," p.28。

26 Palmira Brummett, *Ottoman Sea Power and Levantine Diplomacy in the Age of Discovery* (Albany: State University of New York Press, 1994), pp. 95－98.

27 Nikolai Ovcharov, *Ships and Shipping in the Black Sea: XIV － XIX Centuries*, trans. Elena Vatashka (Sofia: St. Kliment Ohridski University Press, 1993), pp.19－23.

28 对我的论述所依据的这些绘图的主要研究可见 Ovcharov, *Ships and Shipping in the Black Sea*。

29 Ostapchuk, "The Human Landscape," p.39.

30 Ahmed Hasanbegzade, *Tarih-i al-i 'Osman*, 引自 Ostapchuk, "The Human

Landscape," p.46.

31 Evliya Çelebi, *Narrative of Travels*, Vol.2. p.39.

32 Ostapchun, "The Human Landscape," pp.41 – 43.

33 Guilliaume Le Vasseur, sieur de Beauplan, A *Description of Ukraine*, tran. Andrew B. Pernal and Dennis F. Essar (Cambridge, MA: Harvard Ukrainian Research Institute, 1993), pp.67 – 68.

34 Evliya Çelebi, *Narrative of Travels*, Bol.2, pp.58 – 64.

35 Beauplan, *Description of Ukraine*, p.69.

36 Ostapchuk, "The Human Landscape," p.35.

国君想要的是一个小王国。在其中他能够亲自主持正义，能够用自己的眼睛监察政府的每一个部门。但是他永远不能够固定他国土的边界，并且一直不断地增加他的属民。

——塞缪尔·约翰逊，1759 年

她希望有一天能够一下子形成一批中产阶级，接受国外的商贸，引进制造业，建立信用体系，促进纸币的使用，提高汇率，降低贷款的利息，建造城市，创办大学，殖民荒地，用许多军队保护黑海，消灭鞑靼人，入侵波斯，继续她对于突厥人的血腥征服，制衡波兰，把自己的影响拓展到整个欧洲。

——路易斯-菲利普，西格伯爵，
法国驻俄大使对于叶卡捷琳娜女皇的评论，1787 年

船只在山谷的基部、绿色的盆地抛锚……一连串的港口和港湾，由海岬和海湾的变化构成。许多部分，例如胡德森高地都令人惊叹。海豚在波涛中跳跃，大群的鸽子像军队一样飞过我们的头顶。难怪沙皇总是贪求苏丹的首都，难怪居住在寒冷松林里的俄国人羡慕这里的桃金娘。

——赫尔曼·麦尔维利，
在去博斯普鲁斯海峡的蒸汽船上，1856 年

# 第五章　俄国的黑海：1700－1860 年

　　狄德罗的百科全书（*Encycloédie*）是启蒙时代人类知识的大集成。其中关于黑海有一个简短的词条。"Pont-Euxin"被描述为"在小鞑靼利亚和北面的切尔克西亚，东面的格鲁吉亚，南面的安纳托利亚和西面的土耳其的欧洲部分之间"。词条的作者特意加上了解释："*Pont*"不是像脑袋空空的法国宫廷成员所想的"桥"，而是"一片亚洲的海"[1]。

　　那是 18 世纪 50 年代的事。在接下来的 100 年中，狄德罗的地理观念变得过时。在 18 世纪的下半叶，俄罗斯帝国扩张到了克里米亚温暖的港口，击退了奥斯曼帝国，推翻了其受保护人——鞑靼可汗。在西面和东面，这个帝国也开始影响巴尔干地区和高加索的君主们。一开始，俄罗斯人自称为东方基督教世界的保护者，之后则成为把受压迫的国家从突厥枷锁下释放的解放者。到 19 世纪中期，黑海已经不能被描述成"亚洲"的海。现在它被东欧的两股此消彼长的势力所分割，即俄罗斯和奥斯曼。这片水域是两大帝国野心碰撞的地方。事实上这时候的"*Pont*"更接近于法国宫廷成员所想的那座"桥"，而非狄德罗的"海"。

　　黑海向欧洲靠拢起始于海洋和草原之间战略关系的变化。对于奥斯曼人来说，保持黑海海域的和平和北方草原的野蛮是自君士坦丁堡陷落之后最重要的两个安全议题。只要大部分外国船只被阻挡在黑海之外，与海岸地区的附庸国保持稳定的关系，奥斯曼帝国就能够垄断黑海的财富；在欧亚草原上驰骋的游牧民和鞑靼劫掠队伍是对北方大国野心的天然牵制。对于俄国人来说，其重点与奥斯曼帝国正好相反。正像哥萨克人在海上的劫掠所显示的，奥斯曼帝国对于来自北部海岸的有计划的攻击毫无防备。但是要到达黑海，俄国人需要先在自己的南方边境上跨过自然环境恶劣的草原地区。此地居住的是成分不断改变的哥萨克人、农民和诺盖游牧民，当然，许多地区根本就没有人迹。就是在这片"荒野"上——俄国和波兰的作家都这么称呼，鞑靼人攻击基督教村落并且掠夺他们。这是盗贼和不法分子的土地，也是受够了为更北方的这个或那个地主卖命的自耕农能接受的避难所。

从"恐怖的"伊凡（1533－1584）到彼得大帝（1689－1725）治下的俄国国家政策的一个中心特点是，努力把草原变成一片确定而可控的地区。换句话说，就是把边疆转变为本国的边境。然而这个计划把俄国推到了与鞑靼可汗，进而与奥斯曼帝国冲突的最前线。在 18 世纪，俄国国家安全政策中的防御成分变得越来越少，最后发展出了扩张的理念。起先是在彼得大帝，后来在叶卡捷琳娜大帝（1762－1796）治下，俄国接受了帝国的思想。他们用启蒙时代的文明理性主义和收回被西欧占领的旧帝国的土地的欲望来包装它。控制草原的驱动力变成了征服海洋的前奏。之后在国力的顶峰时期，俄国把自己视为罗马帝国的继承者，因此他们要控制两大海峡，把俄国君主重新扶上一个重生的拜占庭的皇位。这个新的帝国要把文明的光芒带给黑夜中的南部，穿过黑海直到地中海，获取拜占庭留下的遗产。这个战略目标将一直指导着俄国外交政策的取向，直到俄罗斯帝国和奥斯曼帝国在第一次世界大战的骚动中双双终结。

帝国目标的碰撞组成了 18 和 19 世纪黑海周边发展的背景。黑海发展的节点是一系列战争中的数个条约。第一个是奥斯曼帝国同中欧列强的条约，第二个则是奥斯曼帝国和俄国之间的条约。在 1699 年和 1700 年，《卡尔洛维茨条约》和《伊斯坦布尔条约》标志着奥斯曼帝国的衰退。它向奥地利割让了它在中欧的领土，向波兰割让了黑海西北部地区，向俄国割让了中北部和东北部海岸。1739 年的《贝尔格莱德和约》让俄国控制了亚速这个重要堡垒，并且给予俄国在黑海的有限贸易权。1774 年，在《小卡伊纳尔贾和约》中，奥斯曼帝国最终同意给予俄国商船在黑海的自由航行权。这项妥协在之后的数十年中又扩展到了其他国家的商人身上。俄国不断扩展的影响在 1829年和 1839 年得到了法律认证。在《亚得里亚堡条约》和《温卡尔-伊斯凯莱西条约》（Treaty of Hünkâr İskelesi）中，奥斯曼承认俄国在黑海享有完全的航海权并保证他们可以自由出入海峡。苏丹还在北部海岸割让了更多的土地，承认俄国对瓦拉几亚和摩尔多瓦的保护权，并且在南高加索划定了清晰的边界。

在《温卡尔-伊斯凯莱西条约》中，苏丹同意应俄国的要求收回特定国家在达达尼尔海峡的通行权。这个决定让西欧列强对沙皇在近东的计划产生了怀疑。然而俄国的野心在克里米亚战争中遭受挫折。英国和法国在战争中帮助苏丹，强迫俄国签订条约，把黑海变成中立的国际区域，任何战舰不得入内。俄国逐步撕毁了这一和约，并在1877－1878 年发生的最后一次大规模俄土冲突中横扫巴尔干，威胁向君士坦丁堡进军，结果最后仅仅因为英法的强硬外交政策才得到扭转。曾经因为其军事力量居于地区强国之列的奥斯曼帝国，现在却大成问题，因为它在俄国入侵面前软弱无力。如何处理这个战略转变，是 19 世纪和 20 世纪早期欧洲负责近东事务的外交家和战略家反复琢磨的问题。

## 海洋与草原

关于这片不安全的草原在从"恐怖的"伊凡到彼得大帝的两个世纪间的俄国国家政策中的地位，不管怎么高估都不为过。如何对待草原地区是莫斯科大公国向近代俄罗斯帝国转变的中心事件。草原是两股不同势力和社会接触的地区：北部是城市化、军事官僚制的莫斯科公国，它建立在鞑靼蒙古可汗赋予它的包税人角色这笔遗产之上，但是渐渐意识到自己是基督教国家并想要继承拜占庭帝国的遗产。南部是一系列流动的游牧民和汗国。它们的社会基础是传统社会的血缘关系，生活方式以游牧为主，秉持着伊斯兰教的观念[2]。

　　两个系统冲突的真正原因不在于上述的任何特征，而在于暴力与财产间的复杂关系。对于莫斯科大公国来说，有组织的暴力是国家的专利。由贵族召集组成的、用于对抗像波兰和立陶宛这样的敌对国家的军队是为了保护大公的领土和其属民的财产。相对地，草原上的游牧民和他们的保护者克里米亚可汗，通过武装事业获得了可观的收入：他们劫掠北部的城市和乡村，强迫它们进贡，甚至用武力屈服潜在的贸易伙伴以获得更优渥的条件。在 17 世纪中，克里米亚可汗可以组织起一支最多包括 8 万名骑手的军队，即使是小规模的游牧民劫掠也至少会有 3 000 名带着马刀和弓箭的骑兵参与[3]。然而，军队的工作不是保护国家——毕竟那里并不存在现代意义上的国家——而是为士兵个人和他们的首领提供财富。如果是劫掠奴隶，劫掠则是为了获取与黑海对面声名显赫的大国奥斯曼帝国交易的商品。

　　莫斯科公国的安全问题对于经济和社会有着深远的影响。贸易受到了干扰。给可汗的贡品逐渐消耗着国库。劳动力的损失也非常显著。仅在 17 世纪上半叶就有 20 万名斯拉夫基督徒被捕捉为奴隶。即使这些奴隶被允许赎身——莫斯科公国通过征收特别税来付出赎金——赎金也进一步掏空了国库[4]。历史学家米盖尔·考达科夫斯基计算过沙皇在 17 世纪上半叶付给克里米亚可汗的贡品，赎金和贸易税的总数高达 600 万卢布。这笔款项足够建起 1 200 个左右的小型城镇[5]。如果莫斯科公国是通过同金帐汗国建立特殊关系而获得支配地位，那么他们也因蒙古人在克里米亚和草原上的后代付出了沉重的代价。俄国近代早期的城市化进程和经济的落后很大程度上就是由不断的劫掠而导致（尽管许多被捉住的人无疑在鞑靼人或是奥斯曼人那里也生活得不错）。

在整个 16 和 17 世纪中，沙皇先是减轻，然后消除了不稳定的边缘地区（也就是 *krai*，乌克兰之名 Ukraine 正是自此派生出来的）的负面效应。国家出资买回被捉的俘虏，在草原地区的北部边境修筑了好几条防御线——土木工程、伐倒的树木、壕沟。俄国在外交上对克里米亚的可汗做出友好姿态，以阻止自由掠夺者。在恐怖的伊凡治下，俄国政策变得更为强硬。伊凡获得了"全俄罗斯的沙皇"的头衔——而不仅仅是莫斯科大公——并且开始对抗金帐汗国的后继者。伏尔加河流域的喀山汗国在 1552 年毁灭，里海的阿斯特拉罕汗国在 1556 年毁灭，西伯利亚汗国在 1581 年毁灭。进贡行为最终结束。俄国殖民者前往这些新征服的土地。俄国也与哥萨克人建立了良好的关系，因为沙皇承认哥萨克人在不断扩展的边境地带的领导地位，以换取他们对边境的保护。

这个阶段的征服如果秉持着某种意识形态的话，那也不是一个帝国的心态。俄国没有抱着传播文明的心态。在对抗金帐汗国的剩余后继者时，俄国人也没有借用文明与野蛮对立的大义，甚至没有借用基督教和伊斯兰的对立情绪。向南与向东更为激进的推进首先只是为了解决基本的安全问题，同时则伴随着国内滋生的一种不断增强的意识：俄罗斯——而非可汗——是鞑靼蒙古人的真正后裔。

到 17 世纪中叶，草原依然难以驯服，但是它已经从不安全的边疆变得更像可控的边境。不断向南面推进的新防御线阻止了数次大规模的进攻；各个哥萨克聚落现在同俄国联盟，发起了对鞑靼人的劫掠。在 17 世纪中叶，俄罗斯和扎波罗热哥萨克人的联盟使他们能够向西面获取更多的土地。1654 年，在支持一次哥萨克起义并击败了波兰人之后，沙皇对乌克兰草原（包括基辅）提出了领土要求。在获得了东乌克兰之后，沙皇的影响延伸到早前金帐汗国的大部分领土，从里海的海岸到第聂伯河的草原。俄国依然没有和黑海接壤，但是它已经控制了两条北面的主要水道：顿河和第聂伯河。这就是在君士坦丁堡陷落之后黑海周边经历的最大变化：一支有组织的、国家支持的海军出现，这支海军能够挑战奥斯曼帝国的霸权。

### 亚速海上的舰队

当彼得大帝在 1689 年继承皇位时，他的疆域中只有白海上的阿尔汉格尔斯克这样一个出海口。而且这个出海口一年中的大部分时间都被冰封。波罗的海是瑞典的囊中物；黑海则属于奥斯曼帝国。然而在一个半世纪之内，俄国把领土扩张到了波罗的海边上，发展了一支暖水海军，能够通过直布罗陀进入地中海，在远至埃及的地域进行军事行动。从西面的敖德萨，克里米亚的塞瓦斯托波尔，到东面的新罗西斯克，它在整个黑海北岸都建造了港口和海军基地。总之，俄国成为一个欧洲的海上大国，开始从伊斯坦布尔的手中夺取黑海的完全控制权。

彼得认为俄国的崛起取决于能否得到黑海的出海口。这样能够大大削弱奥斯曼帝国和鞑靼可汗对于俄国南部新获得的领土的威胁。然而俄国在黑海上的最初努力结果不佳。彼得大帝希望能够在海岸上取得一个立足点的最初尝试，完全失败了。1695 年夺取奥斯曼亚速堡垒的战役以俄军和哥萨克军队四处逃散而告终。奥斯曼人和他们的盟友拥有能够用海军为守军提供支援和补给的战略优势。彼得大帝从中吸取的教训是，俄国在南方的事业必须要以能同奥斯曼帝国在海上抗衡作为基础。

　　亚速是一个关键的军事目标。这个堡垒控制了整个顿河下游，挡住了俄国前往亚速海和更广阔的黑海的通道。如果俄国军舰要通过河口，占领这个堡垒是第一步。在第一次攻击失败以后不久，彼得发起了建立一支由加利帆船和炮艇组成的海军的计划来支援一场新的战役。俄国人从荷兰运来了一只加利帆船的原型，按其建造船只。这些船只在莫斯科附近组装，然后通过陆路运到顿河上游的沃罗涅什。到1696 年夏，彼得已经建立了一支由 24 艘左右的战船和小型船只组成的舰队。在 5 月上旬，舰队连同一小群哥萨克船只一起，离开沃罗涅什，沿顿河顺流而下，前往与奥斯曼人作战。瑞士人弗朗西斯·勒夫特是整支舰队的指挥官。而彼得大帝本人则在他手下负责指挥一个加利帆船分队[6]。

　　在俄国军队到来之前，哥萨克船只已经在骚扰试图为守军运输补给的奥斯曼船只。6 月末，整支俄国舰队和军队在亚速城堡附近就位。哥萨克人依然在海上不断地骚扰，就这样挫败了奥斯曼舰船突围出河口的尝试。陆上的军队进行围攻，在一个月内奥斯曼守卫者就投降了。之前亚速城堡已经陷落过——1637 年时被哥萨克人独力攻陷。但是这次征服与上次不同。当年哥萨克人攻陷城堡后，他们把它献给米海尔·罗曼诺夫沙皇，但是沙皇拒绝了。他害怕这会引起与奥斯曼帝国的全面战争，而这场战争一定会以俄国的失败告终。但如今米海尔的孙子却亲自花了大力气建立海军，从而攻下了这座城堡。

　　亚速战役的成功更促进了俄国建造船只的努力。在 1698 年同奥斯曼帝国停战之后，俄国人能够在开阔的水域亚速海上部署他们的船只。沃罗涅什和其他顿河河口附近的造船厂用惊人的速度制造船只。大部分在彼得大帝作战时服役的旧加利帆船，被最多装载了 58 门火炮的风帆帆船替代。在 1699 年，新成立的俄国舰队由 10 艘战船和 2 艘加利帆船组成。到 1702 年，另外 15 艘炮舰也开始服役。在 1695

年和 1711 年之间，总共有 58 艘战船在顿河和其支流下水[7]。一项野心勃勃的工程也在英国工程师的指导下开始[8]。俄国人准备在伏尔加河和顿河之间开挖一条运河——这样就能把曾经被奥斯曼帝国完全控制的黑海和里海连接在一起。彼得大帝现在开始把他于 17 世纪 90 年代出使西欧时在造船中心获得的技能投入实践。

在 18 世纪的头 20 年中，彼得大帝的注意力常常被转移到其他的方向上。在同瑞典进行的拉锯战中，战场非常危险地靠近圣彼得堡。为了壮大俄国在波罗的海的海军，他投入了大量资源。之后这支海军成为了俄国海上力量的中坚。建造一支南部海军的计划很快就半途而废。俄国的船只没有能够走出浅浅的亚速海。通往黑海的道路被奥斯曼帝国在刻赤海峡的堡垒封死了。

攻陷亚速是一场令人振奋的胜利，但是彼得大帝在其他地方复制这场胜利的努力遭到了毁灭性的失败。1710 年，彼得同迪米试里·坎特米尔——摩尔多瓦的大公，一个奥斯曼帝国的附庸——结成联盟，并发起了一场针对苏丹的战争。这场战争的胜利将会意味着摩尔多瓦公国的独立，而与其联盟的俄国则可以自由出入多瑙河。但是这场战争是次短命的冒险。俄国和摩尔多瓦联军很快就被奥斯曼军队彻底消灭。1711 年签订的《普鲁特和约》对这两个盟友都有深远的影响。摩尔多瓦君主长久以来对于内部事务的自治权被终结了，伊斯坦布尔将会直接指派总督（一个称为"潘纳莱特"系统的类似安排，于 1716 年在瓦拉几亚设立）。对于俄国来说，被打败的代价是失去所有黑海沿海领土，并自毁亚速海舰队。有些战舰被交到了奥斯曼人手中，其余的被毁。亚速堡垒被交还苏丹。俄国在南部海域的海上力量一下回到了 15 年前的状态。

然而，彼得大帝在顿河和亚速海进行的早期实验并不是无用功。亚速舰队表明，只要陆海军配搭紧密合，集中攻打奥斯曼帝国在北部海

岸的重要堡垒，他们就可以打败奥斯曼人。事实上，1710－1711 年
战役灾难性的结果，部分是因为彼得大帝和坎特米尔试图在空旷的平
原上同奥斯曼帝国交战，而非像在亚速时那样对一个关键堡垒进行海
陆的联合攻击。奥斯曼帝国在海上的软弱无力从 17 世纪的哥萨克劫
掠中就非常清楚地显示出来。但是亚速舰队的建成证明俄国也可以做
到哥萨克劫掠者之前对奥斯曼帝国造成的损害。这也说服了任何还抱
有怀疑的俄国贵族和总督：欧洲航海科技，甚至是欧洲的军官和水
手，对于俄国军队的近代化至关重要。

　　彼得大帝的后继者进行了一系列频繁的拉锯战，攻城略地。俄国
向奥斯曼和克里米亚鞑靼人在 1736 年发起了新的攻击，并且再一次
控制了亚速堡垒和第聂伯河河口的奥恰科夫堡垒。然而在结束战争的
和平条约中，俄国被迫从征服的土地上撤退。尽管他们还能保留亚速
堡垒，但是必须撤下防御工事，并不得在黑海中配置战船。

　　彼得大帝早前对于南部的事业直到叶卡捷琳娜大帝时，方才完
成。叶卡捷琳娜大帝的政策与其前任的巨大不同在于，俄国的行动由
明确的帝国意识形态驱动。在 17 世纪末 18 世纪初，就算还不是彻底
消除，"荒野"所造成的安全问题也已大大削减，第聂伯河以东的乌
克兰地区已经被整合入俄国——如今已初具帝国雏形——彼得大帝的
后继者还添上了克里米亚北部的一小片草原，把领土几乎延伸到了德
涅斯特河边。鞑靼劫掠行为已经消失，哥萨克人虽然并不总是边疆上
的盟友，但是其帮助非常大。对于叶卡捷琳娜大帝和她的幕僚们，尤
其是足智多谋且富有传奇色彩的波将金来说，俄国现代化的目标不仅
是驯服草原，而且要一劳永逸地解决奥斯曼人的威胁，最终在君士坦
丁堡恢复基督徒的统治。

　　这个计划的第一步就是要控制黑海。1768 年，叶卡捷琳娜大帝
发动了统治期间针对奥斯曼帝国的两场战争中的第一场。俄国陆军从

西北海岸包抄，攻占瓦拉几亚和摩尔多瓦；另一支部队则向南进攻克里米亚，很快就击败了克里米亚可汗的军队。作为整场战争中最壮观的战略行动，叶卡捷琳娜大帝派出了波罗的海舰队。这支从彼得大帝起就是俄国海上力量的明珠的舰队绕过欧洲进入地中海，在 1770 年的一次突袭中把奥斯曼舰队大部分击沉于爱琴海。

　　1774 年 7 月签订的《小卡伊纳尔贾条约》结束了这场战争。俄国得到了黑海周边的数个重要堡垒，包括亚速海周边的亚速和塔甘罗格（俄国现在可以有效地控制这方海域了），刻赤海峡上的刻赤和耶尼喀乐（这样就打开了一条通往黑海的安全航线）和第聂伯河河口的金布恩（这个堡垒防卫着从第聂伯河河口到更广阔的大海之间的道路）。在和平时期，俄国船只能够从顿河和第聂伯河这两条北方最重要的水道顺流而下。俄国商船被给予"自由且不受干扰"地在黑海直到通往地中海的海峡处航行的权力（图8）。俄国现在在北部海岸保

图 8　海因里希·布什赫尔茨：《1768－1774 年俄国舰队在俄土战争中战胜土耳其人的寓言》（1777）。彼得大帝看着叶卡捷琳娜大帝完成他的战略布局：获得通往黑海和地中海的自由入海口。1774 年的胜利使俄罗斯的商船能够自由进出黑海，并为俄罗斯南部迅速的经济发展铺平了道路。

有了稳固的立足点。而苏丹的实际影响则被削减，只能控制少数的几个堡垒，他现在只有一个穆斯林鞑靼人的宗教领袖——也就是哈里发的空衔。

## 向南挺进的克娄巴特拉

叶卡捷琳娜对苏丹取得的第一次重大军事胜利及在《小卡伊纳尔贾条约》中取得的外交胜利，使俄国的利益迅速在新获得的土地上扩张。札波罗热哥萨克人先前被看作沙皇在南方的盟友，现在则被置于帝国统治之下。作为俄国控制整条河流的措施之一，哥萨克人在第聂伯河的一座小岛上的大本营于 1775 年被捣毁。克里米亚一直依附于奥斯曼帝国，现在则在条约中被规定独立，但是其常态是处于俄国的影响之下。在 1783 年，叶卡捷琳娜只是简单地发表了一个宣言就吞并了这个地区。可汗和其人民现在成为了俄国的属民，其理由是鞑靼人在行政上的力不从心（尽管在 10 年之前，可汗从来没有要求过独立）结果俄国领土向黑海进一步扩展，并且削弱了奥斯曼在北部海岸剩下的影响。在几年之后，黑海这个边疆地区已成为一个正在扩张的欧洲帝国的一部分，这个事实变得非常清晰。

叶卡捷琳娜希望能够调查她新获得的土地的边界。在 1787 年上半年她从圣彼得堡出发到克里米亚。这次游行可以说是开明君主专制时期最盛大的君权展示。路易-菲利普（西格伯爵）是驻俄国宫廷的法国大使，他在女皇的旅程中一路随行，并在自己的回忆录中留下了著名的描述[9]。

西格伯爵认识当时所有的著名人物。当他在新大陆军中服役时，他认识了华盛顿、科什乌兹科和拉法耶特（他的侄子）；他和腓特烈大帝及约瑟夫二世有通信；他进入过路易十五和十六的宫廷。但是这次和他所称的"北方的克娄巴特拉"在一起的旅行却带给他与以往的见闻截然不同的体验。"宫廷旅行和普通的旅行大不相同",西格伯爵写道,"一个人单独旅行,他能看见真正未经雕琢的人情、国情、风俗、机构;但是陪伴君主的话,旅行者发现所有的事情都已经准备好,乔装打扮好并准备展示;在这种情况下,一个人从别人的言行中发现的只有政治家的声明。"[10]

1787年从圣彼得堡出发的队伍是一座移动的宫廷。叶卡捷琳娜女皇,她的客人和他们的行李需要14辆马车和将近200架雪橇。在路上的每一站,都需要调换几百匹的新马。因为天气非常寒冷,每个人都裹在熊皮毯子和皮毛大衣里,头戴黑貂皮的帽子。叶卡捷琳娜的习惯是早上6点早起,会见大臣,吃早饭,在9点启程进行整整一天的旅行,并留出足够的时间接见集合在城门口看热闹的她的属民。

就西格伯爵的观察,这整场展示不仅是为了庆祝对野蛮的突厥人的胜利,而且是要让叶卡捷琳娜的新属民和外国客人信服,俄国已经不能算作是世界上的野蛮国家。"她知道那时有许多人,尤其是在法国的巴黎,依然把俄国看作一个亚洲国家:贫穷,充满愚昧、黑暗和野蛮性;他们混淆了新兴的、欧洲的俄国和早前亚洲的、野蛮的莫斯科公国。"这场表演的动力就是说服这些人,女皇的"小家庭"——她这么称呼她的帝国——正走在进步的康庄大道上。而黑海的一部分现在也位于她得到了启蒙的领地之中[11]。

叶卡捷琳娜的路线是从第聂伯河顺流而下到基辅,从那里再前往克里米亚。在每一站都有一座令人惊叹的宫殿等待着女皇和她的首席大臣兼情夫波将金亲王。她在那里可以为那些加入她巡游的外国要人(其中有波兰国王和奥地利的约瑟夫二世)提供娱乐。树木被连根拔起,重新以令人赏心悦目的方式排列。村庄被精心打扮,农民们被迫在看到他们的君主时就显示出非常高兴的样子。一支包括7艘巨大的加利帆船、有 3 000 名左右的船员、桨手和卫兵的舰队，在第聂伯河上载着这支队伍巡航。甲板上还有演奏人员进行音乐表演[12]。

西格伯爵写道："这就像一个魔法剧场，古代和现代似乎纠缠在一起。文明与野蛮携手并行。之间的对照由众人的各种不同的礼仪、形象和服装渲染得更加鲜明。"[13] 队伍中有国王、商人、盛装的军官、骑马的哥萨克长枪手、向新的君主鞠躬的鞑靼贵族、向基督教女皇进贡的格鲁吉亚国王和草原游牧民的使节。除了游行、阅兵和宫廷娱乐，波将金安排的各种消遣都令人印象非常深刻。在某个地方，第聂伯河边的一座山丘凿出了一条长长的沟渠，其中填满了可燃的材料。在晚上，许多烟火在峰顶被点燃。火焰随着沟渠蔓延到山丘的底部。这座人造的火山让集结的各国显贵惊叹不已[14]。

对南部土地的巡查于克里米亚终结。叶卡捷琳娜女皇对巴赫支沙莱的可汗旧日的宫殿进行了一次简短的拜访，并对其翻新工程做了一番计划（正是因为叶卡捷琳娜与通常的做法不一样，决定保留被征服的土地上的宫殿而不是拆毁它们，所以现在这些宫殿还能够以旅游景点的身份展现在世人面前）。在巡游中，队伍中的有些要人在宫殿周围复杂而狭窄的街道上迷了路。鞑靼居民和店员以既困惑又惊奇的眼光看着他们。之后是前往新建成的塞瓦斯托波尔的海军基地。在那里叶卡捷琳娜接受了集结在港湾中的一支小型舰队的致意。奥斯曼帝国的船只在海岸不远处抛锚监视着他们。到仲夏时节，女皇厌倦了旅行，下令返回圣彼得堡。7月她回到首都时，受到了热烈的欢迎。

西格伯爵最终回到了法国，卷入喧嚣的法国大革命之中。他之后回忆，巴黎街道上的野蛮和叶卡捷琳娜女皇向南部巡游的优雅形成鲜明的对比。俄国现在正处于从落后到文明的转型期，而启蒙思想和文化的中心似乎正朝反方向运动：

从魔法的圈子中离开之后，我再也看不到在那场胜利而又浪漫的旅程中所看到的令人吃惊的事物：舰队凭空出现，从亚洲远方到来的哥萨克和鞑靼人的部队，有照明的道路，着火的山丘，美丽的宫殿，在夜晚升起的花园，野蛮人的山洞，狄安娜的圣庙，欢乐的后宫，四处流浪的部落，穿过沙漠的单峰和双峰骆驼，瓦拉几亚的大公（Hospodar）和高加索被废的君主，以及被捕杀的格鲁吉亚人向着北方的女皇表示效忠并献上他们的祈祷。[15]

黑海海岸浪漫的生活被历史的滚滚车轮碾碎。

西格伯爵对北部海岸发生的主要变化观察非常正确。但是新征服的草原地区的社会生活中一个最显著的发展，在叶卡捷琳娜女皇巡游的十多年前就已开始出现。大规模的草原游牧，这种自古代的斯基泰人以来就没有变化的生活方式，正被定居农业和国家支持的殖民所取代。这种变化以大规模人口迁移的形式出现。这种迁移远比 1787 年的女皇巡游更惨烈，但是同样宏伟。

## 卡尔穆克人的逃亡

在随同叶卡捷琳娜女皇巡游的一个夜晚，西格伯爵同奥地利皇帝约瑟夫二世在月下的草原上散步。看着骆驼和牧羊人在地平线处慵懒地飘过，伯爵对皇帝说："这在我看来好像是《一千零一夜》中的景象。我正和哈里发哈伦·拉希德一起散步。"

不久，一个奇怪的景象把他们从幻梦中惊醒。皇帝揉着眼睛，试图看得更清楚些。"说实话，我不知道我是清醒着的，还是被你那《一千零一夜》的幻象虏获了，"他说，"但是看那里。"西格伯爵向皇帝指着的地方看去，发现一个大帐篷在草原上滑过，明显没有外力驱动。当他们前去调查的时候，突然冒出了 30 个人。他们在帐篷里拿着木头板，把它移动到一个新的位置。每个人都大笑起来。

这些人就是西格伯爵口中的"野蛮的卡尔穆克人"，"他们明显带有匈奴人的印记。他们的丑陋和他们凶猛的君主阿提拉的宝剑一样，在昔时让整个欧洲倍感恐怖。"[16]但西格伯爵不可能知道，这些人是他们一族中最后的一群。这个族群曾经在黑海东北地区占支配地位，他们的领土一直延伸到里海。但是在西格伯爵遇到他们的 20 年前，大部分人都随着最后一波大规模穿越欧亚大草原的游牧民族迁移运动离开了。

卡尔穆克人（Kalmouck）——或是按照现代拼法卡尔梅克人（Kalmyk），是游牧的蒙古人种，信奉藏传佛教。他们在 17 世纪中叶从中国西部迁徙到此[17]。他们规模庞大的，由马、绵羊和牛组成的传统牧场受到了穆斯林人口的威胁。就像之前从斯基泰人到中世纪的蒙古人这样的许多移民一样，他们大规模地迁至西方，并在伏尔加河和顿河流域安顿下来。这场寻找新牧场的旅行涉及 25 万多人。

在 17 世纪，他们的道路上没有什么阻碍。大部分黑海草原，尤其是东面，没有强有力的中央控制。俄国在此地的势力有限，仅限于与地方的突厥首领和哥萨克人订立联盟。卡尔梅克人的到来造成了很大的影响。由于赶走了俄国的地方游牧民盟友，卡尔梅克人使俄国西至克里米亚的南部边境变得易受劫掠行为的骚扰。在 1636 年到 1637 年的冬天，另一群突厥游牧民诺盖人，在听到卡尔梅克人即将要发动攻击的消息后，跨过顿河到克里米亚寻求避难。诺盖人向西方的迁移可能为哥萨克人在 1637 年向亚速堡垒发动的进攻打开了道路。

就像过去一样，沙皇同他新的南部邻居保持和平。在 1654 年吞并了东乌克兰之后，俄国需要强有力的盟友对抗克里米亚鞑靼人、西边的波兰人和更远些的奥斯曼人的威胁。于是卡尔梅克人同俄国人签订了书面协议：卡尔梅克人对俄国沙皇宣誓效忠，沙皇向卡尔梅克贵族支付酬劳并保护他们对抗当地的劫掠者。俄国人想用承认并给予许多卡尔梅克部落首领中的某个特别权力的办法，来使卡尔梅克人成为忠诚的属民。这样将在历来权力分散的游牧社会中建立一个中央集权的卡尔梅克政权。然而事情没有那么顺利。卡尔梅克人常常两面讨好，他们既效忠于俄国人又同克里米亚鞑靼人交易马匹。当莫斯科抗议他们的行为时，卡尔梅克人就宣称联盟的双方拥有平等的主权，而非附庸与宗主国的关系。

在接下来的一个世纪中，他们之间的关系有了显著的改变。随着俄国国力的增长，草原对于莫斯科公国来说已经不是那样危险的所在，也不需要继续部署机动的边境守卫。彼得大帝对于亚速的控制和俄国军事科技的进步，尤其是重型火炮的使用，大大削减了南面的奥斯曼帝国和小规模劫掠队伍的威胁。边疆地区的和平状态吸引了殖民者，政府也鼓励他们在顿河-伏尔加河地区安家落户。沿着这两条河，说斯拉夫语的东正教商人和贸易者蜂拥而至，希望能够利用新的机会。葡萄园、丝绸厂和盐矿等国家垄断的产业吸引了工人和他们的家庭[18]。农民翻耕草原的土地，把卡尔梅克人牧群的牧场变成了干草地。

就像在美国西部发生的那样，移民和游牧民的关系开始变得紧张。卡尔梅克劫掠队伍延续着从地区对手那里偷抢的传统，现在开始把目标转移到新到来的俄国居民身上，而移民则把这种行为视为简单的偷盗。有些在俄国影响下长大的卡尔梅克人放弃了游牧生活，在日渐繁荣的边疆城镇中定居。他们成了渔民，处于社会的底层。即使是这样，一个后来的旅行者还是评论说"他们无法控制的流浪者的习性"，不适宜于农业定居的生活[19]。骑手可以"在城镇的街道上奔驰，或者是在公共场所休息……就像所有的游牧部落一样，他们习惯于一种无法控制而漂泊不定的生活。除了极端的贫穷之外，没有什么能够强迫他们进行耕作并定居下来。"[20]

俄国人同卡尔梅克人之间的关系曾经是互惠互利的。俄国提供给卡尔梅克领袖某种程度上的军事保护甚至是金钱作为礼物；相对地，卡尔梅克人提供一支机动的军队保护南部边疆并为俄国骑兵提供稳定的马匹来源。到 18 世纪晚期，所有的这些都改变了。牧场很快在犁头下消失。抱有敌意的移民看不起游牧的传统。俄国政府的代表鼓励卡尔梅克各部落间两败俱伤的冲突，削减了卡尔梅克人口，并毁坏部落的组织。由国家支持的东正教教会和在俄国南部的德国新教殖民地派出的传教士致力于使卡尔梅克人皈依，甚至正如之后的一个传教士认为的，也许是要"把他们变成俄国人或是德国人"。[21]牧场的减少和牧群规模的缩小使卡尔梅克人越来越难维持游牧的生活。

卡尔梅克人不满于文明的果实，他们之中一直有回归中国西部的呼声。那里有广阔无际的草原，清澈见底的河流，而且没有定居者。然而一旦他们提起这件事，就有俄国的礼物和花言巧语，还有东方游牧部落的威胁阻止他们。然而，在 1770 年末，卡尔梅克的领袖渥巴锡汗召集民众宣布了一个令人欣喜的决定：所有卡尔梅克人收起他们的帐篷，把他们的牧群赶向东方，回到祖先的土地。

之后就是史诗般规模的旅程。1771 年 1 月，叶卡捷琳娜女皇向克里米亚胜利巡游的整整 16 年之前，总共有 30 万人带着数以万计的帐篷，驱赶着 1 000 万头羊、牛、马和骆驼，踏上了前往中国的长达3 000 公里的旅程[22]。这个景象一定十分壮观。大喇嘛和其他宗教领袖领头，之后跟着大汗和他的随从。女人和男人都穿着自己最好的衣服并用红色的缎带和银铃装饰他们的马匹，以显示自己的财富。负重的骆驼上铺着颜色明亮的毯子，带着折叠起的帐篷和其他生活用品。小孩紧抓着这堆摇摇晃晃的东西的顶部。穷苦的家庭则把他们的货物放在木头小车或是牛身上。规模巨大、喧嚣的牧群在队伍的后尾，由骑马的人驱赶向前。在人群的边缘，年轻人和狗一起打猎；或是故意落后，然后猛冲赶上大队人马。整个队伍在每个方向都有数公里之长，由又长又窄的骆驼队连在一起[23]。英国作家托马斯·德·昆西以他们的迁徙作为原型写出了关于这场旅程的幻想故事。他将其视为宏伟而又原始的事件："如此巨大数量的意志被一个如此遥远、盲目却又毫无错误的目标吸引。这让我想起了那些驱动蝗虫、燕子和旅鼠进行消耗生命的旅行的本能。"[24]（德·昆西的偏见同希腊人对于斯基泰人和俄国人对于他们游牧的邻居的偏见没有什么不同。）

1月中旬，这场大规模迁徙的消息抵达了圣彼得堡。叶卡捷琳娜女皇担心她的属民会投靠一个外国势力，于是命令她的总督阻止他们。一队哥萨克人和龙骑兵为了这个任务而集合起来。然而，当他们在早春出发追捕时，卡尔梅克人已经走得太远，无法赶上。而后勤补给很差的俄国军队在速度上同拥有自己能够移动的食物补给——牧群的卡尔梅克人无法相比。卡尔梅克人并不担心俄国人，但是在沿途他们不断地被敌对游牧民族的劫掠队伍袭击，尤其是哈萨克人。因为哈萨克人认为这是报复卡尔梅克人劫掠他们牧群和帐篷的绝佳机会（可能有1 000多名哈萨克俘虏同卡尔梅克人一起旅行，这是他们在一年之前捕获的人质[25]）。

在中国边境上发生的最后一场战斗中，渥巴锡汗领导卡尔梅克人在对抗哈萨克人夜袭的战斗中取胜。他们打开了通往中国的大门并回到了过去的牧场。叶卡捷琳娜女皇向中国当权者提出强烈抗议，要求交还卡尔梅克人。但是清朝皇帝拒绝了，声称卡尔梅克人是在自己的自由意志之下来到他的国度[26]。他很快就把卡尔梅克人组织成边疆守卫。在中国，这些游牧民充当他们之前在沙皇的国土上同样的角色。

然而比起出发时，到达清王朝国土的卡尔梅克人的数量已大大减少。2/3 的人口都死于 8 个月的旅途中[27]。

但并不是所有的卡尔梅克人都离开了。在 18 世纪 90 年代，俄国自然学家彼得·西蒙·帕拉斯报告说也许有 8 229 顶帐篷、5 万人留在了伏尔加西岸。现在这片土地是俄罗斯境内的卡尔梅克共和国[28]。在西至德涅斯特河处也还有一些卡尔梅克人。这些卡尔穆克人——或者是真正的卡尔梅克人，或是搞错了名字的诺盖人，就是那些碰到了西格伯爵和约瑟夫二世的游牧民。之后的旅行者将会继续看到这些留在草原上的游牧民。这些四处漂泊的荒野中的居民很快或多或少地开始定居。西格伯爵甚至获得了一个特殊的纪念品：一个叫作纳衮的卡尔梅克男孩——"（我）所见的最原汁原味的中国小孩"。这算是波将金送他的礼物。他教这个男孩读书并让他当了一阵子保镖。当然，要返回法国时，他就像送走一只不需要的宠物一样将他送走了[29]。纳衮其实比西格伯爵想象的更为珍贵。当伯爵作为叶卡捷琳娜女皇的随行人员之一来到黑海草原时，草原民族的漫长时代早已过去。

## 赫尔松的时代

草原民族的逐渐定居，新城镇的出现和俄罗斯作为黑海新势力的崛起都是欧洲商人在北部新建立的海港建立贸易纽带的催化剂。尽管欧洲船只名义上依旧被禁止进入黑海，但是它们能够挂俄国国旗规避奥斯曼帝国的限制措施。这种措施不仅对商人有益，俄国也从中获利良多：挂俄国旗帜航行的船员和船只在战争时期能够派上很大用处，因为当时俄国的海军既缺乏人才又缺乏后备力量[30]。从 18 世纪晚期开始，黑海开始重新被整合入大欧洲商业网络，对于某些货物来说，甚至是全球规模的贸易网络。这种情况自从 15 世纪意大利的商业殖民地解体之后就再也没有出现过。

在波将金的指导下，俄国人开始在第聂伯河畔的赫尔松改进其港口设施。这个新城将会成为俄国海军部的大本营和主要的经济中心。俄国人设立仓库，全欧洲的商人都被邀来分享他们新征服的正缓慢转变为耕地的草原的财富。1780 年，第一艘从赫尔松到土伦的俄国船只起航，满载着腌牛肉，开拓了在这一地区建立商业的可能[31]。然而在早期，贸易是一项危险的事业，不仅因为俄国与奥斯曼帝国之间持续紧张的关系，还因为在如此靠近世界边缘的地方工作和生活令人恐惧。俄国正式吞并克里米亚和叶卡捷琳娜女皇声势浩大的南巡使得俄国与苏丹的第二次战争看上去不可避免，而在这里进行商业活动所需要的行为：在一片不适宜航行的海面上集结船只和船员、运输货物；同海峡处反复无常的奥斯曼官员谈判都令人望而却步。

有一个人敢于冒这些风险，他就是安托万·伊格纳茨·安东尼·德圣约瑟夫。他是第一个与俄国诸港口建立固定商贸联系的商人，并从中获取了大量的财富和显赫的声名。他的目标是把这些港口同法国控制下的地中海的一部分联系起来，从而创造一个经济联系系统，让法国成为沙皇同世界上其他部分进行贸易的唯一中间人。

18 世纪 80 年代早期，安东尼由法国政府和俄国在伊斯坦布尔的大臣派遣，进行一项法俄之间贸易可行性的研究。同时如果可能的话，组织一支从马赛出发的先遣队，从俄国运回货物。他很适合完成这项任务。法国是俄国在西方最重要的盟友，而且安东尼的背后有法国宫廷的支持。安东尼自己也为马赛最大的一个商业企业（希曼迪公司）工作。他也一度是在伊斯坦布尔的法国社群的主席[32]。这样他就有在商业和航运方面的足够经验，和同几个重要城市的必要联系。

1781 年 4 月，安东尼从马赛出发向赫尔松进行实验性的远航，并拜访了黑海北部海岸的几个其他港口，寻找商业机会。因为他的俄国伙伴急着要开始贸易，安东尼从法国政府贷了一笔款项用来购买赫尔松的仓库空间。法国政府也减免了进口税，并提供了船只和水手。路易十六甚至亲自为安东尼的商业公司颁发了皇家许可证。

在 1784 年初，安东尼在马赛组织了三艘船。他把船只以叶卡捷琳娜女皇的三名大臣（也可能是她的情夫）命名，希望能够得到她更多的帮助。他的三艘船悬挂着俄国国旗乘风驶向赫尔松。海上的旅程一路平安。这年夏天，船就载着大麻和小麦，连同蜡、蜂蜜、猪鬃毛和茶叶等样品回到了马赛。

安东尼的企业发展得很快。第二年，从赫尔松来的 20 条船到达马赛。几乎同样数量的船只载着法国货物航向赫尔松。由于他开辟新贸易航线的努力，安东尼被擢升为法国世袭贵族。通过他与黑海的商业联系，他和他的孩子进入了法国社会的上层，成为圣约瑟夫男爵。

然而阴霾开始出现了。赫尔松是一个糟糕的地方。尽管俄国当局尽了最大的努力使之成为一个繁荣的商业港口，但它无法摆脱其糟糕的地理位置的影响。它同海岸的距离很远，坐落在第聂伯河上，有许多支流指向河口。在 7 月和 8 月时，闷热的天气令人难以忍受。夏季的洪水制造了许多死水潭，这些成为疾病的滋生地。1787 年，安东尼的两个兄弟加入了他的事业，但是在赫尔松因病死亡。"整个赫尔松就是一个巨大的医院"，安东尼回忆，"人们在那里唯一能够见到的就是死者和濒死的人。"[33]

国际政治也开始介入商业事务。奥斯曼帝国已正式对外国商贸事业开放黑海。但是航运者仍然要依靠苏丹的帮助和怜悯方能穿过博斯普鲁斯海峡和达达尼尔海峡。官员们常常私自认定船只超过了规定的装载数量，并把它们扣留在伊斯坦布尔。然后英国人也介入了。安东尼称为 "*la jalousie anglaise*" 的状况——英国希望把俄国拖入和奥斯曼帝国的战争中，阻止法国在海洋上的进一步扩张，和伊斯坦布尔结成贸易同盟。这意味着在黑海，两个帝国之间交战的威胁永存。

　　冲突最后于 1787 年夏季开始。奥斯曼人希望能够从俄国人手中夺回克里米亚的控制权，挑起了叶卡捷琳娜女皇统治时期俄土间的第二次主要战争。当战争爆发时，安东尼悬挂着俄国国旗的船只尚在航行途中，它们迅速被奥斯曼战船捕获，只有少数几艘安全回到了马赛。当战争在 1792 年结束时，安东尼设法短暂地恢复了在赫尔松的贸易公司，但是天不助他。赫尔松这个港口充满疾病，欧洲列强对在这里建立商贸公司毫无兴趣。许多人都论证黑海的经济中心应该转往其他地方（事实上，俄海军部于 1794 年转移到了尼克莱夫）。最终，法国大革命战争的混乱和在 1790 年初俄国对法国设下的贸易禁令——叶卡捷琳娜女皇对于无法无天的暴民控制巴黎的回应，强迫他关闭了公司。安东尼回到马赛，并最终当上了市长，闲暇时间都投入了记述他在俄国的冒险工作中。

　　安东尼的《关于黑海商业和航行的历史论文》（*Historical Essay on the Commerce and Navigation of the Black Sea*）是关于黑海向欧洲各国的船只开放和叶卡捷琳娜女皇领导下俄国的征服最好的一手记录。它在这段时期的旅行者和外交家中广为人知，是一部关于北方海岸的可靠指南和经黑海与俄国进行贸易的实践启蒙书，尤其在 19 世纪早期与地中海间繁忙的商业活动重新开始之后。但是读者们一般只关注安东尼书中记叙的多姿多彩的奇闻轶事和对港口设施的描述，却不太注意书中所附的意义重大的地图。

　　在计划远航时，安东尼没办法为他的船长们拿到精确的地图，必须依靠 18 世纪 70 年代的法国地图。那个时候深度测量和锚地测量的技术尚不成熟[34]。他派遣了法国外交部的天才制图家让·丹尼斯·巴比·德·波卡其（Jean Denis Barbie de Bocage）来绘制地图。巴比根据俄国海军部最新的报告，绘制了三幅特别详细的黑海地区地图。一幅显示了俄国欧洲部分和波兰的国内航道。这份关于西方帝国水道的美丽地图即使以现在的眼光审视，也依然出奇地详细。另一幅显示了黑海和北欧的陆路贸易路线。第三幅描绘了第聂伯河上的数个瀑布。一千多年以来贸易者必须弃船从陆路通过的一系列激流现在被详细地描绘，并艺术地呈现出来。

现在并不难看出安东尼为何指派了巴比。这个制图家之前已经进行过黑海地区的制图工作。在 18 世纪 60 年代他受一个耶稣会士委派绘制一系列关于从俄国南部"斯基泰"——这个耶稣会士这么称呼此地，到所有古典希腊主要遗迹的一次美妙旅程的地图[35]。巴比还是修道院长巴特勒密的那本关于一个叫阿纳卡尔西的野蛮人在攸克星海岸的远方寻找文明的畅销书的插画家。在巴比的画布上，阿纳卡尔西时代古老的斯基泰同新兴的俄罗斯帝国重叠在了一起，这后一个斯基泰几乎已没有游牧民族的踪迹，但是对许多开始探索黑海及其周边地区的企业家、旅游者和士兵来说依然是蛮荒之地。

## 海军少将约翰

当安东尼在赫尔松建立他的事业时，黑海对挂俄国国旗的商业船只开放。但是俄国战船严格意义上仍不能进入黑海。1768 年到 1774 年战争的胜利，连同安东尼带来的商人的出现，标志着黑海内船只种类的转变。风帆时代早就在地中海和大西洋到来。战列舰——那种多层甲板、多桅杆和配备许多四角帆的大型船只，已经在一个半世纪之前就成为欧洲舰队的支柱。但是这种船只在东方还很少见。在叶卡捷琳娜女皇第一次同奥斯曼交战的末期，这种情况发生了显著的变化。

装备齐全的大型帆船，而非用桨的加利帆船和小型帆船，不仅在商人的舰队中，而且在俄国和奥斯曼的海军中出现得越来越频繁。根据条约，俄国舰队不能够逗留在第聂伯河河口和塞瓦斯托波尔港。但是在叶卡捷琳娜同奥斯曼帝国的第二次战争（1787－1792）爆发时，早前的变化已显而易见。对于风帆时代的到来，其中最详细的描述之一是安东尼的同时代人（安东尼可能还见过他）——俄罗斯帝国海军少将约翰留下的。

帕瓦尔·伊万诺维奇·约翰即约翰·保罗·琼斯（1747－1792，这是他更广为人知的名字），是著名的"老好人理查德"号（Bonhomme Richard）的船长，美国独立战争的英雄，美国海军之父（图 9）。历代美国海军军校生都参观过他在美国海军学院的教堂中那装饰华丽的墓。在 1788 年琼斯同意加入俄国一方参与叶卡捷琳娜对抗苏丹的新战争。

图 9　由乌东塑的约翰·保罗·琼斯的胸像。琼斯是美国独立战争中著名的海战英雄。他在黑海从叶卡捷琳娜女皇的军中退役。但是同波将金和其他叶卡捷琳娜女皇的近臣的摩擦使他不光彩地离开了俄国。

战争的起因是奥斯曼帝国对俄国发出最后通牒：退出克里米亚半岛并恢复其独立状态。琼斯加入俄国一方的重要原因之一就是，他将被授予正停泊在赫尔松和塞瓦斯托波尔过冬的新黑海舰队的最高指挥权。琼斯是俄罗斯海军聘请的自彼得大帝的亚速舰队指挥官瑞士人勒夫特之后一系列外国军官中的一个。而且，美国当时还没有建立自己的海军。能够获得一个高级指挥官的位置，即使是在外国的舰队中，对他来说也是机不可失。

琼斯在 1788 年的春天到达赫尔松，发现俄国军队混乱不堪。俄国的南部海军包括锚地在塞瓦斯托波尔的主力舰队和停泊在赫尔松的小规模的新造舰队。其主力舰队在去年秋天的风暴中蒙受了重大损失。琼斯负责指挥赫尔松的分队，由 12 艘左右的风帆帆船组成，包括他的旗舰"弗拉基米尔"号。其他可以使用的船只主要是轻型的哥萨克小船和装载火炮的加利帆船——其中有些还是当年载着叶卡捷琳娜女皇在第聂伯河上航行的典礼用船，组成了由英国海军工程师萨缪尔·本瑟姆（哲学家杰里米的兄弟）设计的浮动炮台。这支舰队由另一个乐于冒险的佣兵查尔斯亲王拿骚–锡根指挥。尽管琼斯认为自己应该获得整支黑海舰队的指挥权，他的权威似乎仅限于自己的分队。拿骚从海陆军最高指挥官波将金处直接获得命令。而驻在塞瓦斯托波尔的主力舰队则由俄国海军少将弗因诺维奇指挥。

琼斯很快就发现，俄国海军指挥和部署的复杂性成为一个大问题。第聂伯河河口是海上战斗的关键。两个分队被分割河口和更广阔海域的海峡分开，无法合兵一处。在海峡处则有面对面的两个要塞。出口南面的是金布恩要塞，由俄国人通过《小卡伊纳尔贾条约》获得。但是北部的要塞奥恰科夫则被奥斯曼人占领。作为通向黑海的大门，两个堡垒之间的间隔只有 3 公里。两支海军的战略均受到这种战场条件的限制。俄国人需要压制或占领奥恰科夫以打开海峡；奥斯曼人需要把俄国人挡在出海口之外，并维持一条北部守卫者的补给路线。奥斯曼帝国明显拥有更好的战略位置，他们的海军由格鲁吉亚出身的天才海军将领哈桑·帕夏指挥。即使俄国军队能够集中，奥斯曼人也许在船只数量和火炮数量上也都胜过他们[36]。但大部分奥斯曼船只都是加利帆船而不是风帆帆船。

5 月底，奥斯曼舰队的出现标志着战斗的开始。琼斯和拿骚都沿着北部海岸移动他们的船只，希望能够和波将金旗下最出色的将领之一亚历山大·苏沃洛夫率领的缓慢前进的陆军保持步调一致。那时有几次小型交战，但是直到一个月之后的 6 月下旬才发生了决定性的战斗。奥斯曼的加利帆船直冲俄军战线。但是奥斯曼旗舰在河口的浅水中搁浅了之后，进攻就停顿了下来。俄国人这时正在等候有利的风向，因而没有利用这个小意外。当他们能够进攻奥斯曼人时，已经是第二天早晨了。奥斯曼旗舰这个时候已经摆脱了困境，并调了个头。

拿骚的舰队中有奥斯曼人非常熟悉的威力巨大的哥萨克炮艇，它们对抗加利帆船十分有效。这支舰队能够骚扰奥斯曼的船只，使它们起火，尤其是当大型加利帆船在浅水中搁浅的时候。在 6 月 17 日至 18 日的晚间，奥斯曼人试图撤出河口，但是俄国在金布恩的大炮对他们开火，迫使加利帆船贴着北部海岸航行，结果更多的船只搁浅。在第二天早晨，拿骚的浮动炮台和小船赶上了他们并击毁了大约 15 艘船只，包括 10 艘大船。奥斯曼人蒙受了重大损失：1 500 人被俘，数百人被杀。而俄国水手仅有不到 100 人被杀或受伤[37]。

奥斯曼海军已溃不成军，俄国陆军终于能够完成攻下奥恰科夫的任务。7 月，在波将金领导下的俄国陆军开始围攻守军，海军则阻止了守军的补给。这个战术使得要塞在早冬即被攻克，城镇和其居民全部被毁灭。成千的奥斯曼人的尸体（包括守军家属的尸体）都被装上小车扔进结冰的河口中。它们层层堆叠直到春天冰融之时[38]。在战争剩余的时间里，其他的主要奥斯曼要塞——德涅斯特河上的阿克曼和本德尔，多瑙河上的基里亚和伊斯梅尔——在横扫西部的俄国军队面前一个接一个地陷落，而海军断绝了守军的补给和增援。

河口战役同琼斯在美国独立战争中的经验完全不同。他最著名的海上战斗是同英国护卫舰"塞拉皮斯"号（Serapis）于1779年9月在约克郡海岸的海面进行的交战。他通过灵活机动击败了英国船长，即保持本船的侧面面向对方的船头，然后用重炮轰击对方的桅杆直到敌船丧失机动能力。而1788年战役中同加利帆船的战斗与"老好人理查德"号和"塞拉皮斯"号的单挑没有什么共同之处。这次军事胜利主要依靠把奥斯曼帝国的加利帆船引诱进浅水地区，等它们搁浅，然后用燃烧武器（一种手榴弹，琼斯称其为"布兰德考格勒斯"Brandcougles）将他们击毁。他之后回忆说，战况惨不忍睹。奥斯曼水手困在他们无法动弹的船上，"像羊群一样等着被宰杀"[39]。

琼斯写道："在我的一生中，我从来没有像在利曼战役中那么苦恼过，几乎要了我的命。"[40]琼斯和拿骚之间开始不和，而后者明显更受波将金和叶卡捷琳娜的青睐。当琼斯发出命令时，这些命令通常为拿骚所忽略，或是被波将金取消。琼斯以为他能指挥整支黑海舰队的想法从未实现过。在攻陷奥恰科夫之前，他就已经被解职并被召回圣彼得堡。在回到首都之后，琼斯发现他的地位更是一落千丈。他被指控强奸一个未成年的女孩（他的辩护集中在这是女孩的自愿行为而非强迫上）。这桩丑闻传遍了整个圣彼得堡，最后只是因为目击证人的证词互相矛盾，琼斯才得以免吃官司。他在一片嘲笑声中离开了帝国，在数年之后，于1792年7月在巴黎逝世。

尽管当时琼斯不可能知道，但他却见证了一个时代的终结。第聂伯河河口的战斗是俄国局限在黑海外围水域时进行的最后一场战斗。在这场战争中，他们攻陷了奥恰科夫，打开了通向更为广阔的大海的通路。从此，俄国、奥斯曼帝国和其他的海上势力不再局限于黑海外围，而开始在开阔的大海上进行竞争。这也是以桨作为动力的加利帆船参加的最后一次大战。拿骚的浮动炮台和小型炮艇也许是俄国在河口胜利的真正原因；琼斯的风帆帆船在浅海和狭窄的水域没有太大的发挥余地。但是一旦战斗延伸到开放的水域，装备齐全的战列舰和在不久之后出现的铁甲舰将会成为俄国和奥斯曼帝国海军的中坚力量。

　　然而风帆时代非常短暂。19 世纪早期的战争——1806－1812 年和 1828－1829 年——大部分在陆地上进行。俄国陆军在黑海周边四处征伐以获得新的战利品：通往多瑙河的入口及伊斯坦布尔和两大海峡（如果欧洲列强不反对）。之后在克里米亚战争中，唯一一次大型的海上战斗于 1853 年在锡诺普发生。但是这不太像是一场海战，俄国舰队把奥斯曼舰队击毁在港口里。整个 18 世纪晚期和 19 世纪的旅行者都认为俄国和奥斯曼帝国的风帆帆船没有处于万全状态：船只的装备很差；船员不是太少就是太多；一艘新船常常在参战之前就已经在海港中腐烂了，这种情况在两军中都有。

　　像琼斯一样，许多观察家认为两国海军的弱点是，无论俄国还是奥斯曼都缺乏航海者所必备的素质。前者的弱点是浮夸和暴政，后者则受制于东方式先天的漫不经心。然而真正的原因没有那么玄乎。在 1788 年的河口战役之后，奥斯曼和俄国都不把彼此当作重要的海上威胁。俄国在航海科技上保持着些微的优势，但奥斯曼人知道他们的友邦特别是英国会在需要的时候用他们的舰队介入。因为没有一个在黑海周边的国家能够建立起强大的海军——唯一需要海军的是高加索沿岸的走私者和东南部的拉兹海盗，这两个帝国没有什么建造除海岸防卫设施之外的海军的理由。而在第一次世界大战之前（某种意义上在之后更甚），欧洲外交的主要目标，就是保证这两个国家不会拥有强大的海军。

## 新俄罗斯

在结束叶卡捷琳娜女皇同奥斯曼的第二次战争的条约中，俄国获得了从第聂伯河河口到库班河的整个北部海岸地区的控制权，并且奥斯曼帝国正式承认放弃克里米亚。这些战利品由叶卡捷琳娜的后继者发动的两场战争加以巩固和扩大。在第聂伯河和普鲁特河中间的陆地（也叫作比萨拉比亚），大部分高加索地区的海岸和部分历史上亚美尼亚和格鲁吉亚的土地都被纳入俄国的控制之下。俄国不仅掌控了北部海岸，也取得了对多瑙河公国基督徒的保护权和南部高加索地区大部分。在一代人不到的时间中，从《小卡伊纳尔贾条约》（1774）到《亚得里亚堡条约》（1829），叶卡捷琳娜和她的后继者离跨过黑海、夺取君士坦丁堡这个目标越来越近。北部海岸和其内陆地区已不再是边疆，而成为了俄国的一个行省：沙皇带着对建立大帝国的目标无比乐观的心情称之为"新俄罗斯"（*Novorossiia*）。

叶卡捷琳娜女皇对按照她对于理性和秩序的理解重新塑造自然世界特别感兴趣。同许多启蒙时代的君主一样，她认为古典时期的古风是两者的化身。对于整个新俄罗斯的执政阶层来说，重新发现或是发明同古代希腊的联系令人着迷。定居点的鞑靼名字被取消，换上了能够表明它们古典时代根源的新名字。克里米亚的行政中心阿克曼切特（意为"白色清真寺"）被改名为辛菲罗波尔（意为"连接之城"，也就是交通要塞的意思）[41]。一个在第聂伯河畔易于遭受洪水侵袭的村庄得名"赫尔松"（以纪念克里米亚古老的麦加拉殖民地刻松陶里卡），它被设计成为俄国商业的中心和一个主要的海军兵工厂。在喀尔涅索斯旧址旁的阿赫塔尔村庄和它有保护的港口被重新命名为塞瓦斯托波尔（意为"奥古斯都之城"），成为黑海舰队的基地。在南部所有的主要城镇中，只有巴赫支沙莱（意为"花园宫殿"）保留了它的鞑靼名字。可汗的宫殿和其他的建筑都被保留下来，作为一个东方专制君主荣耀的博物馆。克里米亚这个名字本身——鞑靼语中的"Krym"，被重命名为"Tavrida"。这是它希腊名字的俄语版本。

沿海新兴城市的崛起从本质上改变了黑海的航运。在过去，卡法、特拉布宗、锡诺普和伊斯坦布尔的四角航线是南北海岸的天然联系。北面这条航线在陆路得到延伸，穿过草原到北方和东方；在南面则穿过安纳托利亚到波斯。然而在 18 世纪晚期，这条航线被废弃了。真正的商贸中心——城市生活和文化兴起的地方，不再位于黑海正中的克里米亚半岛，而是在西面，沿着第聂伯河和德涅斯特河的出口。事实上好像又回到了希腊殖民时期西北海岸主导的时代。

这种转变的原因在于战略需要和地理因素。卡法和其他克里米亚港口实际上更像是南岸而非北岸港口。它们被一连串的山脉同克里米亚内地隔开，天然地朝向安纳托利亚的海港而非北面的平原。奥斯曼能够接受这种情况，但对俄国来说这就是个问题。因为货物从山路运输既花时间又昂贵。这些港口也和俄国 18、19 世纪外交政策关注的其他经济重心和战略要点——波兰的土地、多瑙河和巴尔干——相距甚远，而且它们非常容易受到来自南部的奥斯曼帝国的攻击。

新的地区中心变为了现代黑海最大的港口敖德萨。在过去的两个世纪中，敖德萨就是俄罗斯帝国城市的典范。它是在 18 世纪晚期和 19 世纪遍及俄国各地的政治上和文化上的乐观主义的绝佳范例，是早其一百年建立的圣彼得堡的南部版本。城市不断增长的人口来自帝国各地、中欧和近东，从中可以管窥沙皇帝国多族群和多宗教并存的状态。比起两个帝国首都圣彼得堡和莫斯科来说，它更加多元化，更不"俄罗斯"。直到帝国的终结，它都是俄国黑海的商业、行政和文化中心，是典型的帝国港口和整个帝国首要的出口中心。

在俄国征服时期，敖德萨没有什么特色。它是一个沙尘滚滚的鞑靶小镇，名为哈德吉-拜依，只有 2 000 名左右居民。它的港口毫无吸引力，锚地很差，还暴露在东风中，在冬季港湾会被冰封好几个星期。但无论如何，它都是西北海岸奥斯曼帝国最重要的设防城镇（这个小小的奥斯曼要塞被约瑟·德·里巴斯——约翰·保罗·琼斯的前任副官在 1789 年占领）。它位于第聂伯河河口以及德涅斯特河和多瑙河之间；它离俄国在塞瓦斯托波尔的海军基地也不远。（另外两个重要的地点，在第聂伯河河口的奥恰科夫要塞和德涅斯特河上的阿克曼都有严重的缺陷。前者缺乏一个自然生成的港口，后者因为河流冲积效应无法停泊吃水较深的船只。）在 1794 年，这个城镇根据古老的希腊殖民地奥德苏斯被重新命名为敖德萨。这个阴性的名字明显是叶卡捷琳娜女皇个人的偏好。

城市发展应归功于两个有能力的总督，他们的任期涵盖 19 世纪早期的大半部分。黎塞留公爵阿曼德，在 1803 年至 1814 年担任敖德萨区的总督，之后他成为了整个新俄罗斯的大总督。他的塑像依然位于现代港口的上层那道著名的阶梯顶端。黎塞留是法国宫廷和政治圈中一个显赫的家族。同约翰·保罗·琼斯和他的同时代人一样，他寻求冒险（就黎塞留个人而言，只为躲避巴黎的革命群众）。他自愿加入了俄国军队，参加了俄土战争。作为回报，战后他得到了这个新城的行政长官的职位。

黎塞留在职的时间相对较短——只有 11 年，此后他在拿破仑被击败之后，回到法国担任首相。但是他带给这个城市和整个地区的变化非常巨大：敖德萨的人口在十年之内增长到了 35 000 人。黎塞留创立了银行和一个商业法庭，铺设了现代的街道系统。他鼓励印刷业和剧院，以及其他艺术的发展[42]。他从尘土中建立城市的热忱吸引了帝国外部的许多注意。他可能就是拜伦笔下唐璜这个人物的原型。

黎塞留的事业的后继者是其同胞拉格朗男爵。他较短的任期通常不为人注意，但是在他的继任者、任期较长的大总督米海尔·沃洛佐夫（1823－1845 年在职）治下，新俄罗斯融为不断扩张的帝国的一部分，而敖德萨就是其皇冠上的明珠。作为剑桥大学的毕业生，他建设了一所大学图书馆并鼓励慈善团体的发展。他也下令建造了著名的敖德萨阶梯（但是在当时被批评为既破费又无用的工程），并规划了俯瞰港口的悬崖上壮丽的建筑和林荫步道[43]。在他的任期中，敖德萨获得了自由港的地位，被免除了关税。当他卸任时，城市的人口已经增长到78 000人左右[44]。

　　沃洛佐夫的另一个成就在克里米亚。敖德萨是新俄罗斯的行政中心，但是其军事中心位于塞瓦斯托波尔的海军兵工厂。这个地方原先只是一个俄国在 1783 年占领的鞑靼小村庄，但是其位置却有很强的象征意味。它就在古老的克尔涅索斯殖民地附近，正是在这里，公元10 世纪时圣弗拉基米尔皈依了基督教。更重要的是，附近有天然的水湾可资利用。只有一条非常狭窄的通道进入这个深水港，它还不到1 000 码①宽。一旦有入侵者，这条通道非常容易关闭。由悬崖包围的长条形的港湾和险峻的海滩意味着船只可以靠岸下锚而不用担心搁浅。以任何一条海岸的标准来衡量，这里都毫无疑问是最好的海军基地的位置。在 19 世纪 20 年代添加了碇泊处和炮位之后，这里成为俄国南方海军力量的中心。

　　为何历史上没有其他国家意识到塞瓦斯托波尔的军事重要性？最简短的答案是它们没有这种需要。希腊和罗马人都不用费心在北岸建立一个海军基地。而对于拜占庭来说，同克尔涅索斯的关系时好时坏——取决于同内地民族达成的脆弱平衡，而非军事力量。对于奥斯曼帝国来说，既然鞑靼船只已经控制了整个克里米亚半岛，就没有什

---

　　① 　yard，相当于 0.914 4 米。——编者注

么理由在这里花费精力，尤其是当各条河流——顿河、第聂伯河、德涅斯特河和多瑙河，成为潜在入侵者的康庄大道时。（因此他们的主要精力花在防守如亚速、奥恰科夫、阿克曼和基里亚等要塞上。）直到新的北部海军力量的出现，在克里米亚半岛拥有一个重兵设防的港口才变得重要起来。在叶卡捷琳娜女皇及之后的时代，这个城市会变成整个海岸最重要的海军前哨。

当俄国自然学家彼得·西蒙·帕拉斯于 18 世纪 90 年代在新俄罗斯旅行时，他没发现什么值得评论的东西。曾经辉煌的城市现在已成废墟，即使是有前途的塞瓦斯托波尔也遭受着疾病的肆虐；吃木头的蠕虫在俄国风帆帆船的船壳中制造灾难。新建的敖德萨贫穷，充满着尘土。赫尔松已经因为在 18 世纪 80 年代夺走了安东尼兄弟生命的流行传染病而废弃[45]。

然而在数十年之间，沿海地区彻底改头换面了。俄国对于其他沿海地区的控制巩固了北部海岸的安全。奥斯曼同意外国商业船只自由出入，提供了稳定的同地中海的交通。一旦黑海开放，水域就成为了行省产品的天然出口。这个出口比起通过北方路况糟糕的商道，花费更少也更方便快捷。在 19 世纪 60 年代之前，敖德萨还没有通铁路。从内陆运输的货物需要使用牛车拉。而对于乘客来说，则使用"驿车"的办法：乘坐在用稻草糊出来的马拉小车上颠簸。马匹在沿路的驿站替换[46]。因此新兴的城市自然都会把海洋视为它们同世界其他部分联系的方式。

19 世纪头几十年的变化是多种多样的。在亚速海上的塔甘罗格开始进行从爱琴海进口葡萄酒这项颇为有利可图的贸易。据说那座城市的海关经手的葡萄酒比全俄国其他城市的总和还多[47]。从克里米亚北部的海岸湖中获取的盐出口到高加索、波兰甚至伊斯坦布尔[48]。帕拉斯看到的一些已成为废墟的城镇又复活了。卡法在上次战争中被俄国人毁灭，但是现在它又回来了。其主要由希腊人、鞑靼人和犹太人组成的人口再次投身商贸活动中。他们建立了同伊斯坦布尔的定期航线，而外国商人很快重建了同锡诺普、特拉布宗和高加索海岸的航线[49]，这些都刺激了贸易的发展。赫尔松一度曾经接近被废弃，现在老树发新芽。第聂伯河岸旁筑起了堤坝，防止洪水泛滥。一项工程学上的革新消灭了在夏季滋生疾病的死水潭。因为海军部已迁至尼克莱夫，这个港口依然不太活跃。但是造绳工厂和其他同航海相关的工业开始起飞[50]（即使是已经年迈的安东尼男爵也设法通过中介商重新建立了一个小型商贸公司[51]）。1802 年的一个英国拜访者评论道："这些……城镇和数不清的村庄突然抬起了头。它们所在的地区早前居住的都是无法无天的强盗或是粗野的游牧民族，现在则满是俄国人、结束了流浪生活的鞑靼人和无数从土耳其帝国邻近省份迁移来的移民，尤其是希腊人和亚美尼亚人。"[52]

在新建立的城市中，敖德萨毫无疑问占据了首要位置。一条护城河被用来在肆虐的东北风中保护船只，防止港口被第聂伯河河口的水流中的淤泥堵塞。港内能够容纳 150 艘风帆帆船。随着黑海对欧洲商人全面开放和敖德萨成为免税区，奥地利和英国的旗帜飘满了这海港。城市人口的数量在任何一年都有涨有跌：在夏天，从波兰和乌克兰中部来的船队到达城市，许多商人涌入市场，导致城市人口剧增。其固定居民的数量一直在稳步增长。"如果没有那些蜂拥而至的以色列人和街道上的尘土，"1823 年时，一位英国船长评论道，"这座城镇给人的第一印象会更好。"[53]

这些"以色列人"和其他流散到此的犹太人是新俄罗斯地区城镇和港口发展的一股重要动力。说斯拉夫语的农民和哥萨克人在 18 世纪晚期就开始增加，而在 19 世纪早期其增速更加快了。这是国家支持的在边境地区重新殖民计划的结果[54]。但是历届俄国政府也积极鼓励国外来的移民——从中欧、波兰和其他地方到来。减税、免服兵役、宗教宽容、国家贷款、给予土地等措施都是向想要在新开放的草原殖民的人们提供的优惠政策。

在叶卡捷琳娜女皇治下，德语移民尤其是门诺派教徒就已经在积极地鼓励下在草原耕作并建立城镇。其他如希腊人和亚美尼亚人从克里米亚或者奥斯曼帝国的不同地区前来。他们不仅是被繁荣的经济前景，而且也被在一个仁慈的基督教君主统治的国度中生活的希望所吸引。犹太人在帝国的其他部分都受到了苛刻的约束与限制，在新的边境地带却能得到相对的居住和劳动自由。

外国移民也成了俄帝国的属民，但是他们的生活通常同身边的斯拉夫农民、鞑靼人和哥萨克人分隔开来。在整个 19 世纪，这些社区的独特特征让外人非常吃惊。旅行者把日耳曼城镇视为刚被整合入一个欧洲帝国的这块边疆地区中的文明孤岛。一位英国拜访者就一个主要殖民地写道：

> 整个城镇规划得十分清楚，并有美丽而清澈的水源。教堂、学校和一些最重要的建筑是石制的，而其余则是木制的。街道两旁种植着树木；在这片树荫下，我们可以想象，在下午，这个社群的族长在这里坐着，享受着自己种植的烟草，喝着自己酿造的啤酒，并且把这个快乐的小小社群里的成员都看作是自己的孩子。[55]

生活当然比这样的田园诗般的想象更为艰苦。但是这些殖民地对整个地区的经济有相当大的影响。在黎塞留担任大总督的任期末尾，也就是 1814 年，新俄罗斯的人口已经增长了 100 万，而地价则上涨了 10 倍[56]。富余农产品的增加正好弥补了西欧农产品的减少。从新俄罗斯的殖民地和俄国贵族的大庄园中产出的小麦被运到了里窝那、热那亚、马赛和其他的主要港口（小麦航运的顺畅在 1829 年的《亚得里亚堡条约》中特别得到了保证）。1846 年，英国撤销了《谷物法》，也就是取消了对外国谷物的关税，更打开了一个主要市场。在从 19 世纪 40 年代初到 50 年代初的仅仅十年之内，每年向法国和意大利的小麦出口总额增加了 1/4，而向英国出口的总额则是原来的 8 倍。进入俄国港口的船只总数是之前的 3 倍多。到 1853 年底，1/3 以上的俄国出口贸易需要通过黑海[57]。随着越来越多的欧洲商事活动在港口出现，沙皇政府开始担心英法商人控制了商业的主导权。他出台了一系列的法案，规定只有俄国属民才能够获得代理权——这个限制加强了传统的"中间商少数民族"，也就是希腊人、犹太人和亚美尼亚人的地位。

到 19 世纪中叶，新俄罗斯已经不再是政治上和文化上的边缘地区。它正被整合进俄罗斯帝国，由天才的帝国行政长官治理，其人口组成包括俄国和乌克兰的农民、外国的殖民者和商人、越来越少的半游牧和定居下来的鞑靼人。风帆船可以在三天之内从克里米亚或是敖德萨航行至两大海峡处，蒸汽船需要的时间则只要一半。从两大海峡就可以航至南欧和大西洋的主要港口[58]。然而这里依然带有边疆的明显特征，任何乘船、骑马、坐车来的旅客都可以马上意识到，穿越这里通常意味着需要花数天或者数星期在隔离房中进行隔离、驱虫、检查。草原和海洋的交界地不再是文化的边疆，而是疫病的边疆。

## 热病、疟疾和检疫所

瘟疫——几种细菌引起的疾病的总称，在 14 世纪时就已经为黑海周边的人所熟悉。在整个俄国扩张期间，疾病一直都对这个地区有影响[59]。莫斯科1771年的大瘟疫可能就是在叶卡捷琳娜女皇治下第一次俄土战争期间从第聂伯河归来的受感染士兵引起的。在1806－1812年和1828－1829年之间，传染病蹂躏了整个新俄罗斯地区和东巴尔干。随着19世纪新港口的发展，防止安纳托利亚和奥斯曼帝国所占的巴尔干地区的疾病蔓延成了当务之急。那些地区疾病暴发频繁，控制却又不力。防疫方法是在货物和人员进入城镇之前都仔细检查一遍。

从瘟疫在西欧最初出现开始，公共资助的系统就开始就位以防止其传播。尽管当时的医生对于疾病真正的病因和传播机理了解很少，但他们很快就发现，隔离病人——通常是按照圣经指示的周期，40天，就能让疫情就此消亡。法文词"quarantine"由此而来。被感染的病人会死，但是健康的人能幸存下来。第一所隔离医院于1403年在威尼斯建立。其他地中海港口城市如热那亚和马赛，不久就建立了自己的隔离医院。

黑海的较为完整的隔离系统在四个世纪以后方才建立。由于港口中没有大规模的外国贸易，因此直到18世纪之前都没有远距离感染。在俄国获得了黑海北岸的出海口，同地中海的商业联系复活之后，疾病的传染才成为问题。（之前，奥斯曼同奥地利之间的边疆，从现在的克罗地亚到罗马尼亚中部之间都存在着隔离带。）[60]即使在那时，当瘟疫爆发时，最初的反应不是试图减轻病人的痛苦——著名的英国监狱改革家约翰·霍华德在赫尔松照顾一名受感染的女性时染病身亡——就是按中世纪的方式，将其怪罪于犹太人[61]。结果表明，由安东尼发起的、俄国港口和马赛的早期联系带来的不仅仅是商业上的好处。18世纪时，马赛拥有在全欧洲首屈一指的复杂隔离系统。俄国港口的隔离系统就是按照马赛的模板设计逐步建造的。

马赛系统基于五个基本的原则：所有入港的船只都要先在港外的一定距离处接受检查；始发港的健康状况评估，沿途停靠站的疾病感染的可能性评估；把刚到的货物和乘员同大众隔离开来；对于已经有感染嫌疑的乘客要进一步同健康的乘客严加隔离[62]。所有从黎凡特地区和其他有疾病嫌疑的港口来的船只必须在港口外的马赛湾停泊。通过一根通话管道，地方官员会询问其出发港、船名、货物和船只的健康证明。这个证明是由法国领事在船只的始发港颁发的一个文件，目的是证明船只在启程时的状况：船只和港口都没有瘟疫发生（*petente nette*）；船只没有问题但是港口有瘟疫嫌疑（*patente touchée*）；港口疾病肆虐，船只有感染可能（*patente soupsçonée*）；船只和港口都有感染发生（*patente brute*）。携带前两种证明的船只会被直接引导至外港。在那里，船长在一定距离之外接受进一步的询问，然后由港口决定是否进行隔离。后两种船只则立即被引导至隔离房（lazaretto，这个术语由圣经中的 Lazarus① 演变而来）。

隔离的时间长短通常除了健康证明之外，还取决于其他数个因素。特别容易携带瘟疫的货物（如羊毛、棉花和其他纤维制品，还有毛皮和皮制品）需要专门用一艘船进行隔离。始发港也非常重要。从摩洛哥和埃及出发的船只通常不会受到感染，但是从伊斯坦布尔和黑海其他港口出发的船只需要整整 40 天的隔离加上把所有货物打开通风三个星期，无论该船持何种健康证明或是载运何种货物。

一旦进入隔离状态，船只会在马赛主港之外的一个小岛旁的隔离房外下锚。两艘武装船只防止船只未经授权与海岸来往。食物会用长竿进行补给，而船员必须每天报告任何疾病的迹象。乘客可以选择留

---

① Lazarus，拉撒路是圣经中一个得麻风病死去的人，死去四天后被耶稣救活。——编者注

在船上或是进入隔离房。隔离房被一圈高高的篱笆和一条壕沟包围。乘客及其行李需要经过消毒、检查，然后决定是送入感染区还是健康区。房间挺舒适，但是十分空旷，有铁床架和火炉。来访者不能进入建筑物内部，但是被隔离者的朋友和亲属可以隔着壕沟与其喊叫通话。一个已经被疾病感染的人需要在拘留室待上 12 个星期，其间他可能死亡。之后尸体会用长长的铁钩从室内拖出，并埋在石灰制的墓穴中。房间将会被消毒，重新粉刷，然后通风一个月。

马赛的官员意识到了这个复杂系统中可能出现的腐败。他们花了大力气去防止这种情况。隔离房的监察官通常是精通近东地区贸易的富裕商人。他是单身汉或是鳏夫，工资很高，而他的副官和士兵也有不错的收入——这不仅因为他们从事着高危职业，而且也使乘客或是船长提供的逃避检查的贿赂显得没有那么有吸引力。

马赛的隔离房被公认是欧洲最好的。然而移植到东方后，这个模型经历了一些改进。英国作家埃德蒙德·斯宾塞在 1836 年的旅行中对加拉茨的隔离系统做了一番描述。这是多瑙河下游的一个摩尔多瓦港口，当时在俄帝国的控制之下：

> 我的护照被要求——这个规章制度对这个政府来说还是全新的——用数码长的 V 形钳交到他们手里。官员似乎对我这个刚从瘟疫之城（伊斯坦布尔）到来的人和我身边的所有事物抱有深深的恐惧。重要的文件似乎没有出现什么问题。我们被一位将军送进了隔离房。在那里我的每件行李都被彻底地消毒；而卫生官员检查了我们的健康状况，我们需要进行 14 天的隔离。本来需要 21 天左右，但是我用 1 个达克特金币改变了他的想法[63]。

　　就像斯宾塞发现的，系统并没有像设想的那样运作。船只会在海港中遇到卫生官员，他也的确会用长竿或是 V 形钳同乘客和船员交流。但是由于无法确定始发港的健康状况（俄国和奥斯曼人有不同的隔离系统而且与法国系统不同，他们没有领事负责发放健康证明），唯一需要的文件就是护照和其他的身份证明文件。有时，漠不关心的官员只会要求口头上的保证——以《新约》《旧约》或是《古兰经》起誓，乘客没有带来瘟疫[64]。从奥斯曼港口出发的船只通常需要隔离。但是隔离时间实际上由卫生官员在一念之间决定，而非由预先设定好的规章制度。

　　一旦进入隔离房，事情也不像在马赛时那样有斯巴达的古风。富有的旅客可以付钱得到更好的住宿。在敖德萨，有咖啡馆、餐厅、甚至桌球房来消除旅途的劳顿（和钱包里的钱）。所有这些地方的工作人员都可以每天自由进出隔离房[65]。重要的旅行者们（例如外交官和地方官员的盟友）还能够在港口四周进行巡游[66]。对于那些愿意额外缴一些"税"给地方官员的人，隔离时间能够得到大大的缩短，或是在隔离房之外的其他地方进行。拜访者甚至能够获许进入隔离区域。当然所有的这些都降低了整个系统的有效性。

　　有这样一个隔离系统对于很多港口来说依然是一个优势。没有它，港口贸易量就萎缩；有了它，港口就能成为一个主要的商贸站：进入该区域的船只都需要在前往更小型的港口或是卸货之前在这里进行隔离。事实上，19 世纪早期尼克莱夫和赫尔松作为贸易中心的衰落部分就是因为俄国政府决定在敖德萨设立隔离设施[67]。

　　隔离房的出现也为个人致富提供了一条独特的途径。对于许多人来说，对于疾病的恐惧，尤其是对那些每 15 年左右就要爆发一次的疾病的恐惧，远远不如从一个国家支持的规章系统中获利的诱惑大。在某些地方，卫生官员甚至有动机为自己的利益制造一场虚假的瘟疫爆发。比如敖德萨的一个卫生监察员同时也拥有一个著名剧院。当票价较低时，他就会宣布在新到达的乘客中发现了一种致命的传染病，并已经把他们隔离了起来。当然隔离费需要他们自己出。这样隔离房的收入就能够用来雇更好的表演者在剧院中表演[68]。"瘟疫"的严重程度是剧院节目精彩程度的标志。

尽管有这些明显贪污受贿的人，但埃德蒙德·斯宾塞写道，卫生官员是在俄国港口"预报欧洲文明的启明星"之一[69]。俄国的隔离系统同关注奥斯曼港口的瘟疫一起，的确抑制了疾病的爆发。到 19 世纪中叶，瘟疫已经销声匿迹。最后一次大爆发是 1840 年在保加利亚和 1842 年在安纳托利亚中部和东部。之后的爆发都是地区性的，死亡率也不断下降[70]。其他主要的传染病依然让人担心——在多沼泽的北部海岸流行的疟疾和整个地区都有的霍乱，但即使是一个不完善的系统也比没有系统要强得多。

## 特拉布宗的领事

虽然设施还不完善，但大多数去黑海北部和西部海岸的拜访者都为隔离设施而感到吃惊。因为这些设施代表了拜访者所熟悉的欧洲制度。就像一个苏格兰旅行者所写的，希望能够在新俄罗斯找到"各种俄罗斯-希腊-斯基泰-鞑靼教堂和建筑"的西欧人，见到的是规划良好的街道，石质建筑和商店。这些都与他们家乡的没什么不同[71]。特别是从海上到达而非走陆路的旅行者——在凹凸不平的路面上乘坐颠簸不断的木质马车是很难受的体验，等待着他们的是令人愉快的景象：沉静的多瑙河港口，繁忙的敖德萨，尼克莱夫的造船厂，古老的克里米亚港口城镇，这些都由一连串保养得很好，据说能与英国海岸的那些相媲美的灯塔连接[72]。即使是在西部海岸和其内陆城市，例如布加勒斯特和雅西——分别为瓦拉几亚和摩尔多瓦大公国的首都，变化也很大。英国旅行者詹姆士·亨利·司基恩非常惊讶地发现他在这里遇到的一位主人，瓦拉几亚的大公巴布·什蒂尔贝伊，提供了一份文明得令人惊讶的正餐：

> 巴黎的松露、君士坦丁堡的牡蛎和维也纳的野鸡肉，所有的这些都由特殊的信使带来的新鲜材料制成。葡萄酒也很好，从梅特涅亲王最好的酒庄里产的白葡萄酒和红葡萄酒都温过，香槟也没有冰过头；简而言之，每样东西都恰到好处[73]。

西部和北部的港口、河流流域的城镇、内地城市通常都"恰到好处"。事实上，当旅行者发现那些真正是"东方"的东西时，他们都很激动。安纳托尔·德·德米霍夫，19 世纪初的一个俄国的地理学家和南部俄国最著名的旅行家之一，记录下了他进入位于巴赫支沙莱的克里米亚可汗宫殿时的印象：

> 我们不是在维也纳，那座明亮欢快的首都，也不是在佩斯（布达佩斯），年轻匈牙利的骄傲女皇；更不是在多瑙河波涛汹涌的河岸和载着宁静蒸汽船的布满泡沫的漩涡中，不，不是布加勒斯特也不是亚谢（雅西），这些城市都已经被东方病态的组织弄得了无生气。我们正在东方的萨莱（宫殿）中，一个《一千零一夜》中的地方，我们脚下的土地彻底是亚洲的[74]。

巴赫支沙莱之所以有趣就是因为它与众不同。这是一个北部海岸早已绝迹的生活方式的博物馆。大部分北部和西部的城市中心都是新造的。像敖德萨这样的城市在草原上崛起，它们由外国工程师设计，其中街道以适当的角度纵横交错，建筑则融入了中欧的最新风格。即使是位于古代遗址旁的城市，如克里米亚的那些，也被彻底地重建。在古老的城堡外围绕着新规划的郊区。南部和东部的港口同它们的对照非常鲜明。在那里，城市就在古代定居点上兴建。杂乱无章的街道和木制及石制的建筑在拜占庭时代的城垛之外建造。年代最新的建筑通常是热那亚人和威尼斯人建造的。黑海西北部和东南部的通信系统之间也有令人震惊的差别。在 19 世纪中叶，电报线连接了保加利亚海岸的瓦尔纳和克里米亚的巴拉克拉瓦和塞瓦斯托波尔；另一条则从辛菲罗波尔通往多瑙河上的加拉茨。这两条线最终都抵达圣彼得堡、巴黎、伦敦和伊斯坦布尔。在海的对面则没有一根连接锡诺普和特拉布宗和奥斯曼帝国首都的电报线[75]。

　　这种海岸之间的明显差别很大程度上是因为俄国和奥斯曼政府不同的视野和能力。北部海岸的转型是一种驱动了从彼得大帝以来的俄国统治者的战略梦想的结果：消除俄国南部边境的军事威胁，获得一个出海口，甚至最终赶走奥斯曼人并控制两大海峡。随着西欧谷物和其他产品需求的增加，新俄罗斯的土地找到了一个稳定的出口市场和急于同兴盛的城市建立贸易联系的商业团体。东南海岸的情况则大为不同。在俄国扩展帝国疆界的同时，奥斯曼中央政府控制安纳托利亚地方事务的能力却在缩减。

　　从 18 世纪早期到 19 世纪，安纳托利亚的大部分，包括黑海海岸的许多主要港口都在世袭的、半封建的地利贝伊的控制下。他们只关心自己的利益而不关心其他人（至少是伊斯坦布尔的苏丹）的事务。他们之中有些是顾及自己属民利益的仁慈的专制统治者，但是他们也没有足够的动力去改良港口设施或是发展超出他们的领地之外的贸易联系。他们所处的地理位置也没有优势。和克里米亚的港口一样，南部和东部的城市天然和海洋对面的城市联系在一起。在安纳托利亚进行陆路旅行非常困难，尤其是需要穿过一个不友好的地利贝伊的领土时。随着北部港口贸易取向在 1774 年之后的重新调整——从黑海的海岸间贸易调整为面向地中海和更远地方市场的出口贸易——安纳托利亚的城市丧失了支持它们的天然跨海贸易伙伴。关于安纳托利亚港口的孤立性还有一种更简单的解释，在《小卡伊纳尔贾条约》中，奥斯曼帝国同意向俄国船只开放黑海。但是他们的港口并没有义务向俄国人开放，直到 1829 年苏丹才最终同意外国船只可以不受阻拦地进入奥斯曼的黑海港口。

黑海北端地区的改变起初被西欧人看成是文明战胜野蛮的标志。一个崛起的欧洲帝国进入了长久以来受到突厥人和其附庸失败统治困扰的土地。然而在 19 世纪中，他们对俄国的野心渐渐有了新的解读。现在它被视为一个过度狂热的帝国，在不断征服之中变得贪婪自大，开始威胁其他欧洲国家的利益。

在叶卡捷琳娜大帝治下，新俄罗斯和克里米亚半岛的征服被启蒙时代的语言和基督教国家传播文明的责任伪装了起来。受压迫的苏丹的属民要从穆斯林独裁的枷锁之下解放出来；欧洲帝国理性的政策应该被引入行政之中。在叶卡捷琳娜之后，使征服行为正当化的基本的理由依然留存，但是传播文明的任务现在处于第二位。首要的战略目标是控制黑海本身。1801 年，俄国把东格鲁吉亚的基督教国家置于保护之下。不久之后，帝国就自认为对多瑙河流域讲罗马尼亚语的基督徒拥有保护权。更进一步地，俄国开始对整个巴尔干地区和近东的基督教徒施加影响。俄国力量的增长直接影响到了另外一个帝国在这个地区的战略和商业目标，那就是大不列颠帝国。

英国长久以来依靠同奥斯曼苏丹的特殊关系保证了其在黎凡特地

区的贸易权利。俄国势力进入黑海是一个需要担心的问题，很大程度是因为它在其他地区，如中亚和印度等利益更大的地区同俄国也有摩擦。俄国同波斯在1826年到1828年的战争以沙皇获得在里海完全的航行权而告终。伦敦担心如果俄国能够大胜奥斯曼帝国，他们会在黑海获取同样的权利[76]。当然这意味着沙皇可以完全控制、随意修改同黑海北部和西部港口进行贸易的条约。在那里英国享有仅次于奥地利的贸易份额。但是这也意味着俄国可以控制前往奥斯曼帝国的港口（如敖德萨在黑海对面的贸易伙伴东南海岸的特拉布宗）的通路。

特拉布宗在同克里米亚半岛的跨海贸易衰落之后经历了艰难的时期。它还是一个令人印象深刻的城市，旅行者对旧特拉布宗帝国的遗留物、拜占庭时期的壁画和山谷中的希腊语社区大加评论。但是除了从山谷的矿井中获得的明矾和铜及河谷中的农产品之外，特拉布宗就没有什么可以值得夸耀的了。像几十年之前的敖德萨一样，特拉布宗是俄国、英国和其他欧洲列强的利益交汇点。这并不是因为它的自然资源，而是由于它的地理位置——在通往波斯的古老商道的一端。

特拉布宗-埃尔祖鲁姆-大不里士的路线在中世纪时一直非常活跃，但是在15世纪之后就基本被废弃了。奥斯曼帝国禁止外国商业势力进入黑海的决定终结了特拉布宗作为商业中转站的重要性。但在1774年开放黑海，其后又开放所有奥斯曼帝国港口后，通往波斯的路线开始有复活的可能，因为英、法、俄国等国都希望能和其进行贸易。在19世纪20年代之前，波斯通过黑海的转口贸易就已经持续了一段时间。但是其路线并不是直线。船只在高加索地区的港口卸载货物（这些港口不是由俄国就是由地方显要人物控制），然后把货物从陆路通过格鲁吉亚运至梯弗里斯，[①] 再通过亚美尼亚到大不里士[77]。

---

① Tiflis，今第比利斯。——编者注

经特拉布宗的路线则有利得多，它短了 300 公里左右，也就是节省了
10 天的旅行时间[78]。而且，随着英国和俄国之间的政治关系开始紧
张,围绕同波斯，以及在更广的而引起更多争端的意义上，同中亚的
经济关系,英国希望能够找到一条不经过俄国控制的高加索地区的通
向东方的路线。

　　特拉布宗的未来因此就很大程度上同英国联系在了一起。在城市
事务中有一席之地并保持一条稳定而安全的同伊斯坦布尔的航线，成
为了英国在东南海岸政策的中心。英国外交部很快决定在特拉布宗开
设一个永久性的领事馆来监督地方的发展和航运。1830 年，英国在
伊斯坦布尔的大使指派了一个年轻的外交官——詹姆斯·布朗特作为
港口的第一位领事。大使给他的新代表的指示显示了英国对俄国在黑
海周边活动的关注。大使罗伯特·戈登爵士在论述 1826－1829 年俄
国对波斯和奥斯曼帝国战争的结果时对布朗特说："俄国近来的成功，
和它在你所负责区域附近的领土扩张，不可能不对当地居民的心理产
生影响，无论是基督徒还是信穆罕默德的人，我希望你能够查明这种
影响的本质，并且向我报告这种影响在多大程度上能够导向对苏丹有
利的方向。"[79]大使特别要求布朗特向他报告这个地区各个族群的状况
（例如地方上的亚美尼亚人和拉兹人是否对俄国抱持着特别的亲近
感），以及俄国当权者在特拉布宗能够施加的政治影响和他们在当地
的经济利益。

　　布朗特向伊斯坦布尔的大使定期报告，并且编纂了一系列记录城
市历年变化的年度报告。在布朗特到来之前，苏丹已经对该城和其周
边地区施加了更多的控制。旧的地利贝伊在苏丹马哈茂德二世
（1808－1839 年在位）的中央集权化改革中被废除，伊斯坦布尔直接
指派行省总督。正如布朗特发现的，这种变化意味着苏丹现在对港口
事务有直接管理权，可以对外国航运公司进行的进出口业务的税收进

行控制。由于英国在伊斯坦布尔和德黑兰的影响力，英国公司从港口对外国人全面开放这一政策中受益良多。

布朗特发现港口的锚地不足，且地方政府并不总是采取合作的态度。英国的航运规模比其他国家的要小。在 1831 年只有 2 艘英国船只进入特拉布宗，而奥地利有 14 艘，俄国有 10 艘[80]。在他的任期中，情况剧烈地变化。奥斯曼帝国对于安纳托利亚的控制削弱了地方权贵的势力，把帝国重新置于一个统一的行政系统之下。更有效的隔离系统减少甚至一度完全阻止了同波斯的中转贸易带来的感染性疾病的爆发。同安纳托利亚各港口间的定期蒸汽船航班缩短了前往伊斯坦布尔和多瑙河的旅行时间，也缩短了货物在不利天气条件下的运输时间。第一艘拜访特拉布宗的蒸汽船是英国的"埃塞克斯"号（Essex）。它于 1836 年夏季到港，而在次年晚些时候，另一艘英国蒸汽船开辟了到伊斯坦布尔的定期航线。在多瑙河上垄断了蒸汽船运输的奥地利人很快开辟了他们自己的从特拉布宗到维也纳的航线[81]。在 19 世纪 40 年代中期，英国的 P.＆O.公司开辟了从特拉布宗到南安普顿的蒸汽船直航航线[82]。到 1835 年，每年到达特拉布宗的货船数目上，英国已经攀升到了第一位[83]。

布朗特在 1836 年卸任，随后转到埃尔祖鲁姆的领事馆工作。但是他的继任者的报告仍持续记录了特拉布宗贸易路线的繁荣和它在英国同波斯贸易中的重要地位。制造品，尤其是曼彻斯特工厂制造的棉布和英国殖民地的其他产品，如茶叶和糖都由英国船只运来，在这里由马或骆驼商队通过陆路运往大不里士。在回程时，船只装载着波斯的丝绸和其他的纺织品、烟草（主要销往伊斯坦布尔）、地毯和干水果。同样重要的是，经特拉布宗的路线也成为给在大不里士和德黑兰的英国外交官提供补给的重要路线。正如某些外交官所抱怨的，当它因瘟疫、天气或是反叛的帕夏而关闭时，就没有樱桃开胃酒或是餐后葡萄酒喝了[84]。

在英国开始与特拉布宗进行贸易的头几十年中，这个港口一直是欧洲与巨大的波斯市场进行贸易的主要门户之一。在 19 世纪末，它却最终成为苏伊士运河开通和俄国修通连接高加索港口的铁路的牺牲品。但是在 19 世纪 30 年代和 40 年代，它还是俄国和英国之间争执的焦点。俄国不像英国那样受苏丹的青睐，只能不断地试图在高加索地区发展通往波斯的贸易路线。然而，这就需要征服高加索山地的部族，他们是久治不愈的俄国沿海城镇和穿过陆路的"军事公路"前往梯弗里斯的旅行者的安全问题的根源。俄国在这个地区进行的绵长边疆战争让它分身乏术，无法好好考虑开辟一条不经特拉布宗的贸易路线的计划。而俄国对于高加索海岸线的封锁——尤其是试图截断武器和奥斯曼帝国运送给高地穆斯林的关键的盐——不断有导致爆发新的国际争端的危险。（1836 年，俄国捕获了一条偷越过封锁的英国船只"维克星"号，结果造成了巨大的外交争端，并为伦敦的政治阴谋提供了借口。）最后，特拉布宗的命运，高加索海岸和整个黑海海域都卷入了英国和俄国的争端之中，也就是争夺中亚掌控权的"大竞赛"中，这场竞赛在黑海周边达到高潮。

## 克里米亚

克里米亚战争是唯一一场主要在黑海地区进行的现代战争。其起源是英国和俄国在近东和中亚不断加剧的对抗。这种对抗由帝国野心、商业利益和地缘政治的复杂混合所驱动，同长期以来俄国和奥斯曼帝国之间复杂的关系有些相像。然而引起敌意的核心事件是奥斯曼帝国的将来，以及相关的对两大海峡的控制权。英国同俄国都认为苏丹对于其领土的控制已经岌岌可危，必须缔结一些国际条约尽量延缓这个帝国的崩溃。这样就能够在欧洲列强争抢利益的暴力冲突中抢占先机，并事先做好帝国消失时在列强中分配利益的应急方案。其中的一项条款是外国战船依然不能在和平时期进入黑海。1841 年 7 月的《海峡公约》确认了这一条款，所有的欧洲大国都签署了该公约。

讽刺的是，由一项国际条约所保证的对于奥斯曼帝国未来的共识，却在十年之后导致了一场大战。但是英国对俄国在东方的目标抱有挥之不去的疑心，意味着无论经过多少正式的对话和互相谅解，沙皇永远不是伦敦的完全可靠的谈判对手。尼古拉一世在 1825 年即位，正逢十二月党人尝试发动军事政变。这一事件将贯穿他长期统治的始终。他当政时期的政策特征是保守的，甚至是反动的。同时，他致力对抗对他祖先的领土的一切威胁，无论是真实的还是想象出来的。尼古拉特别关注外界从奥斯曼帝国的崩溃中得益的尝试，不会使其损害俄国的利益。

这种天然的保守主义在宗教事务中表现得特别明显。在 19 世纪中叶，宗教事务的星星之火也可以在国家中发展成燎原之势。东正教、专制和民族主义的三位一体——在尼古拉治下发展出来的官方意识形态的三个组成部分，巩固了教会在俄国社会生活中的中心位置，沙皇作为主权者的绝对权力，以及对于俄罗斯民族乃至泛斯拉夫人兄弟情谊抱有浪漫主义依恋的这样一种国家观念。这些理念很快就在俄国的外交政策中体现出来。1850 年，当天主教和东正教的高层就耶路撒冷圣地控制权起争执的时候，尼古拉进行了干涉。他向奥斯曼政权施加压力，让他们承认由法国支持的天主教一方应该屈服于东正教一方的要求。当苏丹抱怨俄国没有立场插手这个事件时（无论他们与俄国的联系有多紧密，这些东正教徒依然是奥斯曼帝国的属民），尼古拉侵占了摩尔多瓦和瓦拉几亚并准备开战。

1853 年 10 月，俄国和奥斯曼帝国在多瑙河流域爆发了战斗。但是海军之间的战斗并没有伴随着陆地上的战斗而展开。冬季的气候非常严酷，关于对方军队部署的信息又不充足。这些都意味着船只要碰面只能碰运气，即使照面了也不愿交战。然而，仅在一个月之后就发生了对战争的第一阶段具有决定性的军事行动。由奥斯曼帕夏指挥的奥斯曼帝国舰队在锡诺普港口避寒，同时对夏天匆忙召集的船员进行训练。俄国舰队从塞瓦斯托波尔的基地出发，迅速地驶过黑海。11 月 30 日，他们在锡诺普港口外出现。在熹微的晨光中，在冰冷的冬雨中，海军上将帕维尔·纳希莫夫命令他的 6 艘战列舰开火。

和 70 多年前的第聂伯河河口战役一样，这简直不像是一场真正的战斗。俄罗斯战舰装备了炮弹，其使用造成了毁灭性的结果。在仅仅一小时内，奥斯曼帕夏的整个舰队都沉没了。海岸的炮台被摧毁，城镇燃起了熊熊大火。3 000 多名奥斯曼水兵被杀，奥斯曼本人成了俘虏，而俄军只损失了 37 人[85]。

对于锡诺普的攻击是出人意料的。这场战斗毁灭了奥斯曼的舰队并展示了俄军跨过黑海前往南部海岸的能力。一个英国作家认为，锡诺普是"第二个直布罗陀"。如果俄国占领它（纳西莫夫的舰队拥有这个能力），沙皇就能够通过控制北部和南部海岸最好的两个港口——塞瓦斯托波尔和锡诺普把黑海一分为二。这是攻占博斯普鲁斯海峡和伊斯坦布尔的第一步[86]。

这场攻击使伦敦和巴黎坚信，俄国不仅想要挑战奥斯曼帝国，更要埋葬它。在之后的几个月中，几个欧洲国家政府决定把本国船只派去支援已经毁灭的奥斯曼舰队。1854 年 3 月，英国、法国、奥地利（不久以后撒丁岛也加入，它在黑海港口也有相当大的利益份额）组成联军，加入到了苏丹一方。

在锡诺普的战斗显示了俄国对于奥斯曼帝国的优势，但是也说明了黑海上的舰队对木质船只的依赖。这种船只不是西欧海军中数量不断增加的装甲蒸汽船的对手。在整个秋天，英法船只在安纳托利亚海岸巡逻，保护南岸港口不受北岸的进一步袭击。俄国和奥斯曼帝国在黑海的两边、多瑙河流域和南高加索地区及安纳托利亚东部战斗。在东安纳托利亚，俄国占领了卡尔斯的堡垒，给予奥斯曼帝国重重的一击。

不过，战斗真正的焦点（尤其是联军在 1854 年秋抵达之后）是克里米亚。运输船驶过博斯普鲁斯海峡，直达该半岛。联军船只封锁了塞瓦斯托波尔港口狭窄的入口。由于难以突破封锁，俄国海军将领命令大部分军舰自沉，防止敌人进入内港。同时，联军从巴拉卡拉瓦沿陆路向北面的塞瓦斯托波尔缓慢进发。对这个港口的围攻持续了11 个月。联军持续炮击，俄国水兵伤亡严重。但是联军陆军在进攻时依然遇到了长时间的猛烈抵抗（锡诺普的英雄纳西莫夫也在伤亡者之中）。城中一个年轻的炮兵指挥官里奥·佗斯妥耶，描述了俄国棱堡在围攻的最后一个月中的情景：

> 周围的所有东西都伴随着喧嚣声落下。在被最近的爆炸撕裂的地面上，到处都是折断的横梁和俄国人及法国人被压烂的尸体。沉重的铸铁炮被可怕的力量掀翻在壕沟中，半埋在地面中。没完没了的都是让人麻木的东西：实心弹、横梁的碎片、战壕、避弹所，更多的穿蓝大衣或灰大衣的尸体。大地被轰炸所震动，被直达天际的爆炸的红焰照亮[87]。

结果，因为联军火力的优势，俄军补给和通信的不足，最主要是传染病——伤寒比炮弹杀死了更多的人——导致了俄军的失败（图10）。1855 年 9 月，俄罗斯人撤离塞瓦斯托波尔并自沉了黑海舰队所

图 10　克里米亚战争中，巴拉克拉瓦的哥萨克湾。港口和军队营地十分拥挤，导致疾病在西方和俄罗斯军队中蔓延。

有剩下的船只。尽管战斗已结束，双方的敌意延续到了次年春天。在战争期间接替尼古拉成为沙皇的亚历山大二世被迫接受联军造成的事实：他的舰队被消灭，海军军备和海岸防御解体。自此，所有的战船，即使是近海小型战舰也不能在黑海上航行。

这场战争和《巴黎条约》标志着黑海一个时代的结束。从战略的角度来看，这场战争显示了西欧列强以奥斯曼帝国的名义干涉黑海地区事务的意愿，从而保证没有一个国家（起码不是俄国）能够从奥斯曼帝国的衰落中获取过多的利益。多瑙河和两大海峡的状态现在比从前任何时候都更像国际性的事务，而非两个对立的帝国在北部和南部海岸势力均衡的副产品。多瑙河河口的控制权名义上回到了奥斯曼人的手中，但是一个国际委员会保证其通航的自由。黑海和两大海峡对任何国家的战舰开放，甚至是俄国和奥斯曼战船。这项条款由西欧列强加以保证。这场战争也是帆船在这一地区参与的最后一次主要战斗，标志着约翰·保罗·琼斯在18世纪80年代见证其开始的帆船时代的结束。锡诺普海战虽然是一场一边倒的战争，但仍可算是战列舰之间最后的一场重要对战，它让俄国和奥斯曼帝国在战争结束后都处于没有海军的状态。这种状态促使两国在19世纪70年代都计划建立一支蒸汽动力、螺旋桨驱动的装甲舰海军。

这场战争保证了外国商贸的自由——通过保证在多瑙河和海峡的自由通航权，但是也对西方列强开放了整个黑海。盟军在克里米亚的功绩引发了一股通俗写作的浪潮，其中有写给还在上学的小男孩看的传奇故事和像佛罗伦斯·南丁格尔这样无私的平民故事。也有丁尼生热情涌动的《轻骑兵的冲锋》和其他对军事勇气（也是一种有勇无谋）的赞歌。还有退役的英国和法国军官在回忆录中对防御工事和部队机动作战能力的阴沉的评论和分析（在不到十年后进行的美国内战中，这些分析都得到了测试）。新生的报纸专栏作家、战地记者把战争中的恐怖和英雄主义都带回了家，而画家和摄影家（另一个新的职业）提供了图片。

所有的这些都激发了旅行者对这个地区新的兴趣，引发了几十年之后的旅游潮（图11）。现在这里成了外国旅游者理所当然的目的地，一个在近东旅行的热门地点，一个充满异国情调但是依然足够文明、能提供许多本国物品的地方。很快，克里米亚遭到了另一次入侵。这次的"军队"由作家、艺术家和旅游者组成，他们蜂拥至那里气候宜人的海岸，席卷了整个俄罗斯帝国的花园。

图 11　艰难的旅程：在摩尔多瓦"夜间同狼战斗"，埃德蒙德·斯宾塞的旅行见闻，1855 年。尽管 19 世纪在黑海的航行已经成为"大旅行"的固定节目，在巴尔干，喀尔巴阡山脉和高加索地区等更为偏远的内地，旅行者在旅程中依然需要冒险精神。

## 注释

1　Denis Diderot，*Encyclopédie，ou Dictionnaire raisonné des sciences，des arts et des métiers*（1751 - 1780；Stuttart：Friedrich Fromman Verlag，1966），"Pont-Euxin"。

2　Michael Khodarkovsky，*Russia's Steppe Frontier: The Making of a Colonial Empire，1500 - 1800*（Bloomington：Indiana University Press，2002），p.8.

3　Khodarkovsky，*Russia's Steppe Frontier*，p.17.

4　Khodarkovsky，*Russia's Steppe Frontier*，p.22.

5　Khodarkovsky，*Russia's Steppe Frontier*，p.223.

6　R. C. Anderson，*Naval Wars in the Levant，1559 - 1853*（Liverpool：Liverpool University Press，1952），pp.238 - 239.

7　Anderson，7，pp.240 - 242.

8　关于伏尔加-顿河运河计划的标准论述是 John Perry，*The Sate of Russia*

*Under the Present Czar*（London：Benjamin Tooke，1716；reprint New York：Da Capo Press，1968）．英国皇家海军军官佩里，是这个项目的主要顾问。

9    Louis-Philippe，comte de Ségur，*Memoirs and Recollections of Count Ségur*，*Ambassador from France to the courts of Russia and Prussia*，3 vols.（London：H. Colburn，1825 - 1827）．

10    Ségur，*Memoirs and Recollection*，Vol.3，pp.2 - 3.

11    Ségur，*Memoirs and Recollection*，Vol.3，pp.18 - 19.

12    Ségur，*Memoirs and Recollection*，Vol.3，pp.91 - 92.

13    Ségur，*Memoirs and Recollection*，Vol.3，pp.45.

14    Ségur，*Memoirs and Recollection*，Vol.3，pp.104.

15    Ségur，*Memoirs and Recollection*，Vol.3，pp.192.

16    Ségur，*Memoirs and Recollection*，Vol.3，p.45，pp.230 - 231.

17    我对于卡尔梅克人早期迁徙的论述主要基于 Michael Khodarkovsky，*Where Two Worlds Met: The Russian State and the Kalmyk Nomads*，*1600 - 1771*（Ithaca：Cornell University Press，1992）。

18    Khodarkovsky，*Where Two Worlds Met*，p.225.

19    Peter Simon Pallas，*Travels Through the Southern Provinces of the Russian Empire*，*in the Years 1793 and 1794*，Vol.1（London：T. N. Longman and O. Rees et al.，1802 - 1803），p.117.

20    Henry A. S. Dearborn，*A Memoir of the Commerce and Navigation of the Black Sea*，*and the Trade and Maritime Geography of Turkey and Egypt*，Vol.1（Boston：Weels and Lillym 1819），pp.337 - 339.

21    Henry Augustus Zwick，*Calmuc Tartary*；*or a Journey from Sarepta to Several Calmuc Hordes of the Astracan Government*；*from May 26 to August 21*，*1823*（London：Holdsworth and Ball，1831），p.87.

22    关于一系列的人口估计，可见 Khodarkovsky，*There Two Worlds Met*，pp. 32 - 33，p.232；"Kalmuk"，*Encyclopaedia of Islam*；和 Benjamin von Vergamnn，*Voyage de Benjamin Bergmann chez las Kalmuks*，trans. M.

Moris (Châtillon-sur-Seine：C. Cornillac，1825)，p.21，pp.336－337，p.400。

23　此描述基于之后对于卡尔梅克人在茨威克的行动的描述，*Calmuc Tartary*，pp.95－97。

24　Thomas De Quincey，*Revolt of the Tartars*（New York：Longmans，Green，and Co.，1896)，p.3.

25　Khodarkovsky，*Where Two Worlds Met*，p.233.

26　Le père Amiot，"Monument da la transmigration des Tourgouths，à Pe-king，le 8 novembre 1772，" *in Mémoires concernant l'histoire，les sciences，les arts，les moeurs，les usages，etc.，des Chinois，per les missionnaires de Pekin*，Vol.1（Paris：Chez Nyon，1776)，p.405－418.

27　Khodarkovsky，*Where Two Worlds Met*，p.234.

28　Pallas，*Travels*，Vol.1，p.115.

29　Ségur，*Memoirs and Recollections*，Vol.3，pp.166－167.

30　"Intelligence Relative to the Russian Naval Force in the Black Sea，"（n. d.)，Public Record Office，London（hereafter PRO）FO 95/8/9，ff. 485－486.

31　William Cox，*Travels in Russia，from his Travels in the Northern Countries of Europe Interesting Voyages and Travels in All Parts of the World*，Vol.6（London：Longman，Hurst，Rees and Orme，1808－1814)，p.890.

32　可见 Georges Dioque，*Un Haut-Alpin à Marseille: Le Baron Antoine*，*1749*，*du grand négoce à la mairie*（ Paris：Société d'Etudes des Hautes-Alpes，1991）。

33　Antoine-Ignace Anthoine de Saint-Joseph，*Essai historique sur le commerce et la navigation de la Mer-Noire*，2nd edn.（Paris：L'Imprimerie de Mme. Veuve Agasse，1820)，p.30，pp.228－229.

34　举例可见，Beelin's "Carte réduite de la mer Noire"（1772) and Samuel Dunn's "First Part of Turkey in Europe"（1774). Bellin 的地图当然已为安东尼所知；它依然将赫尔松周边的地区形容为"荒漠平原"并仅给出了克里米亚东南海岸的周遭地形。Dunn 的地图直接把赫尔松给漏掉了。第一幅准确的俄罗斯帝国的水道地图，包括第聂伯河上的瀑布，直到 1801 年方才出版。

35　Jean Denis Barbié de Bocage, *Recueil de cartes gégraphiques, plans, vues et médailles de l'ancienne Grèce, relatifs au voyage du jeune Ancharsis, precede d'une analyse critique des cartes* (Paris: Imprimerie de Isidore Jacob, 1817).

36　Anderson, *Naval Wars*, p.319.

37　Anderson, *Naval Wars*, p.327.

38　Sebag Montefiore, *Prince of Princes: The Life of Potemkin* (New York: Thomas Dunne Books, 2001), p.414.

39　John Paul Jones, *Life of Rear-Admiral John Paul Jones* (Philadelphia: Grigg and Elliot, 1846), pp.274 - 275.

40　引自 Samuel Eliot Morison, *John Paul Hones: A Sailor's Biography*, new edn. (Annapolis: Naval Institute Press, 1989), p.454。

41　波将金曾经希望把辛菲罗波尔选为克里米亚的行政中心。他要求他的朋友用玫瑰花瓣作为选票在阿克曼赫特和巴赫支沙莱之间投票，可见 Coxe, *Travels in Russia*, Vol.6, p.766。

42　Patricia Herlihy, *Odessa: A History, 1794 - 1914* (Cambridge, MA: Harvard Ukrainian Research Institute, 1986), pp.37 - 44.

43　William Symonds, *Extracts from Journal in the Black Sea in 1841* (London: George Pierece, 1841), p.19.

44　Herlihy, *Odessa*, pp.120 - 121.

45　可见 Pallas, *Travels*. 海中的蠕虫在几十年之后依然困扰着水手。最后在船壳包铜解决了这个问题。

46　对于通过"驿车"方式穿过黑海草原的有趣描述可见 Laurence Oliphant, *The Russian Shores of the Black Sea in the Autumn of 1852*, 3rd edn. (London: Redfield, 1854; reprint Arno Press, 1970), pp.104 - 109, pp.118 - 120.

47　George Matthew Jones, *Travels in Norway, Sweden, Finland, Russia, and Turkey; Also on the Coasts of the Sea of Azov and of the Black Sea*, Vol: 2 (London: John Murray, 1827), p.142. 亚速海深度不够，阻止了塔甘罗格成

为一个主要港口。吃水超过 12 英尺的船只在航行时就有可能搁浅。当风向是西南时，有些地方的水可能浅至 3 英尺。

48 Jean，Baron de Reuilly，*Travels in the Crimean*，*and Along the Shores of the Black Sea*，*Performed During the Year 1803* （London：Richard Phillips，1807），bound in *A Collection of Modern and Contemporary Voyages and Travels*，Vol.5 （London：Richard Phillips，1807），p.26.

49 Jones，Travels，Vol.2，p.219，p.223.

50 Jones，*Travels*，Vol.2，pp.299 - 300.

51 Dioque，*Un Haut-Alpin*，p.185.

52 Coxe，*Travels in Russia*，Vol.6，p.889.

53 Jones，*Travel*，Vol.2，p.311.

54 可见 Willard Sunderland，"Peasants on the Move：State Peasant Resettlement in Imperial Russia，18 - 5 - 1830s，" *Russian Review*，Vol.52，No.4 （October 1993）：472 - 485.

55 Oliphant，*The Russian Shores*，p.94. 也可见 Anatole de Demidoff，*Travels in Southern Russia*，*and the Crimea*；*Through Hungary*，*Wallachia*，*and Moldavia*，*During the Year 1837*，Vol.1 （London：John Mitchell，1853），pp.350 - 351；and Xavier Hommaire de Hell，*Travels in the Steppes of the Caspian Sea*，*the Crimea*，*the Caucasus*，*Etc.* （London：Chapman and Hall，1847），pp.76 - 81.

56 Herlihy，*Odessa*，p.34.

57 Mose Lofley Harvey，"The Development of Russian Commerce on the Black Sea and Its Significance" （PhD dissertation，University of California，Berkeley，1938），pp.100 - 101，p.110，pp.124 - 126. 从总价值来看，进口商品的数量比起通过波罗的海和陆路来说很小。

58 Reuilly，Travels，p.72；Symonds，*Extracts from Journal*，pp.13 - 14；Edmund Spencer，*Travels in Circassia*，*Krin-Tartary*，*Etc.*，Vol.1，3rd edn. （London：Henry Colburn，1839），p.222.

59　对于世界历史上的瘟疫暴发之间的不同的原始分析可见 Samuel K. Cohn, Jr.,
　　"The Black Death: End of a Paradigm," American Historical Review, Vol.107,
　　No. 3 （June 2002）, www. Historycooperative. Org/journals/ahr/107. 3/
　　ah03022000703. html（May 27.2003）。

60　可见 Daniel Panzac, Quarantines et lazarets, L'Europe et la peste d'Orient
　　(XVIIe-XXe siècles)（Aix-en-Provence: Edisud, 1986）。

61　Howard 被埋葬在赫尔松附近，但是在伦敦的圣保罗大教堂有一座纪念他的
　　雕像。黎塞留公爵在敖德萨暴发瘟疫时，据说曾驱逐犹太人。Adolphus
　　Slade, Records of Travels in Turkey, Greece, etc., and of a Cruise in the
　　Black Sea, with the Capitan Pasha, in the Years 1829, 1830 and 1831, Vol.1
　　(Philadelphia: E. L. Carey and A. Hart, 1833), p.252。

62　这段描述基于 Christian Augustus Fiscer, Travels to Hyères, in the South of
　　France, Performed in the Spring of 1806 （London: Richard Phillips, 1806）,
　　bound in A Collection of Modern and Contemporary Voyages and Travels,
　　Vol.5 (London: Richard Philips, 1807), pp.68 - 76.

63　Edmund Spencer, Travels in the Western Caucasus, Vol. 2 （London: Henry
　　Colburn, 1838）, p.197. 对于这个俄国-波斯在南高加索边境的系统的论述可
　　见 G. Poulett Cameron, Persal Adventures and Excursions in Georgia,
　　Circassia, and Russia, Vol.1, p.252。

64　Demidoff, Travels in Southern Russia, Vol.1, pp.279 - 280.

65　Slade, Records of Travels, Vol.1, p.252.

66　对于 1841 年敖德萨隔离房的论述可见 Symonds, Extracts from Journal, pp.
　　15 - 16。

67　Conte Terristori, A Geographical, Statistical, and Commercial Account of
　　the Russian Ports of the Black Sea, the Sea of Asph, and the Danube
　　(London: A. Schloss and P. Richardson, 1837), pp. 22 - 23; and Reuilly,
　　Travels in the Crimea, Vol.5, p.83.

68　Oliphant, Russian Shores, p.230.

69　Spencer, *Travels in the Western Caucasus*, Vol.2, p.197.

70　Daniel Pznzac, *La peste dans l'Empire ottoman, 1700 - 1850*（Louvain: Editions Peeters, 1985）, p.507.

71　可见 Cameron, *Personal Adventures*, Vol.2, p.47, on Kharkov.

72　Slade, *Records of Travels*, Vol.1, p.251. 在 T. Gonzalez 绘制的地图上有这十一座灯塔的精美插画。"Carta particular de la costa setentrional del Mar Negro, comprehendida entre la embocadura del Rio Dniester al O. yKerson al E."（Madrid, 1821）.

73　James Henry Skene, *The Frontier Lands of the Christian and the Turk; Comprising Travels in the Regions of the Lower Danube in 1850 and 1851*, Vol.1, 2nd edn.（London: Richard Bentley, 1853）, p.507.

74　Demidoff, *Travels in Southern Russia*, Vol.2, p.16.

75　"Chart of the Black Sea and Surrounding Countries, Shewing the Telegraphic Lines Now Actually in Existence and Working and Those Contemplated"（February 20, 1856）, PRO FO 925/3556.

76　Slade, *Records of Travels*, Vol.1, p.247, n.

77　高加索路线实际上从莱比锡一直通到大不里士，其间通过敖德萨和梯弗里斯。这条路线在 1820 年和 1830 年大部被亚美尼亚商人所控制。Hommaire de Hell, *Travels in the Steppes*, p.17。

78　"Trebizond and the Persian Transit Route," PRO FO/195/2474, f.2.

79　Sir Robert Gordon to Brant（August 5, 1830）, Hames Brant Papers, British Library, Add. 42512, ff. 1 - 2 verso.

80　James Brant, "Report on the Trade at Trebizond"（February 15, 1832）, PRO FO 195/101.

81　"Report on the Trade of Trebizond for the Year 1835"（December 31, 1835）, PRO FO195/101, n. p.

82　"Trebizond and the Persian Transit Route," PRO FO/195/2474, f.2.

83　"Report on the Trade of Trebizond for the Year 1835"（December 31, 1835）,

PRO FO 195/101. n. p.

84    John McNeill to James Brant (November 1, 1837), James Brant Papers, British Library, Add. 42512, ff. 47 - 48.

85    Anderson, Naval Wars, p.580.

86    Edmund Spencer, *Turkey*, *Russia*, *the Black Sea*, *and Circassia* (London: George Routledge, 1854), p.233.

87    "Sebastopol in August 1855," in Leo Tolstoy, *Sebastopol* (Ann Arbor: University of Michigan Press, 1961), p.226.

我希望欧洲能够让俄国消灭一些土耳其人——不要太多，只要足够让人们能毫不费力地找到一支神杖或圣钟就好。

——马克·吐温，1867 年

乘客来自各地，他们几乎说所有的东方语言，还有几个欧洲人混在里面。人人都穿着本民族的特色服装。这里有各种各样、各个阶层、各个年龄段的突厥人，他们戴着红色毛毡的毡帽；还有波斯人戴着黑羊绒的毡帽；阿尔巴尼亚人戴着白色毛毡制的毡帽，还有犹太人缠头穿长袍，就像在经文里记叙的过去年代中那样打扮……在去波斯和突厥斯坦的路上有英国、德国和法国的旅游者和买毛毯的人。一个非常肥胖的奥地利女人要去往巴托乌姆看望她在那里当领事的儿子，几个刚去过巴黎和里维拉的俄国人正在回他们在高加索的家。

——威廉·埃勒瑞尔·柯蒂斯，《芝加哥先锋记录报》的记者，写于一条从特拉布宗出发的船上，1910 年

在他们坐落在黑海海岸的奢侈而舒适的、由像妖精之尘点缀的高速公路所连接的庄园中，资本主义守财奴在工人辛劳的基础上吃喝玩乐……运河在其流经的地段将会起到革命性的作用。它会带来新的生活，这种生活将会与辛酸的过去完全不同。

——格奥尔基·霍苏，罗马尼亚人民共和国，多瑙河-黑海运河建设工程的总监，1950 年

# 第六章  黑海：1860 - 1990 年

马克·吐温在 1867 年拜访了塞瓦斯托波尔。在穿过欧洲到黎凡特的远行中，他特意从伊斯坦布尔乘蒸汽船前往该地。他根据这次远行写就的游记标题为《傻子出国记》（*The Innocents Abroad*）。克里米亚战争在十年前刚结束，该城发生了几场现代欧洲人还记忆犹新的血腥战争。其人口从战争开始时的 43 000 人下降到了不到 6 000 人。没有几座房屋不带烧焦的痕迹。炮弹还嵌在墙里。旅游者可以在战场上找到损坏的推弹杆或炮弹碎片当纪念品。所有在围攻之后还残留的堡垒都被联军摧毁，停战条约中也禁止俄国人重建它们。"连毁灭了的庞培古城的情况看上去都比塞瓦斯托波尔好，"马克·吐温写道，"在这里，随便你往哪个方向放眼望去，除了废墟还是废墟。断垣残壁、房屋的碎片、凹凸不平的悬崖，到处都是毁灭的痕迹。好像一场可怕的地震把它的全部威力都发泄在了这个小地方。"[1]

毁灭塞瓦斯托波尔的这场战争也标志着黑海终于进入欧洲的范围。在克里米亚战争之后，再也没有人像 18 世纪 50 年代的狄德罗那样把黑海称为"亚洲的"。现在的黑海是欧洲列强互相协商或是流血争夺的目标。黑海地区的商贸已经对各国船只开放，首先是俄国，之后是奥地利、英国、法国和其他国家。从战略上来说，重要的问题已经不是由单一帝国造成的威胁：奥斯曼的霸权在 17 世纪已经开始衰落，而俄国向南方开疆拓土的努力，就像在锡诺普发生的一样，遭到了《巴黎条约》的制衡。该条约规定，黑海内不得出现比海岸巡逻艇更大的战舰。俄国最终拒不履行中立条款，并在该世纪末的最后一次俄土战争中试图从西面和东面海岸包抄奥斯曼人。但这已经是俄国野心的巅峰了。保证没有一个帝国和国家可以彻底控制黑海成为欧洲列强永不动摇的政策，它们设立了国际条约和组织来帮助达成这个目标。

黑海的国际化意味着各方海岸间联系的重新调整。随着18世纪晚期地中海直接航运的出现，各海岸间的贸易和向爱琴海的转口贸易开始衰落。北部海岸地区的产品不再销往特拉布宗和锡诺普，而是往维也纳和马赛这样的城市，经由蒸汽船溯多瑙河而上和穿越两大海峡的航线进行运输。苏伊士运河的开通为某些产品提供了更为广阔的市场。但是这也标志着同波斯进行转口贸易的港口的衰落。从俄国南部出产的谷物依然占据着较大的出口份额，但是新的农产品（例如美国的甜玉米）开始替代原有的谷物，为商业带来了不同的形式，甚至改变了地区的饮食。在克里米亚战争之前不过是泥泞的小村庄的新港口成为了工业革命新产品煤、铁、锰、石油的出口中心。火车和蒸汽船把港口城市互相连接起来，并开通了它们和欧洲其他地方的联系。在20世纪，物理环境上的深远变化——第聂伯河上的大坝，伏尔加-顿河运河的开挖，海岸公路的建设，完成了该地区在克里米亚战争之后开始的转变。

黑海同欧洲的联系也为引入两种在重塑个人的认同和文化政治社区边界上非常有力的思想提供了渠道，同质民族和霸权国家的概念，两者都姗姗来迟。宗教作为文化标志比语言和民族性更为重要（尤其是在奥斯曼帝国的领土上）。即使是这样，各种传统的交叉影响意味着情景性的而又重叠的认同非常普遍。西欧来的访客常说当地的居民看起来搞不清楚他们是谁——"你是希腊人吗"也许会得到回答："不，但是感谢上帝，我是天主教徒。"[2]但是，这些困扰通常是观察者使用的不恰当的分类的产物。例如，直到19世纪，"希腊人"

(Greek，即 *Rum*）还是奥斯曼对东正教基督徒的行政性定义，而且对于东正教基督徒来说，通常也是他们的自称。这些人既包括我们现在用民族的观念称呼的希腊人，也包括罗马尼亚人、塞尔维亚人、保加利亚人、阿尔巴尼亚人、阿拉伯人、突厥人等等。一位英国旅行者在 19 世纪 70 年代时不赞同地写道："对于他们来说，宗教是一种民族性。"[3]对于很多观察者来说，这种等同是黑海周围人民多么落后的标志。

无论是在奥斯曼帝国还是其他地方，很少有人知道他们到底是谁。外来人常常来到巴尔干半岛和高加索地区及其他偏远地区，希望能够找到古代国家的遗民，例如纯种的希腊人、斯基泰人、盖塔人、色雷斯人、科尔喀斯人和其他族群。而他们渐渐发现的是这些地区真正的传统。在这种"生活的死水"中，巴尔干旅行者艾迪斯·杜汉在 1909 年写道，一个人"充满了对本民族初生时的朦胧记忆，他会想'这是我几千年前做过的事……我在鸿蒙初开时也是这么想，这么做的'。"[4]他们希望地理是他们发展史的总结。但是拜访者通常很失望。直到相当晚的时候——在某些地方要到 20 世纪，在他们期望能够找到纯净的"种族"范例的地方，他们找到的是把拥有多重认同和混合文化视为常态的个人和社会。然而这种情况并没有持续很久。随着 20 世纪的过去，超越时间的纯净民族的理念渐渐占据主导地区，通常伴随着悲剧性的结果。

在国家行政上也发生了相似的变化。黑海历来是不同帝国系统的边缘，在北部海岸和南部海岸的主要帝国满足于间接统治这些地区，让地方的精英处理大部分的事务。到克里米亚战争时，这种情况已经开始改变。奥斯曼帝国和俄罗斯帝国都开始进行现代化。古老的边缘被吸收进中央集权的帝国，或是被允许以独立国家的形式走自己的路。到第一次世界大战结束时，帝国这个选项消失了，黑海的大部分被一系列寻求海洋财富以达成他们的政治、经济和战略目标的新的演员——现代国家所包围。海洋不再是帝国野心的对象，而成为互相竞争的国家建设计划的一部分，先是罗马尼亚和保加利亚，很快苏联和土耳其也紧紧跟上，到 20 世纪末，格鲁吉亚和乌克兰也加入了这支队伍。海岸、水域、海底和海中鱼群全都被宣布为新国家的所有物和它们所代表的国家历史的神圣遗产。诗人和历史学家们则旋即承担起"发现"或"发明"一个又一个民族国家的任务。

在 20 世纪的下半叶，这种针对海洋的私有观念被发展的意识形态增强，无论这种发展遵循的是苏联式的共产主义还是建设国家的民族主义。黑海成为使用国家拥有的所有科技来加以开发的资源。港口城市无论是在面积还是人口上都得到了扩展。商业捕鱼船队被派出去收获海洋的"果实"。这些发展改变了海岸线的面貌，并真正地为沿海国家最贫困的地区（甚至在第二次世界大战后）带来了"革命性的变化"——用共产主义者和民族主义者的话来说。但是这也有代价。在仅仅几十年中，海岸地区现代化的宏伟计划消耗了海洋的产品，并把水体带到了生态灾难的边缘。在此之前，政治边界、民族认同和生态系统从来没有像在 19 世纪 60 年代到 20 世纪 90 年代的时间段中这样剧烈地变化过。政治家和规划家在这段时间内努力使黑海不再成为一个整合的地区。到 20 世纪末，海洋的健康状态需要他们同样努力地重建黑海的地区意识。

## 帝国、国家与条约

19 世纪后半叶黑海的政治关系与前半叶时非常相像。俄国继续遵循着要能从奥斯曼帝国的解体中得益最大的政策，不过，一个多世纪以来，奥斯曼帝国太过缓慢的消亡一直是俄国的心病。奥斯曼渐渐失去了对黑海大部分海岸地区的控制，但是它依然试图维持对南部海岸港口有限的控制。尽管这种控制像锡诺普的崩溃所显示的，在冲突发生时并无用处。克里米亚战争之前和之后的一个主要差异就是，黑海的状态——开放还是封闭，中立还是其他状态，不是这两个帝国之间的和平条约所能决定的了。现在黑海是一个不断成长的国际法下的实体，在国际会议中占有一席之地，由欧洲列强的利益和允诺所保护。

在《巴黎条约》的约束下，俄国必须放弃在黑海拥有舰队的想法。大多数俄国船只已经长眠在塞瓦斯托波尔港口底部。随着帝国的失败，在南部重新建立海军的想法被正式放弃。然而在精力充沛的外交部长 A. M. 戈尔切科夫的推动下，帝国不断地尝试修改条约的条款。但是在战后的十多年间，俄国只能在黑海拥有不超过 6 艘炮艇，用来维持沿海地区的治安[5]。然而到了 19 世纪 60 年代末，戈尔切科夫已着手准备全面修改《巴黎条约》的条款。

这时真是天赐良机。在过去的几十年间，海军技术发生了一场革命。主要国家都急着用新型的铁甲煤动力战舰替换剩下的木质战列舰。这种新型船只的优势在美国内战中得到了鲜明的体现。俄国也加入了这场军备竞赛，启动了现代化波罗的海舰队——保卫圣彼得堡的第一条防线的重大项目。另外，支持黑海中立化的主要欧洲国家此时都有其他更为紧迫的外交事务需要处理。法国和普鲁士之间的火药味正在迅速变浓，它们都希望能够让俄国满意，把它排除在西欧正在酝酿的冲突之外。在这种国际形势下，1870 年，戈尔切科夫宣布俄国单方面退出《巴黎条约》中的中立条款。第二年，这个举动得到欧洲各主要国家正式承认。俄国现在能够在黑海上部署战舰并重建海岸防御，此时海军提出了一项造舰计划。这项计划不仅要重建俄国在黑海的海军，还要利用新的科技：所有在黑海服役的船只都将是装甲舰[6]。

中立条款的修改对奥斯曼人也十分有利，他们也开始了自己的造

舰计划（图 12）。让人觉得讽刺的是，尽管苏丹的奥斯曼帝国是战胜
国之一，但在《巴黎条约》中，奥斯曼人放弃的权利几乎和沙皇一样
多，甚至更多。奥斯曼人像俄国人一样不能建造战舰和海岸防御。奥
斯曼的港口必须向所有商船开放，政府只能以海关、警备和隔离的方
式进行限制。一个新的多瑙河委员会被建立起来，由其流经的所有国
家和联盟的代表组成，旨在保证河流的自由通航权。所以，即使该河
下游大部分在奥斯曼帝国的领土内，奥斯曼的代表也仅有一人。作为
对这些妥协的交换，奥斯曼帝国也被承认为欧洲的一员，其领土完整
得到保证（但是即使是这一点也还有附加条款，即苏丹在得到联盟的
同意之前，不能对摩尔多瓦、瓦拉几亚和塞尔维亚进行军事干涉）。

图 12  奥斯曼海军兵工厂的潜水员和他们的仪器和后援队伍，19 世纪 90 年代
左右。取自苏丹阿卜杜勒·哈米德二世的相册。奥斯曼人在 19 世纪晚期开始了一
项大型海军近代化工程。但是在克里米亚战争中，帝国依然主要依赖西方盟友的
海军力量。

俄国就修改条约中的条款不断施加压力，这也正好符合了伊斯坦布尔的战略家利益。但是俄国能够牢牢抓住机会重建海军，奥斯曼帝国却没有成功。奥斯曼帝国的海军现代化进程在18世纪就已开始。外国的顾问（主要是英国人）扮演了重要的角色，但是这些顾问的才能有时却不太足够。寻找合适的海员也是一个长久以来一直令人困扰的问题。爱琴海地区的水手一直是奥斯曼船员的重要组成部分，但是1830年希腊的独立减少了这种人力资源。海军接连的惨败不仅毁灭了奥斯曼在黑海和地中海的部分舰队，还对海军建设产生了巨大的不良心理影响。在希腊独立战争期间，奥斯曼的地中海舰队在1827年的那瓦里诺海战中被彻底消灭。不到30年后，在锡诺普又是一场灾难。蒸汽科技引进得很慢。历代苏丹都认为蒸汽船只是能在博斯普鲁斯海峡一带游弋的玩具而已。19世纪40年代，当他们终于下定决心大规模建造和购买蒸汽战船时，奥斯曼人又面对着另一个困难，燃料的主要来源——安纳托利亚黑海海岸的煤矿被英国公司控制了[7]。

这两支现代海军终于在19世纪70年代末有机会对阵。但是这次交战没有20年代时的冲突那样值得纪念，也几乎没有在黑海上作战[8]。1877－1878年的俄土战争由俄国对奥斯曼帝国内基督教徒的关注而引起，部分反映了俄国把自己视为东方基督教世界的保护者的想法，部分是因为帝国的扩张野心。奥斯曼帝国残酷镇压了保加利亚的起义，欧洲各国的首都充斥着有关奥斯曼正规和非正规部队犯下的暴行的新闻。塞尔维亚当时名义上仍为奥斯曼帝国的属国，但也加入起义声援保加利亚人，1877年4月沙皇也宣战了。

在海上的冲突非常有限。尽管在19世纪60年代和70年代早期规划了宏伟的蓝图，俄国黑海舰队当时还是一支毫不起眼的小舰队，只有两艘新型铁甲舰和数艘古旧的小型护卫舰[9]。大部分俄国海军位于波罗的海。而且英国又一次站在了奥斯曼这边，使得俄国任何通过地中海转运部队的企图都肯定会被阻拦。俄国也没有什么办法打破这个格局。奥斯曼在黑海地区的舰队是位于多瑙河和伊斯坦布尔的两个分队。剩下的舰队没有参战，仍待在地中海和红海[10]。

在战争的早期阶段，俄国的主要战略在于控制多瑙河。这并不需要太多的海军力量。俄国部队只是在河的下游铺设了水雷。这对奥斯曼帝国是个双重打击：它既防止了奥斯曼战舰逆流而上运输援兵，从而阻止俄国陆军向南面推进，又阻止了奥斯曼人在河中的船只逃入海洋。奥斯曼的战舰和炮艇很快就被河岸上的俄国炮兵消灭。在 1877 年晚些时候，俄国陆军已经渡过了多瑙河向南推进，在那里与反叛苏丹的巴尔干国家的军队会合[11]。

从那个时候开始，战争就完全在陆地上进行，包括两场陆上战役，黑海的两边海岸各一次。在西面，俄国和它的巴尔干盟友的军队向南进军，攻占了普列文的关键要塞。这是整场战争中的决定性战役之一。然后它们在冬天翻越了巴尔干的山脉。分散的奥斯曼军队在数量上被俄国、罗马尼亚、塞尔维亚和黑山军队压倒，它们收复失地的努力也不断地失败。在东面，另一支俄军攻入安纳托利亚，占领了卡尔斯的奥斯曼要塞。1878 年 1 月末，俄国军队在从黑海到爱琴海的整条战线上发起进攻，并攻占了南高加索和东安纳托利亚的数个主要堡垒。最终，奥斯曼帝国求和。

《圣斯特法诺条约》正式结束了战争。条约制造了一个保加利亚大公国。这个国家名义上是奥斯曼的属国但实际上受到俄国的影响。条约也承认俄国对卡尔斯和其他东面要塞的占领状态，包括重要的港口巴统。然而就像在该世纪早些时候发生的那样，欧洲列强担心俄国在近东的影响不断增长，它们召开了一次国际会议修改条款，其结果是《柏林条约》的签订。这个条约取消了保加利亚大公国，但是《圣斯特法诺条约》的许多条款得以保留。奥斯曼帝国一些在东面的战略要地，包括卡尔斯和巴统被移交给了俄国。塞尔维亚和黑山得到了独立的地位，由自己的王室执政。罗马尼亚——一个摩尔多瓦和瓦拉几亚在 1859 年自愿结成的联邦国家，其主权得到了确认，一位德意志亲王成为其国王。俄国在黑海海岸的领土现在从多瑙河三角洲开始，环绕整个北部海岸，直到高加索海岸的最后一个主要港口巴统。20 世纪中还将发生几次大的领土变动——其中有 20 世纪初保加利亚的独立和世纪末俄罗斯、乌克兰和格鲁吉亚的独立，但是现代黑海海岸政治格局大部分形成于 1878 年。之后很快，俄国和其他国家开始把各自分到的海岸整合入自己的国家和帝国。

## 蒸汽、小麦、铁路和石油

如果说隔离设施是一个港口在 18 世纪晚期和 19 世纪早期是否成功的标志，那么铁路则是 19 世纪中叶之后隔离设施的对应物。无论在俄国还是奥斯曼地区，铺设新铁路都是海岸地区现代化宏伟计划的一部分。

对于俄国来说，在克里米亚战败的部分原因，是因为帝国的中央地区和海岸地区的联系不畅。因此，它在战后很快就发起了一个旨在改善港口条件和增进它们同内地联系的计划。铁路的支线和主线铺到了内地城市。由政府提供补助的全新蒸汽船航线把港口一个一个地连接到一起。奥斯曼帝国尽管是战胜国，也迅速意识到了这场军事胜利不能保证长久的权力。俄国在黑海的影响暂时消退，但是敖德萨和其他北部城市依然是国际商业的中心，同落后的奥斯曼港口形成了鲜明的对照。即使是因同波斯的陆路贸易变得非常重要的特拉布宗，也很快落后于俄国南部的城市。

苏丹阿卜杜勒·迈吉特一世（1839 - 1861 年在位）——他开启了奥斯曼历史上所谓的"坦吉玛特改革"（Tanzimat）时期，颁布的现代化政策试图改变这种局面。一个新的行政省 (*vilayet*) 于 19 世纪 60 年代在多瑙河流域和西部海岸建立。天才的改革派官员米德哈特帕夏 (1822 - 1884) 被指派为行省总督并负责建造公路、桥梁和铁路,(他对新行省的影响) 相当于黎塞留和沃洛佐夫在新俄罗斯的地位。吐纳 (多瑙河) 行省很快成为奥斯曼现代化的模板。米德哈特试图把主要的港口城市克斯坦斯和瓦尔纳改造成能和敖德萨匹敌的西海岸农产品的国际出口港[12]。

从 19 世纪 60 年代到 20 世纪前,铁路迅速扩张。在俄国,铁路线先在西部铺设,通至敖德萨、尼克莱夫和赫尔松。东部的线路也很快铺设起来。泛高加索铁路在 1885 年开工,连接巴统和里海边上的巴库。在 20 世纪早期,几乎所有多产的土地都已在铁路线周围 80 公里以内[13]。奥斯曼海岸则没有那么完善的铁路网,但是在吐纳行省,铁路线也从克斯坦斯和瓦尔纳直达多瑙河沿岸的城镇。[1878 年之后,随着罗马尼亚 (包括一部分旧吐纳行省地区) 的独立,政府给外商颁布新的特许状来扩展米德哈特帕夏新建的铁路系统。]

铁路的到来意味着在克里米亚战争之前是穷乡僻壤的港口城市迅速崛起。罗斯托夫位于顿河上游古代塔奈斯的旧址上,战前只是个小村庄,如今成为草原货物的集散地。城市附近的水道经过疏浚之后能够容纳大型船只。新的卸货设施和码头使城市对外国商人特别具有吸引力。从俄国其他部分和国外前来的移民蜂拥而至。新罗西斯克的海港早在 19 世纪 30 年代就成了高加索北部库班河流域上的一个小型贸易中心,但是 80 年代铁路线的竣工和港口设施的改进更是让城市的经济起飞。到这个世纪结束时,它已成为整个俄国南部最大的出口中心之一。

在高加索山脉,波季的小港口被规划为俄国与奥斯曼帝国和波斯接壤的边界地带的贸易中心之一。1872 年,一条在波季和梯弗里斯

（俄国在高加索地区的行政中心）之间的铁路竣工。波季飞速发展，但是很快被更南边的海岸城市巴统超越。波季-梯弗里斯铁路的一条支线的建造使巴统很快成为俄国高加索地区最重要的港口之一。在1878年之前，这里只是一个小小的奥斯曼城镇，只有几座小旅馆、咖啡屋和一个巴扎（集市），之后它却很快超越了波季甚至特拉布宗，成为东南海岸的主要城市。即使是长久以来处于停滞状态的老城镇，如尼克莱夫和赫尔松，也因为铁路的到来而复活。无论新旧，所有俄国港口的人口增长都非常显著。在19世纪的后半叶，尼克莱夫的人口增长了3倍，敖德萨6倍，罗斯托是10倍[14]。

在海上，蒸汽运输的发展，尤其是螺杆传动的船只开始替代在克里米亚战争之前的风帆帆船，这样从一个海岸城市到另一个就更为方便。奥地利蒸汽航行公司的河流船只从维也纳出发，沿多瑙河顺流而下，而奥地利劳埃德公司的船只则从的里雅斯特起航。到20世纪初，意大利、法国和德国的蒸汽航运公司都建立了自己的长途航线。在四个星期中，一个人可以从伦敦航行到敖德萨，中途停靠马耳他、亚历山大、伊斯坦布尔和其他地中海港口[15]。俄国蒸汽航行公司于1857年在沙皇亚历山大二世许可下建立，在黑海有多条跨海航线。定期的环线把乘客和货物从敖德萨运送至巴统，途中在所有的高加索和克里米亚港口停靠；河流航线则在多瑙河逆流而上。每两周，俄国船只都在特拉布宗和其他奥斯曼港口靠港一次[16]。

俄国许多港口的主要优势在于距离肥沃的黑土地区，也就是离帝国的谷物生产中心很近。早在19世纪中叶，俄国将近2/3的谷物贸易就已经通过黑海港口进行，包括90％的小麦出口[17]。从19世纪80年代到第一次世界大战，俄国输出的谷物数量翻了一番，而黑海地区港口成为同英国、法国、德国和更远的国家的繁忙交易的中心[18]。苏伊士运河的开通将俄国的谷物贸易延伸至远东，同时降低了特拉布宗同波斯的陆上贸易路线的重要性。事实上，考虑到从海上和运河进行贸易的方便程度，黑海港口也成为了俄国同东西伯利亚和太平洋海岸领土联系的主要途径。

谷物——黑麦、燕麦和小麦，依然是俄国商业的支柱。在第一次世界大战之前，俄国的小麦占到了世界小麦出口总量的 1/3。但是新产品也开始吸引外国航运商和投资者的注意力。采掘业，如开采煤炭和锰（一种冶金用的矿石），开始由英国、德国和其他欧洲国家在高加索地区发展起来。但是在克里米亚战争结束后的几十年中，俄国、欧洲甚至是美洲的商人都开始对这项工业特别感兴趣。

黑海和里海周边的油田自古以来就为人所知。斯特拉波提到里海海岸有原油渗到地表，拜占庭人使用从亚速海周边产的原油作为他们的秘密武器"希腊火"的基础材料。这些物质的商业潜能在 19 世纪中叶才被发掘出来。把原油提炼为照明使用煤油和工业润滑剂的方法主要是由约翰·D. 洛克菲勒的标准石油公司发明的。起初他们只从西宾夕法尼亚州的油田进行生产和销售，但是很快，寻求打破标准石油公司对于国际石油开采和运输的掌控的外国公司开始把目光集中在两个重要的石油产地：里海和黑海地区。

其中一个就是巴库。这个城市位于一个伸入里海的半岛上，俄国于 19 世纪初占领了它。石油一开始从手掘的小坑中收集，但是在19 世纪中叶以后，以宾夕法尼亚州的设备为蓝本制造的钻井设备开始使用。沙皇对石油勘探和运输的官方垄断在 19 世纪 70 年代早期终结，这为外国工业家打开了开发和利用石油资源的大门，其中就包括瑞典的诺贝尔兄弟和罗斯柴尔德家族。在几十年的时间中，巴库周围的地区变成了流着石油河流的黑色钻井铁架塔构成的森林（图 13）。

图 13　位于罗马尼亚的手掘油井，1923 年。在 20 世纪，俄罗斯和巴尔干港口的石油出口就和 19 世纪的谷物出口一样重要。

另一个主要的石油产地在黑海对岸。位于罗马尼亚中南部的普洛耶什蒂的油田从 19 世纪中叶就开始产油。19 世纪 60 年代和 70 年代钻井设备投入使用。在 1878 年独立之后，罗马尼亚发展了本国的炼油工业。国际投资者，尤其是德国人，急切地前往，希求在罗马尼亚的石油产业中分一杯羹。

巴库和普洛耶什蒂的油田的缺点是糟糕的交通状况。它们都离主要的海路很远——巴库在里海内地，普洛耶什蒂在黑海内地，又不靠近多瑙河，并且都没有铁路连接。在 19 世纪晚期，石油从油井到市场的运输依然遵循着最早的宾夕法尼亚油田的模式：把原油灌入木桶，从陆路用四轮马车运输。

19 世纪 80 年代，从巴统到波季之间跨高加索的铁路完成，使巴统成为俄国石油出口的主要通道。在油罐车到达港口之后，原油就可以被泵入新型的跨洋油轮，送到地中海或是更远的地方。管道很快就取代了铁路运输成为石油从油田运输到港口的主要方式。

在西海岸，通到克斯坦斯的铁路早在 50 年代末就开始建设，很快它就变成了米德哈特帕夏进行的最重要的交通工程之一。铁路建设的初衷是为了使谷物运输更为方便。克斯坦斯（古代的托米斯）是西部海岸最好的港口之一，但是它与内地的交通不畅——通过多布罗加草原的泥土路，还有渡过多瑙河更增加了旅行的难度，阻碍了它的发展。计划是在港口和多瑙河流域之间建造一条铁路，再从那里进一步与到布加勒斯特的铁路线相连。克斯坦斯铁路线提供了又一条通往多瑙河上游地区的运输线路。它还同多瑙河平原上的铁路线连接，可直达中欧。苏丹指派了一群外国工程师规划路线并开始铺设枕木。工作频繁停止，尤其是在 19 世纪 50 年代和 70 年代的战争期间；在最后一场俄土战争结束之后，这个港口和多布罗加地区被移交给了独立的罗马尼亚。直到 1895 年，铁路线才在罗马尼亚人的庆祝声中最终完成，他们把港口重新命名为康斯坦察。很快，从普洛耶什蒂油田开采的石油就全都流向了康斯坦察，就像里海地区的石油流向出口地巴统一样。

这些和其他现代化的港口成了原材料和工业革命产品在高加索西部和巴尔干东部的天然中转站。它们是不断增长的从保加利亚到格鲁吉亚的环海铁路线的一部分。在蒸汽机的驱动力下，货物从整个欧洲通过铁路运来，然后通过蒸汽船越过海洋到其他海岸。瓦尔纳早在 19 世纪 60 年代就同多瑙河通过铁路连接在一起，到 20 世纪早期拥有将近 4 万人口。之后它成为新兴的保加利亚王国的主要港口。康斯坦察依然保持着有限的人口规模，但是活跃的石油贸易使之成为罗马尼亚王国重要的商业中心。巴统的人口数目比很多其他港口都少，但是作为出口中心它却是无可匹敌的。从巴统出口的货物价值从 19 世纪 70 年代到 20 世纪最初十年增加了 300％[19]。甚至拜访者还频繁地用较小的俄国和巴尔干港口同南部海岸的港口做比较。这些小港口有整齐的街道和工业仓库，而南部大部分港口却没有经历 19 世纪晚期那场巨变的洗礼。一个于 1910 年拜访巴统的美国旅行者写道："我很高兴能够摆脱每个土耳其港口都有的生锈气味，而且能看到健康干净的狗，摸一摸也不会弄脏自己。"[20]

### "一支不体面的涂鸦游客大军"

19 世纪 50 年代之后，近东困扰不断，关于黑海的话题充斥了西欧人的会客厅。许多英国与法国的家庭现在通过在克里米亚战斗过的父亲、儿子和叔叔，或是在那里照顾过伤员的姐妹和阿姨同这个地区有了个人的联系。这种切实的联系也由无数的记者报道这里发生的国际危机而进一步加强。记录 1877－1878 年冲突战争的装帧漂亮的相册可以在当地的书商那里买到。报纸上记录着生动的奥斯曼帝国迫害基督教徒的故事。许多这样的故事都基于真实可怕的暴力事件：19 世纪 70 年代对保加利亚人的暴行，19 世纪 90 年代的亚美尼亚大屠杀，1912 年到 1913 年巴尔干战争中基督教徒和穆斯林之间的流血冲突。通俗小说家抓住奇异的东方、神秘的后宫、野蛮的突厥人和暴风大作的黑海来刺激伦敦、巴黎和纽约的读者。

外界对于这一地区不断提高的熟悉程度也激起了人们到那里去旅游的欲望。可能是到那里去凭吊在克里米亚战争中死亡的亲属，也可能是去拜访孕育了如此巨大纷争的土地。蒸汽船使海上旅行变得比从前方便得多。已有铁路通往巴尔干的主要城市和伊斯坦布尔，这意味着部分旅程可选择陆路，在舒适的头等车厢中度过。导游手册介绍无畏的旅行者来选择合适的路线，前去拜访最有趣的景点。早在 1840

年，伦敦出版商约翰·莫里就印刷了第一本到"东方"的导游手册，
其中包括去往安纳托利亚沿岸。在克里米亚战争时期和之后，这本书
经历了定期的修订和补充[21]。德国卡尔贝德克公司在这个世纪末进入
旅游产业，并于 1883 年出版了它的第一本俄国旅行指南。

　　卡尔贝德克推荐了一条游遍俄国的为期八星期的旅游线路：从华
沙到圣彼得堡，然后向南前往基辅、敖德萨和克里米亚，最后横渡黑
海前往巴统和高加索地区。这本导游手册在 1914 年出了第一版英文
本，书中提醒游客，他们在这些地方遇到的某些东西可能会出人意料
地"文明"。"敖德萨……是个现代的城镇。"手册介绍说，"对旅游者
来说吸引力不大。"虽则如此，对于航向高加索地区的旅游者来说，
尤其是那些不走寻常路的，旅行手册建议在敖德萨，或者必要时在梯
弗里斯先准备好以下物品：

> 毯子、灯笼、空气枕、橡胶套鞋、闹钟、针线、绳子、
> 带子、腌肉、浓缩牛奶、面包（在山区很难搞到而且不好吃）
> 或者饼干、茶、糖、奎宁、安眠药、凡士林、石碳酸、绷带、
> 肥皂、火柴、蜡烛、驱虫粉、包装纸、纸笔。[22]

如果有人难以获得上述物品，或者遇到了难缠的官员，他总是可以向
地方的领事代表求助。英国、法国、奥地利甚至是美国的代表遍布从
多瑙河到高加索地区的港口。

　　如果要从海上旅行，那还要有些冒险精神。隔离限制会拖延旅行
的时间，雁过拔毛的官员想要割下他们的那一磅肉，而就像旅行手册
说的，"欧洲意义上的旅馆"有时很难找到，尤其是在铁路和蒸汽船
不能到达的地方。但是，根据某些作家的记述，穿过近东的旅程主要

吸引人的地方就在于此。英国旅行作家托马斯·福瑞斯特写道："有些旅行者会把库斯坦季（克斯坦斯/康斯坦察）作为前往君士坦丁堡的起点。

一些人试图穿过黑海前往曾经是帝国的特拉比宗。他们可以从那里前往底格里斯河和幼发拉底河流域，或者在一趟长度不超过伦敦到马赛或者米兰的旅程中……拜访埃尔祖鲁姆，或者是卡尔斯（这个地方非常有名），耶烈万甚至远至德黑兰……这些都可以在一个长秋假中完成。……现在既然所有的古老的陆上路线都"充满了人"，那偶尔乘蒸汽船旅行一下不是可以变成提供许多旅游景点的新领域吗？而且考虑到景点到景点间的距离，蒸汽船可以成为无可比拟的出行方式。"[23]

渐渐地，希望能够找到一些有桀骜不驯的草原或是神秘的东方特质的东西的旅游者，在他们的旅程中变得越来越失望。早在 1867 年，马克·吐温已经被敖德萨宽阔的街道和崭新的房屋震惊。"我从没有像在'登上山丘'并站在敖德萨的土地上之后，那么有回家的感觉，"他写道，"没有什么提醒我们现在是在俄国。"[24]马克·吐温的所见在北部海岸的城市中大多适用。许多睁大了眼睛的好奇的外国人（包括美国人）常常让之后的来访者不快。一个到克里米亚的英国旅游者抱怨他的美国先行者时说："合众国似乎派出了一支不体面的涂鸦游客大军当作它在克里米亚的先遣队。而他们的小刀特别青睐这里的软石……无名氏在（软石）上刻画上了字迹，急切地向全世界宣布他们在纽约和费城'长大'。"[25]

交通运输业的发展不仅可以帮助外国旅游者，而且也包括本地数量不断增加的喜欢远足的人。俄国贵族和帝国行政官在气候宜人的克里米亚海岸建造了令人惊叹的庄园。新俄罗斯的总督和之后高加索的总督米海尔·沃洛佐夫建造了其中最为著名的一座。他在亚鲁普卡的夏宫于 1840 年完成，糅合了数种建筑风格并带有美不胜收的花园。这座夏宫是俄国维多利亚式艺术风格的最主要代表——这在意料之中，因为其设计师正是白金汉宫的建造者。以这些夏宫和花园为中心，新的公众休闲度假场所逐步形成。诗人和御用文人赞美克里米亚是"帝国的花园"。在这个世纪中，随着时间的推移，这座花园愈加怒放。

在游泳的季节，从 8 月中旬到 10 月中旬，雅尔塔、亚鲁普卡和阿卢什塔接待着从俄帝国和外国来的游客。精致的别墅、赌场和其他游泳设施在海岸鳞次栉比。现代的码头和岸堤上满是从敖德萨出发的蒸汽船上下来的时髦贵族。他们呼吸着俄国的里维埃拉有益健康的空气。瓦西里·西多罗夫，一个业余的旅行作家和植物学家，在 19 世纪 90 年代这样描述拜访雅尔塔的人们将看到的情景：

> "纯洁的雅尔塔"——那里有迷你的公共花园，旅游商店中的东西比俄国其他地方贵三倍，每个商店的橱窗中展示的小装饰品上都刻着根本不必要的宣传语"雅尔塔纪念"。那里有别墅、游泳区、邮局和电报局、俱乐部和图书馆、在林荫大道上的盛装散步者……雅尔塔就是为旅游者而生。这里的每件事物都是为旅游者服务的：花园中的音乐，美丽的马车，穿着彩色戏服的鞑靼导游就在堤岸上等着你，备好鞍的马，准备带旅游者在海上一游的手划艇[26]。

其他的旅游者从敖德萨或是其他的克里米亚港口出发，去伊斯坦布尔度假，或是更为虔诚地前往朝圣。俄国蒸汽船使海上旅行快捷而又舒适。旅游者蜂拥上甲板，希望成为第一个看到博斯普鲁斯海峡的人。而头等舱的乘客可以享受到美味的饭菜。就像另一个俄国旅行者在 1898 年所写的：

> 最后，桌子上的睡前茶准备完毕——就像在家里一样。刚出炉的饼干和椒盐卷饼散发着令人垂涎欲滴的香气。在钟形罩中的蜡烛发出摇曳的光芒，投射在白色的桌布上，而轻柔的阴影在乘客低下的面庞上舞动。这些乘客正全神贯注地研究他们的旅行手册[27]。

旅游业的发展意味着越来越多的人能够第一次亲身前往海岸。俄国、罗马尼亚和其他国家的大众读物作家开始记录下他们横跨黑海的旅程。而位于莫斯科、基辅、布加勒斯特和索菲亚的出版公司为有文化修养的内地居民生产了一批又一批的旅游书籍。有些是写了鞑靼行李员、有趣的希腊蒸汽船船长和色情的土耳其官员的小故事的日记，其他则是对于正经历现代化的国家和帝国更为深入的思考。他们表达了对尚未受到污染的边境地区的浪漫看法，已经可以方便地穿过并观察边境地区，而不是感到惧怕。

大多数作家把焦点放在外国邻居的奇怪习俗上。在俄国作家看来，比萨拉比亚的罗马尼亚人是吉普赛式的惯偷。在罗马尼亚人看来，多布罗加的保加利亚人是不知道自己身份的、小丑一样的农民。对于上述所有的人，突厥人是天然的入侵者，感谢上帝，他们在欧洲的存在似乎正走向终结。如果他们能够买得起图画的话，旅行者可以带一幅黑海的回家。这些图画正是各种文明的大杂烩。伊万·艾瓦佐夫斯基（1817－1900）是费奥多西亚的原住民，19世纪中无人可及的描绘本都地区海景的画家，他能够捕捉到风暴大作的大海和其海岸线的景象，以及敲打着克里米亚古老悬崖的波浪和在通向文明的道路的海滩上重重叠叠的激流的精髓。在一个世纪之前由英国和法国的旅行作家游历并描绘的地区，现在在内地兴起的城市中心的观察者眼中被赋予了新的意义。

许多旅行者都很惊讶地发现，他们对自己的祖国所知有多么少。他们遇到了和说不同语言的人，其风俗让他们想起正在消逝的东方，而非如今环绕在黑海大部分海岸的精致的基督教国家。从莫斯科和圣彼得堡来的拜访者通常带着新闻回到他们的海岸，除了克里米亚的旅游景点外，他们国家的海岸地区看上去像是另一个国家。俄国作家谴责过量的财富对港口城市尤其是敖德萨的影响。而"无止无尽的犹太人"为城市带来了一种被商业吞噬的已死的精神[28]。在繁荣的谷物、汽油和其他产品的贸易中茁壮成长的港口城市吸引了各种人，每种人都带来了自己的语言和生活方式。就像某些人所抱怨的，作为帝国的前厅，这些都市中的俄国元素被冲淡到了危险的程度。"不幸的是，新罗西斯克远不是一个具有俄国特征的城市"，一本流行的俄国旅行指南在1891年提到，"无论是在（城市）人口还是在临近的乡村人口中，外国商人——希腊人、日耳曼人、亚美尼亚人、捷克天主教徒，通常都是外国的属民，和当地的外国族裔人口势力都非常强大。"[29]

所有在海周边的这些"当地的外国族裔人口"——犹太旅店老板，希腊和亚美尼亚的商人，穆斯林高地人，都会成为位于首都的国家政府越来越担心的对象。许多游客发现，在内地的学校中教导的超越时间的纯净民族观念，在公共假日中被纪念的民族解放斗争，诗人和历史学家大肆宣扬的种族纯洁与宗教虔诚的理论，同海岸地区复杂的种族共存现实格格不入。

## 克斯坦斯铁道上的麻烦

一个名为亨利·巴克利的年轻英国土木工程师是最早发现克里米亚战争之后黑海地区在运输、商业和旅行方面发生的巨大变化的欧洲人。在 19 世纪 50 年代末，巴克利受他的同奥斯曼帝国做生意的商人哥哥之邀，前往帮助设计和建造多布罗加海岸地区的铁路。很快，这里就变成了吐纳行省。

巴克利的公司是黑海西岸铁路发展的主要推动者。它获得了从瓦尔纳到克斯坦斯再到多瑙河边铁路线路的铺设权，公司后来帮助独立了的罗马尼亚建设了这条铁路。就像俄国人推动泛高加索地区的铁路建设，来减少英国在特拉布宗获得的利益一样，奥斯曼人希望连接瓦尔纳和克斯坦斯的铁路能够帮助这些港口同敖德萨竞争，尤其是考虑当他们开始这个计划的时候，敖德萨还在使用牛车而非火车运输小麦。

巴克利坐汽船到达瓦尔纳。从伊斯坦布尔到该地的旅程风浪不断，他晕船晕得很厉害。一辆同样颠簸不停的马车把他带到了克斯坦斯。他在港口花了几个星期休养，参加了好几次前往沼泽平原的打猎活动，每次都带回来大量的野兔、鹧鸪和大鸨。最后伦敦总部来信说建设工程可以开始了。这才是真正的冒险开始的时候。

巴克利负责率领 500 名左右的工人平整铁路沿线的土地。他们是从多布罗加省各地征召来的——有基督徒也有穆斯林，摩尔多瓦人、瓦拉几亚人、保加利亚人和突厥人的混合，由从杜汉出身的持短棍的工头监视。他们用懒洋洋的眼神恐吓当地人。

工作的环境非常糟糕。昆虫在沼泽中滋生，疟疾一直是一个问题。通常用来驱蚊的办法是点燃肥料堆，但这也令人难以忍受。工作本身也非常艰辛。平原的土在夏天板结，并且在挖掘的过程中工人们经常遇到有纹饰雕刻的石头或是墓穴，这些都需要移走或者挖穿。巴克利通常命令工人把这些古董敲开或是粉碎。但是有些他送回了位于牛津大学的博物馆。

从克斯坦斯到多瑙河上的卡拉苏村的铁路终于在 1860 年竣工。但是当第一列机车开始穿过草原的短途旅行时，更多的问题出现了。当地农民不知道火车不是说停就能停的，他们在机车接近时依然赶着自己的羊群穿过铁路，结果令人反胃。"我将永远不会忘记机车那时糟糕的景象……"之后巴克利在描述火车撞到有 70 只羊的羊群时写道，"从铁道到烟囱的顶部都是血。尽管我半蹲在燃烧室后面，身上也好不到哪里去。这个景象让我想吐，我的脸上和手上全是热热的鲜血"[30]。

然而在之后的几十年中，铁路成了多布罗加进步的驱动力。1895年，跨越多瑙河的桥梁的建成使得铁路能够延伸到布加勒斯特，同通往中欧的干道连成一片。正如克斯坦斯/康斯坦察在 1878 年之后成为了罗马尼亚的主要海港，瓦尔纳则成了同是《柏林条约》所创造的保加利亚公国的主要海上出口。这两个海港都是从多瑙河到伊斯坦布尔的重要停靠站点。

巴克利知道，他正参与一项能够对西部海岸的商业做出巨大贡献的工程。但是在他在多布罗加的几年中见证的所有事件里，有一件事尤其在他的脑海中萦绕不去。他在回忆录中用一定的篇幅描述了此事。

在巴克利来这个地区的大部分时间中，克里米亚鞑靼人通过海路和陆路不断地涌入多布罗加。许多鞑靼人是因为害怕沙皇政府的报复，沙皇政府因为少数人在克里米亚战争中同盟军采取了合作态度而怪罪所有鞑靼人。另外一个原因是他们希望获得由奥斯曼帝国保证的耕地，这是奥斯曼人在一个基督教徒占大半的省份中增加穆斯林人口的方法之一。巴克利看着满载着克里米亚鞑靼移民的船只驶进克斯坦斯港。

蒸汽船和帆船载着成百上千紧紧地挤在一起、缺水少食的乘客。所有剩下的空间都被行李占满了，包括农业用具、小车，甚至是骆驼和其他牲畜。许多鞑靼人都饱受疾病和更糟糕的传染病如天花、伤寒和麻疹困扰。这些疾病在船只和港口之间传染，最终蔓延到整个省。在海上死亡的人就被扔进海中，即使船已靠港。克斯坦斯到瓦尔纳的海滩上到处都是死尸。

在巴克利的指导下，新铁路线很快就投入使用。鞑靼移民被装上车厢向奥斯曼帝国指定的区域转移。然而一旦他们遇到河流，通常船只都不够。成千的人都需要在河岸上草草扎营过夜等待船只的到来。这种景象十分恐怖。"许多人的健康状况都很糟糕，不能随便移动。但是他们也不能在河岸上暴晒。所有这些人都得被带走，"巴克利回忆道，"许多人都死在车厢里。尸体被他们的朋友扔出火车，这些人已被苦难折磨得麻木不仁。其他在车厢中死去的人就扔在了里面，被他们还活着的同胞践踏成了肉饼。"[31]

巴克利目击到的是一系列长距离大规模人口迁徙运动中的第一场，这些运动将会重塑黑海海岸地区的特征。19 世纪 50 年代和 60 年代早期，成百上千的克里米亚鞑靼人从俄罗斯帝国离开，进入奥斯曼人的土地，有些前往安纳托利亚，但是大多数前往保加利亚、塞尔维亚和色雷斯。很快其他民族也跟随他们的脚步，规模则更大。俄国征服高加索地区北部，引起的切尔克西亚人和其他高地穆斯林的强制迁移；在东安纳托利亚，于 19 世纪 90 年代发生的对亚美尼亚人和其他基督徒的大屠杀；在巴尔干战争和第一次世界大战中逃亡的基督徒和穆斯林难民；奥斯曼帝国从 1915 年开始到 20 年代早期对亚美尼亚人、希腊人和其他民族有组织的屠杀和驱逐。现代运输科技使黑海周边的货物，如谷物和石油能够更为方便地运送，但是同时它们也提供了摆脱"当地的外国族裔人口"的快捷而有效的方式。

## 迁离运动

人口被迫迁移，无论是武装冲突的难民或是被政府赶离家乡安置在新的土地上的移民，在黑海的周边都很常见。当然在欧洲其他部分也司空见惯。在古代，港口城市是流放不敬的诗人和持不同政见者的地方。在奥斯曼时期，一种名为"*sürgün*"的行为（也就是驱逐整个村庄）不仅用来惩罚不忠诚的人民，而且被作为向人口密度较小的地区殖民的手段。在 18 世纪和 19 世纪，俄国也采用了近似的手法。鞑靼人、希腊人和亚美尼亚人被逐出克里米亚。斯拉夫农民则被向南安置，在新俄罗斯的草原上定居。流放作为惩罚和作为人口政策之间的界线是非常灵活的。但是很少出现以一个特殊的文化族群集体犯罪为理由进行人口迁移的情况。帝国进行人口工程是因为这是君主的特权，无论是凯撒、苏丹还是沙皇。

从 19 世纪中期开始，有组织的人口移动既在速度上加快又在本质上改变了。人口迁移能够比过去更方便地完成。铁路和蒸汽船使大规模运输变得比在牛车和风帆的时代简单得多。同时还有哲学上的刺激。民族主义起先还是局限于欧洲知识阶层中的文化运动，之后就成为了国家政策。它把政治合法性和以文化来界定的民族的历史命运连接在了一起。这提供了将人口从一地迁到另外一地的额外的理由。

黑海周边国家的中心组织思想明显出现了微妙的改变。奥斯曼帝国和俄罗斯帝国在 19 世纪中叶都经历了实质性的改革。在坦吉马特时期，奥斯曼帝国希望能够赶上欧洲先进的科技，并且重塑帝国的认同——通过在确立伊斯兰教中心位置的同时，对其他宗教宽容以待，成为宗教宽容的国家。受克里米亚战败的刺激，俄国也开始了一系列的改革，结束了农奴制。但是这两个时期都是短暂的。苏丹阿卜杜拉·哈米德二世（1876－1909 年在位）终结了坦吉马特时期，重新把帝国定位为一个保守的伊斯兰教国家。沙皇亚历山大三世和尼古拉二世也进行了反改革运动，重新拾起东正教、专制和民族主义这三位一体的国家理念。在这些帝国内部和周边，更小的但是也非常排外的国家也出现了。罗马尼亚在 1878 年得以独立，它立即着手建立一个罗马尼亚人的国家，驱逐了居住在同一片土地上的犹太人和其他从宗教上和民族上界定的少数族群。所有这些理念——文化上的纯洁性，国家的领土和居住其上的异族人，导致的结果都是超大规模的对居住区和认同的重新安排。

19 世纪最早的人口强迫迁徙是边境战争的产物，一种世界其他地方也有耳闻的安定边境的方法。当一群难以驾驭的当地人拒绝承认正在扩展的帝国的宗主权，政府就把他们迁移到其他地方。俄国向高加索高地的扩张伴随着森林砍伐，村庄毁灭，平民的迁移——这些政策由帝国的总督沃洛佐夫首先发明并执行。他之前是新俄罗斯的总督。19 世纪 60 年代早期，剩余高地人民的抵抗在军事上失败之后，俄国政府组织了对高加索村庄的系统清洗。成百上千的高地穆斯林切尔克西亚人、车臣人等被驱赶到奥斯曼帝国。船只从高加索港口出发至锡诺普、特拉布宗和瓦尔纳。在那里高地人能够下船。疾病、脱水和饥饿造成了大量的死亡，观察家把这些船称为"浮动墓地"[32]。然而奥斯曼帝国也在实行驱逐政策。就像俄国人希望摆脱边境地区不易控制的穆斯林，然后用斯拉夫农民和哥萨克人填补这个空白一样，奥斯曼帝国把高地人驱赶至己方不安定的边境地区进行殖民，像巴尔干、东安纳托利亚和阿拉伯地区。

19 世纪后半叶，鞑靼人、高加索高地人和其他穆斯林大量地迁

出俄国——从克里米亚和高加索地区大约有 150 万人离开，大多数人
都在路上或是到达目的地不久死亡。根据计算，作为穆斯林离开的直
接结果，克里米亚的人口减少了 1/4，高加索高地的人口减少的程度
还要更高一些[33]。1877 年到 1888 年的战争为更多的群体从塞尔维亚
和罗马尼亚离开提供了动力，尤其是鞑靼人和其他穆斯林（包括我们
现在称为土耳其人的那些人）。更多的人在 1912 年和 1913 年巴尔干
战争的动乱中离开。总体上，在第一次世界大战前的一百年间，至少
有 2.5 万或者更多的穆斯林平民死于战争或是俄国和其他巴尔干国家
的种族清洗政策[34]。

　　在黑海另外一边的整条东南海岸上，类似的事情也发生在奥斯曼
帝国港口城市和安纳托利亚内地的基督教群体中。像特拉比宗、萨姆
松和里泽这样有着长久进行商业贸易历史的城市，吸引了希腊和亚美
尼亚商人，以及从安纳托利亚、爱琴海和其他地方来的基督教群体。
这些群体成为了当地人口的重要组成部分。亚美尼亚人的社会和家族
关系网覆盖整个近东，这成了从大不里士的巴扎到莱比锡的市场的国
际贸易网络的核心。在大部分地区，各种宗教团体之间相对和平，每
个团体对于自己的内部组织和事务都有一定程度上的控制。宗教自治
是奥斯曼帝国米利特（Millet）系统的基础。但是，高加索穆斯林涌
入港口，并在内地重新定居造成了无数的土地权争端和高地人定期的
劫掠。新移民感到遭到了旧团体的剥削，而亚美尼亚和其他基督教徒
感到被穆斯林移民的大潮所吞没。

　　俄土战争以及之后的和平为这些团体间的紧张态势提供了一个政
治解决方案。受巴尔干地区基督徒成功推翻奥斯曼帝国统治并建立新
的国家所鼓舞，亚美尼亚人的领袖人物（尤其是居住在西欧和俄国
的）不断推动一个自治或是独立的亚美尼亚国的建立。革命团体为了
达到此目的不惜使用武力。沙皇将此视为对抗奥斯曼帝国的潜在杠

杆，鼓励这些志士。19 世纪 70 年代发生的种种事件为亚美尼亚团体和奥斯曼帝国不断增长的冲突准备好了舞台。在港口城市，人们对激进亚美尼亚团体的支持有限，但是他们不满于奥斯曼帝国的赋税系统，加之被内地来的库尔德人和其他穆斯林包括高加索难民劫掠，也是不满的原因之一。

在 1894 年夏天，安纳托利亚东部的萨姆松的亚美尼亚人因赋税而发动了暴乱。这是革命组织希望进行对抗帝国的全面叛乱的先声。他们的努力以失败而告终，但是革命的迹象对于阿卜杜拉·哈米德二世来说是个方便的借口。从 1894 年到 1896 年，奥斯曼非正规军镇压了一系列臆想的起义动乱，之后对亚美尼亚社区进行了大规模的攻击。8 万（某些统计数据甚至高达 30 万）亚美尼亚人和其他族群在政府进行的惩罚、混乱中的抢劫行为、土地争端和部族报复的混战中死亡[35]。

"哈米德大屠杀"的目标不是完全灭绝或是驱逐亚美尼亚人，但是这的确标志着自 30 年前鞑靼人和切尔克斯人出逃后的又一巨大变化。俄国在高加索战役中采取了令人憎恶的战术：烧毁村庄，其中的男女老幼被关起来带往新的地方。其理由并不是因为他们是穆斯林，而是因为他们阻挡了俄罗斯帝国扩张的道路，他们居住的尚未征服的高地被俄国看作是安全威胁。亚美尼亚人的情况则不同，他们的社区成为目标的原因是他们的身份。沿岸港口城市的亚美尼亚平民和整个东安纳托利亚主要城市和乡村对于奥斯曼政府形成的威胁极小。革命派的行动局限于基地位于外国的游击队——通常得到奥斯曼帝国内的亚美尼亚精英的帮助。事件后来的发展表明，"哈米德大屠杀"只是这一地区人民苦难的开始。在黑海周围的这些人都被贴上了对国家和帝国的固有威胁的标签，被杀害或是被迫背井离乡。"当地外国族裔人口"和敌对民族的理念在之后达到顶峰，即在 1915 年到 1923 年之间沿海地区爆发的多民族和多宗教社区内部大分离中。

　　第一次世界大战很晚才波及黑海地区。而且这里的海军行动从战略层面上同其他东线战场上部队的行动相比并不太重要。俄国和土耳其在 1914 年 11 月正式参战，分别加入了协约国和同盟国阵营。但是保加利亚直到次年才加入了同盟国一方。又过了一年之后，罗马尼亚才被说服打破中立，把宝押在英法一方。协约国很早就试图占领这个地区最重要的战略位置——达达尼尔海峡，通往伊斯坦布尔和黑海的入口，但是他们对于加利波利失败的进攻占用了 1915 年的大部分时间。

　　在海上，俄国和奥斯曼帝国的海军很少交战。双方参战时均准备不足。从人员和装备来说，俄国舰队都非常糟糕。俄国船只上严酷的生活环境导致了 1905 年夏天巡洋舰"波将金"号上发生的著名事件：发动兵变的船员控制了船只并驶向康斯坦察。奥斯曼帝国也好不到哪里去。帝国拨给海军的预算微不足道，因为国家巨额的公共债务意味着不可能进一步贷款。此时的奥斯曼帝国对内部叛乱的担忧远远超过在海上展示力量的欲望。在战前，宪兵（19 世纪 90 年代国家主要的暴力工具）的开支超过了整个海军的预算[36]。此外，苏丹放弃了与英国海军长久以来的联系，来交换同德国更亲密的关系。这种亲密关系最终让德国向奥斯曼帝国军队赠送铁甲舰并配备好了德国船员队伍。

　　奥斯曼人在沙皇宣战之前就尝试攻击俄国的基地。奥斯曼船只炮击了塞瓦斯托波尔、新罗西斯克和敖德萨。但是俄国的损失微不足道。俄国人迅速用在安纳托利亚海岸进行大规模布雷并扰乱奥斯曼帝国煤运的方式进行反击。这个战略实质上到 1915 年年中毁灭了所有奥斯曼帝国海军依靠煤作为动力的船只（奥斯曼海军只能使用博斯普鲁斯海峡的客运轮渡和小型帆船运煤）。唯一的一场大型战斗在浓雾中于克里米亚海岸附近展开。这是德国（现在挂着奥斯曼旗帜）的无畏级战舰"戈尔本"号（*Góeben*）同俄国战列舰之间的战斗。结果只有不到 20 人伤亡。在陆地上，俄国人从南高加索向东安纳托利亚进军，在 1916 年春天占领了埃尔祖鲁姆和特拉布宗。在 1917 年革命中俄国军队的崩溃使奥斯曼军队能够夺回南部海岸。但是在这个阶段，黑海已经不是一条重要的战线。真正决定奥斯曼帝国命运的战场是西南方同英军作战的黎凡特地区。奥斯曼帝国在近东和中东的胜利在接下来的一年中逐渐被逆转。

这场战争催生了一系列大型人口移动，使 19 世纪的几次迁移相形见绌。在安纳托利亚东部，亚美尼亚革命分子的起义伴随着俄罗斯人在高加索战线上的胜利，奥斯曼对于俄罗斯的反击包括对亚美尼亚平民的报复。这些大屠杀和强制迁徙运动现在被一个拒斥奥斯曼帝国宽容理念，而拥抱一种新的土耳其民族主义的政府所承认，渐渐发展成了 1915 年有组织的大屠杀。意大利驻特拉布宗的总领事回忆他在港口的见闻时说道：

> 在领事馆窗下和门前经过一批批的亚美尼亚流放者，他们祈祷着帮助，而我和其他人都没法做任何事来回应他们。城市像被围攻一样，每个要点都被全副武装，总计有 15 000 人的士兵、上千名警察、一群群的志愿者所守卫……每天在流亡的路线上都能发现成百的尸体。年轻的女性或被迫信仰伊斯兰教，否则就像其他人一样被流放；小孩被从他们的家庭或是基督教学校中抢走，交给穆斯林家庭或是成百地登上船只，身无长物，只穿着一件 T 恤。船只会在黑海和得耶门得烈（*Deyrmenderé/Degirmendere*）河中倾覆，将孩子们淹

死。这就是我对特拉布宗抹不掉的记忆……[37]

在整个奥斯曼帝国中，安纳托利亚东部行省的情况特别严重，一共有 80 万到 150 万名亚美尼亚人和其他安纳托利亚的基督徒在被迫迁往远离敏感边境地区的新居住地的长途跋涉中死亡或被杀。

在巴尔干地区，协约国军队的前进导致了当地穆斯林人口的逃离。在崩溃的奥斯曼和俄罗斯帝国各处，各种宗教的难民逃往海港以避开暴力和饥饿。平民把海港塞得满满当当，等待着俄国、英国或是美国的船只把他们带到安全的地方。欧洲和美国的人道主义工作者到达后组织了分发食物和衣物的工作。而成百上千的孤儿则被送往国外开始新生活。

停火使西线的战斗得以终止，但是在黑海北部，俄国内战意味着更多的难民潮和乌克兰草原发生的大饥荒。很快，一个大型的人道主义项目被建立来对应这种情况。1919 年初，美国国会拨款 1 亿美元用于对俄国、亚美尼亚、希腊东正教徒和其他在小亚细亚的基督教及犹太人口的人道主义援助。一个新的美国人道主义管理部门，由赫伯特·胡佛领导，被设立来分配援助的款项。数百人被派往巴尔干、俄国、土耳其和高加索地区监督项目的实施。这个行动在俄国一直持续到布尔什维克政府执政后的 1922 年秋。美国和其他协约国的船只在黑海港口巡逻，保障港口的安全并协助俄国难民撤到希腊或其他的国家。然而很快，欧洲列强不仅帮助把人们送往安全的地方，而且实际上承认了他们被永久性地驱离——这就是国际条约促成种族清洗的一个例子。

当第一次大战结束时，大部分奥斯曼黑海海岸被协约国所控制。在 1918 年 10 月，奥斯曼帝国签署了停战协议之后，两大海峡地区就被占领。之后，英军很快占领了巴统和到巴库的外高加索铁路。其他的协约国占领了黑海北部的港口。这些港口里充满了逃离正在酝酿内战的俄国的各地难民（图 14）。这些港口不仅成为了平民的避风港，也成为了协约国帮助在乌克兰和俄国南部的反布尔什维克军队的通道。位于伊斯坦布尔的协约国最高委员会成为奥斯曼帝国和黑海海岸大部的实际的政府。它负责监督包括安纳托利亚甚至整个俄国南部饥饿和无家可归的人的援助。

图 14　1919 年，一艘满载着难民和白军士兵的船只在俄国内战中逃离塞瓦斯托波尔。

　　奥斯曼国家被击败并被占领了，但是一股突厥民族主义的力量在中安纳托利亚集结。地方势力宣布建立了许多"迷你国家"——包括一个希腊人的"本都共和国"。困难的问题是如何处理奥斯曼帝国遗留的问题。难题随着奥斯曼政府和协约国在 1920 年签署《塞弗尔条约》而正式得到解决。条约建立的是一个领土剩余无几的非军事化的土耳其国家，由被希腊和意大利的保护国、一个独立的亚美尼亚国和库尔德斯坦所分割的地区包围。原帝国的边缘地区被置于英国和法国托管之下。一个国际委员会被指定负责管理两大海峡。两大海峡不论在和平还是战争时期都应该对所有的船只开放。奥斯曼海军几乎完全被解散。

《塞弗尔条约》只满足了少数人的利益。对于现在事实上控制着大部分安纳托利亚的奥斯曼帝国的残余军队来说，这个条约是压垮这个行将灭亡的帝国的最后一根稻草。对于一些协约国，尤其是希腊，这个条约还不能满足它们。因为条约中没有提到建立一个中心位于伊斯坦布尔的"希腊帝国"。结果，继续打仗成了解决这些差异的工具。原本希腊军队的任务是占领爱琴海沿岸，现在他们开始向中安纳托利亚推进。临时从家中召集来的奥斯曼军队在加利波利的英雄之一穆斯塔法·凯末尔的指挥下重新整编，开始进行反击。一场新的希腊-土耳其战争持续到 1922 年 10 月，直至新的停战协议签署时才结束。

在冲突的末尾，各方进行了谈判，形成了新的共识以替代《塞弗尔条约》。共识承认了希腊-土耳其冲突造成的现实。这场战争毁灭了安纳托利亚，赶走了居住在那里的人民并扫平了许多重要城市，如士麦那，撤退的希腊军队就在逼近的凯末尔军队的面前烧毁了它。希腊远征军的撤退伴随了更大的难民潮。土耳其人攻击任何他们认为认同《塞弗尔条约》旧条款的族群——希腊人、亚美尼亚人等。奥斯曼帝国终结了；苏丹制被废弃，一个新的土耳其人的民族共和国取代了奥斯曼人和帝国理念，宣布建国。凯末尔很快被塑造为"阿塔图尔克"，[①] 领导他的党派在新议会中赢得了大选。

新一轮的协商结果是惊人规模的有组织的人口迁移。这种交换由土耳其和协约国在 1923 年 7 月签订的《洛桑条约》规定[38]。作为使希腊和土耳其的族群人口单一化，并从双方政府的报复中保护少数族群

---

① Atatürk，意为"土耳其之父"。——编者注

的努力，条约规定，将多达 150 万在安纳托利亚包括黑海港口城市的东正教徒强制迁移至希腊。而 35 万名左右的穆斯林则要迁出希腊，尤其是爱琴海马其顿地区（在伊斯坦布尔的希腊东正教徒和色雷斯地区西部的穆斯林免于遭到驱逐）。除了大迁移，这次为主要的欧洲国家所接受的心理创伤之外，移民在路途上也经历了许多更具体的苦难。在被装载上挤满人的船只之前，移民居住在临时搭建的营地中。强盗和雁过拔毛的行政官员在他们搭上船前后夺走他们的财产。他们与新的社会环境的融合通常并不充分。而且，移民身份常常使融入新环境变得困难。《洛桑条约》说得好像区分"希腊人"（通常指东正教徒）和穆斯林是很容易的事情——而且好像"希腊人"对希腊就有天生的亲近感而新建的土耳其共和国就是穆斯林天然的家园。但是在许多社区中，分界线并没有那么清楚。一个信东正教的人，条约中"希腊人"的唯一评判标准——可能只会说土耳其语，或是爱琴海希腊人听不懂的希腊语变种。而一个希腊的穆斯林可能在希腊语或是巴尔干斯拉夫语言环境中觉得最为舒适，而非土耳其语环境。

　　无论如何，社区根据条约认为他们应该拥有的族群特征进行整体的移动。一个人或是一个家庭是否是"特例"的争端——从属于强制迁移，由一个依据《洛桑条约》成立的国际政府间特别委员会裁决。在 20 世纪 20 年代中叶，特拉布宗、萨姆松和锡诺普实际上已经没有基督徒。即使是位于马祖卡地区的本都高地希腊语社区，这个拜占庭修道院和村庄的最后的遗留也走到了尽头。这里的人依旧称呼自己为罗马人（Romaioi 或者 Rumlar），但突然他们变成了"希腊人"，就像之前的穆斯林变成了"土耳其人"一样。他们双方都发现自己位于新的民族性很强的土地上。他们从来没有对于这片土地的认识。这是"彻底失败并且邪恶的解决方案"，《洛桑条约》框架的设计者之一，寇松勋爵宣布，"之后一百年的世界都会为此付出代价"。[39]

这些强迫移民和其造成的死亡是否是种族屠杀的一例？区分种族屠杀和其他在人口移动中发生的有组织暴力的关键标准有两点：第一，消灭一个民族的意愿程度，而非仅仅是把他们从一片领土上转移；第二，是否存在鲜明的意识形态，例如种族优越感，来使屠杀正当化。仅有很少的情况，像1915年亚美尼亚的情况，看上去像政府实施的灭绝，至于有一以贯之的意识形态的情况就更少了。但是种族屠杀、种族清洗和强迫迁移之间的概念区别在国家组织的暴力所针对的目标群体看来并无意义。对于大多数受害者和他们的子孙来说，驱离和杀戮如今被看作重要的历史事件，是这些族群集体意识觉醒的转折点。这些事件都有名字：亚美尼亚人称之为"*Ch'art*"，本都希腊人称之为"*Katastrophe*"，土耳其人称之为"*Mübadele*"。

从19世纪60年代到20世纪20年代黑海海岸人口分布的变化是政府政策的直接结果，且其规模前所未有，并对受害者造成了悲剧的结果（图15）。克里米亚鞑靼人口自18世纪以来不断处于下降的过程，现在则因迁往保加利亚和其他奥斯曼土地而进一步削减。西部高加索高地则实际上成为了无人区。原先的切尔克西亚人和其他高地人散居在巴尔干和中东各地。特拉布宗、萨姆松和其他南岸和东南岸海岸港口的亚美尼亚社群在19世纪90年代的大屠杀之后开始消失，在1915年有组织的屠杀中完全被扫除。在不到十年之后，东正教基督徒——也就是希腊人，但是和希腊这个民族国家几乎没有联系，从海岸地区离开，"回到"了希腊。

在20世纪剩下的时间中，海岸地区一向独特的多元文化进一步消失，造成这一现象的最重要的事件，有第二次世界大战期间对犹太人的大规模屠杀和对克里米亚鞑靼人和高加索人的驱离。与海岸地区快速的文化同质化相应，历史学家、作家和其他的民族主义知识分子在自己的领域中进行相似的工作：净化历史记录，试着发现，或者在

图 15　战争中的命运：俄国的幼童难民到达伦敦的滑铁卢站，在去南非被收养的路上，20 世纪 20 年代左右。从 19 世纪 60 年代到 20 世纪 20 年代及之后，被迫的人口迁移为黑海地区的人口分布带来了前所未有的改变。

大部分情况下建构内陆民族和黑海本身之间古老而又明显的联系。

### "水域的分割"

　　随着 19 世纪末 20 世纪初海岸地区独立的新国家出现的是国家对海洋与资源的控制问题。早在 1878 年，多瑙河"水域的分割"——也就是划定各国渔业的范围和确定三角洲地区不断改变的河道中的国界，在《柏林条约》中就已出现。在接下来的几十年中，决定哪个国家拥有黑海哪片海域，是沿海国家外交之中重要性不断增加的主题。

　　"领海"这个概念本身明显自相矛盾，这是把土地所有权延伸到海上的结果。这个概念在 20 世纪的国际法中依然没有完全确立。其发展取决于几个因素：国际法机构的建立，科学在经纬度测量法上的进步，航海科技的进步允许各国能够在其宣称拥有主权的水域巡逻。在黑海上的各国边界线的确定落在了世界其他部分的后面。即使是现在，依然没有国际协议规定黑海海岸各国专属领域距离其海岸的距离。捕鱼权的争端也是一个问题。2000 年，乌克兰海岸警卫船开火击沉了在乌克兰宣称拥有主权的水域中游弋的一艘土耳其拖船。

然而，在两次世界大战之间，两个重要的规范黑海和海峡地区国际关系的公约达成。赞成希腊－土耳其人口交换的《洛桑条约》也规定了通行爱琴海和黑海之间的问题。这个条约确认了和平时期通过海峡的完全的航行自由。不仅商船可以通过，战舰也可以。但是前往黑海地区的军事部队最大不得超过以下任一海岸国家所维持的最强大的海军：保加利亚和罗马尼亚王国，苏联和土耳其。博斯普鲁斯海岸和达达尼尔海岸必须非军事化。土耳其放弃在海岸 15 公里以内部署部队和军事装备的权力。对于这项条款的不满使土耳其在十年之后试图修改《洛桑条约》。一份新的国际文件——1936 年的《蒙特勒公约》，归还了土耳其在海峡的海岸地区主权并重申了和平时期的自由通行权，在战时土耳其保留根据本国的判断管理海峡通行权的权力。公约也对外国势力派往黑海的海军船只的大小和数量及它们在黑海的逗留时间做了规定。除了土耳其在 1990 年单边增加的几条安全规定之外，《蒙特勒公约》到今天依然是管理黑海进出的国际公约。

但是国家还以更深刻的形式对水域中发生的事情给予越来越多的关注。这片海域及其中的领海不仅成为海岸国家的分内事；而且两者都被尊为国家的历史前身留给它们的遗产。历史学家在历史中找寻盖塔人和达契亚人、色雷斯人和其他古代民族航海倾向的证据。同海洋的联系被尊为国家伟大的精髓，同更广阔的世界的关键联系。在 19 世纪末命名了第一艘罗马尼亚蒸汽动力炮艇之后，罗战争部长叫嚣其

主要任务不仅仅是"指导人民的孩子们航海的艺术"而且是在水上
"鼓励他们夺回失去的土地"[40]。在俄罗斯帝国晚期，著名的历史学家
N. S. 索洛维约夫明确指出了 9 世纪的黑海把罗斯人——已经被重新
界定为原最早的俄罗斯人，同欧洲其他部分联系在一起的方式，以及
灾难性的游牧民族入侵最终切断了这条文化和经济上的联系：

> 南部罗斯人的土地是一块边地，草原的欧洲边缘。这是
> 一道脆弱的边缘，没有任何天然保护，因此频繁地遭到游牧
> 民族入侵……游牧民不仅攻击罗斯，还切断了当地同黑海海
> 岸的联系，使他们同拜占庭的联系变得困难……野蛮的亚洲
> 人致力于切断罗斯人同有教养的欧洲所有的联系[41]。

索洛维约夫多卷本的俄国历史写到 18 世纪 70 年代中期为止，那
时俄国已经重建了同北部和南部欧洲的联系，通过瓜分波兰和黑海的
开放——终于摆脱了数世纪之前野蛮人入侵带来的与欧洲的疏远感。
根据索洛维约夫所说，帝国和俄罗斯民族重新成为欧洲的先进民族，
并接近世界各大洋。

黑海沿岸的古代居民被借用来证明这些民族和这片水域的正当联
系。新兴的民族历史科学在昏暗的过去寻找着现代国家和民族的起
源。罗斯人成为了俄罗斯人，或者对于之后的乌克兰历史学家来说，
离散的乌克兰人。盖塔人和达契亚人，在图拉真征服了多瑙河北部之
后拉丁化，被视为罗马尼亚人的原型。色雷斯人变成了保加利亚人。
如果发现有些古代的祖先还活着，国家就设立政策同他们建立联系。
举例来说，在巴尔干南部，罗马尼亚王国致力于同瓦拉几亚人建立联
系。他们是高地上的牧羊人，操着一种同罗马尼亚语相似的拉丁语

言。在第一次世界大战之前，罗马尼亚国家资助瓦拉几亚儿童上学并设立奖学金。在 20 世纪 20 年代，国家资助了一项"殖民"项目，目的是把散落在阿尔巴尼亚、希腊和马其顿的上千个瓦拉几亚家庭带回多布罗加。从国家的角度来看，殖民计划有双重吸引力：它将未被解救的罗马尼亚民族的一部分带回了他们认定的祖国，而且这也对平衡某些地区非罗马尼亚语人口，如保加利亚人、土耳其人和鞑靼人占主要地位的情况有所帮助。

　　重新发现海岸的古代民族的努力有些时候会被导向怪诞的方向。就在第一次世界大战之前，据说有一群"奈格罗"人生活在海港巴统附近，他们是过去被卖到奥斯曼帝国的黑人奴隶的后裔，或者在最狂野的猜测中，是以色列失落的部落的一支或者是卷发的科尔喀斯人（根据希罗多德的描述，他们是埃及人的后代）的后裔。俄国的民族学家前去研究这个奇怪的族群，但是他们通常只是发现几个黑肤色的人，远远不是他们所期待的什么"部落"。无论如何，在整个 20 世纪中，黑海奈格罗人的故事周期性地出现。在两次大战期间，苏联宣传家把他们当作"民族的友谊"和苏联国家中文化共存的例证。而某些美国黑人活动家认为这个"部落"是共产主义能够带来的种族和谐的证明[42]。

　　当然，对于黑海和这里失落民族的热衷的确也带来了一些摩擦。因为一个族群所宣称拥有的遗产可能也是另一个民族想要的。罗马尼亚和保加利亚的历史学家在多布罗加的古代原住民问题上就有分歧，有些人认为是原始罗马尼亚人，有些人认为是原始保加利亚人。俄罗斯和罗马尼亚在多瑙河北部的摩尔多瓦和瓦拉几亚大公国的中世纪历史上也有争论——是斯拉夫文化还是拉丁文化的代表。保加利亚和鞑靼人都宣称是古代发源于伏尔加河的保加尔汗国的后代。乌克兰人和俄罗斯人都把罗斯人看作是他们国家的先驱，同时也是黑海北部最早的斯拉夫国家。

对于许多海岸国家的历史学家来说，展示民族与这片水域的联系在保证国家的独立和阻止俄国的帝国野心上都十分关键。伟大的罗马尼亚历史学家尼古拉·约尔加在 1938 年宣称黑海"活在我们的诗和意识中……（它同）我们的整个历史，思考方式和情感联系在一起。"[43]他同时代的人，乌克兰历史学家米哈伊罗·胡舍夫斯基，对于海洋在本民族历史中的地位也持相似的看法。"生活环境的历史情况使乌克兰天然地面向西方，"胡舍夫斯基在他关于乌克兰民族的"黑海导向"的著名文章中写道，"地理则把她引向南方，朝向黑海——这片'罗斯人的海'，就像 12 世纪基辅公国编年史中称呼的，或者用现代术语，乌克兰的海。"[44]

报刊和书籍上充满了关于这方海域和其海岸的真正所有权的争论。在两次大战之后的和平会议过程中，它们以小册子的形式出版，在欧洲的各大强国中发行，以期就各自的正当性说服外交官。这些争论产生了真实的政治后果。历史学家的研究被用来使一个特殊的领土上的定居点正当化，宣称对某块领土拥有历史上的权利的著作形成了在和平时期的民族统一论者的理论基础，常常引发另一场战争。在 19 世纪晚期和 20 世纪，几乎是每个海岸地区——多布罗加、比萨拉比亚、克里米亚、阿布哈兹、本都海岸和其他有争端的外国飞地，都不时地部分地出现在国家编织的、最有说服力的论证中。这些论证证明了他们各自民族对于某块土地的历史权利，从而延伸到了拥有出海口的权力。

但是就像有为本民族的利益私占海洋的历史学家、人种学家和其他知识分子，也有人开始意识到了黑海是个自在的整体。新一代的科学家开始寻找黑海一部分发生的事情是如何紧密地与其他部分的命运联系在一起，而非在民族和国家之间分割这片海洋。

了解这片海

现代生态学的出发点是，没有任何有机物是孤立的。生物在一个复杂的、互相依赖的系统中互相联系。系统中一个部分的改变不可避免地影响到其他组成部分继续生活和繁殖的能力。自亚里士多德之后的哲学家和科学家都意识到了这种联系，但是系统地研究整个自然环境，也就是说，将其当作一个系统来研究——还是一门年轻的科学。"Oecology"这个词最早只能追溯到 19 世纪 70 年代，直到几十年之后它才开始进入大众视野。

把大洋和海看作生态系统是晚近的观点。大型的水体复杂得令人吃惊，要了解它们需要大量不同学科的专业知识，从流体力学到微生物学。海洋学作为涉及海洋环境的许多科学领域的总称，需要对于水、陆地和天气特殊的物理互动和对所有的这些因素是如何影响生活在整个生物圈中的动物和植物（从海水表层到黑暗深处的）的详尽知识。

黑海的海洋学研究作为哲学源远流长，但是作为科学则起步很晚[45]。亚里士多德和莱奥纳多·达芬奇都有理论来解释黑海某些明显的特点，例如为什么这方如此多河流注入的水体不会满溢。但是直到 17 世纪晚期，第一个实验模型才被发明出来解释黑海最重要的特征之一——同地中海的海水交换。

1679 年，一个年轻的意大利伯爵路奇·费尔南德·马歇尔里旅行至伊斯坦布尔，对博斯普鲁斯海峡双层海流的故事非常感兴趣。顶层的海流从黑海流向地中海，而底层的海流则流向相反的方向。马歇尔里通过在海峡处放下一根绳子确认了两层海流的存在。他在绳子上系上了许多片白色软木。和他预料的一样，靠近表层的软木向地中海方向漂浮而系在更深处的软木弯向了相反的方向。这并不是新发现：

任何在海峡处撒网的渔民都知道这个现象。新奇的是马歇尔里的解释。

过去对于这些海流的成因的猜测基于海峡本身或是天气，可能是海底的形态部分造成了这个现象，或者是从北面来的风把黑海的水往地中海那里吹。马歇尔里认为两股海流同设想的陡峭海床或是盛行的风的猜测没有关系，是水的性质造成了这种现象。

他发现海峡上层和下层的水表现出了不同的属性。即使是亚里士多德也知道地中海（同时也是下层海流）比黑海的水含盐量高。有许多的淡水通过河流系统注入黑海，它的海水含盐量要远远低于大洋。马歇尔里认为，不同的含盐量也就代表了其密度的显著不同。他检测了下层和上层海水样本的重力来证明他的观点。他评论说，双层海流的成因是不同的密度造成了压力的变化，于是造成了相反方向的运动。这是流体力学中的基本假设。马歇尔里把他的观察总结在一封给瑞典女王的著名信件中，这成了第一份对于黑海物理特征的真正科学的研究[46]。

马歇尔里是启蒙时代自然学家的典型代表：一个把参与科学研究与自己的其他爱好（在这个情况下是到东方旅行）融合的欧洲贵族。在18世纪和19世纪早期，其他人也效法他。但是他们的工作通常局限于海岸线。一个在俄国工作的德国地质学家彼得·西蒙·帕拉斯，在18世纪90年代开展了关于北部海岸古地理学的重要研究。之后另一个普鲁士人冯·豪克斯豪森男爵，于19世纪早期进行了草原和高加索地区的地质学和植物学研究[47]。但是一段时间之后，马歇尔里真正的继承者才出现。

研究更广阔的大海而非海峡的海洋学发展取决于两点：奥斯曼帝国和俄国相安无事；国家资助的专业机构能够进行长期科研的能力。在19世纪20年代之后，这两个条件都能够满足。俄国海军在塞瓦斯托波尔的永久基地和在赫尔松还有之后尼克莱夫的南部海军部的建立，为海洋科学发展提供了制度上的支持。当然其中也有战略的原因：俄国和外国船长需要对海流和锚地的进一步了解。之前在这个方向上研究有限——在安东尼的回忆录中巴比所绘制的地图就是基于俄国海军部的报告，但是在黑海向欧洲船只开放的半个多世纪中，还没有关于海岸线重要部分的可靠地图出现，更不用说海水和其特征的研究了。

　　情况很快就起了变化。1832 年，第一份初步的黑海水文地图册在圣彼得堡出现。这份地图由道路与交通总指挥部出版，它是俄国内务部的一个下属部门。其中包括了将近 60 幅图，详细绘制了从多瑙河到高加索地区的海岸地区地图。这份地图册不仅表现了海岸线和港口的物理特征，而且根据海军部最新的数据标明了水的深度。十年之后，一份更为详尽的地图册由制图家伊戈尔·曼加洛尼绘制，由位于尼克莱夫新成立的黑海水文办公室发行。曼加洛尼的作品应该被视为对黑海制图学最重要的贡献之一[48]。他把自己在 1841 年出版的《黑海地图册》献给沙皇尼古拉一世，沙皇得到了一幅绘制在绿色皮革上镶金刻字的特别版。这些复杂的地图上的海岸线基于十多年的研究绘制。对于每个主要港口（包括奥斯曼海岸上的）详尽地描绘，甚至标明了具体建筑的位置——也是这份地图册的特点。对于所有的俄国控制的海岸线和整个西北部大陆架，地图册都标明了其水深。有些深度是之前从没被记录下来的。该地图册也十分优美地绘制了地形，让读者对从海上航行船上看海岸线会是什么样子有基本的了解。这也是所有 19 世纪海岸制图学的杰出的特点。

　　曼加洛尼的地图册也标志着把海洋的物理特征作为一个整体来进行制图的尝试，而非仅绘制被一个又一个势力控制的部分。当然，它也有瑕疵，俄国人对奥斯曼港口的城市地标没有多少情报，这就是为什么有些城市的俯瞰图，如锡诺普和特拉布宗在防御工事、炮台和其他敏感建筑的位置上留了空白。但是在当时，曼加洛尼的地图册是了不起的成就。某人在距离海洋遥远的地方坐着就可以通过地图册经历现在 20 世纪晚期才能提供的两种体验：接近于卫星图像的港口设施的俯瞰图和通过检视海岸景象所进行沿着海岸线的"虚拟航行"。

在 19 世纪剩下的时间中，俄国制图家遵循了曼加洛尼的传统。他们对海的深处进行更进一步的探索以测定深度，记录海流。更多的对奥斯曼帝国港口和锚地的情报被搜集起来。但是随着时间的过去，黑海周边的科学家对于海洋物理特征之外的课题发展出了更大的兴趣。他们开始分析海洋生物和不同部分之间生物——西北方的大陆架，浅浅的亚速海，南部海岸的较深的部分，是如何组成一个生态网络的。专业科学团体的发展能够资助（可以对军方施压使之提供船只和其他支援）那些对于海洋地质、化学和生物的严肃研究。现在这些研究有政治上的重要性：政府希望能够精确地了解在海中有哪些资源，它们应该如何更好地加以开发。

1890 年，俄国的地理学先驱尼克莱·安德鲁索夫进行了第一项对于黑海深度的系统研究。使用从俄国海军租借来的一艘蒸汽船，安德鲁索夫在仅仅 18 天中航行就超过了 3 000 公里。在旅途中他测深，在不同的深度记录温度和含盐度，测绘海流，从海底提取沉积物。安德鲁索夫的主要发现是黑海的缺氧层。他对这个现象做了正确的猜测：有机物的腐化更加强了黑海缺氧的情况。就像曼加洛尼的地图册是精确表现黑海物理特征方面的重大飞跃一样，安德鲁索夫的工作对于理解海洋化学和它同自然生物进程之间的关系有重大贡献。

罗马尼亚动物学家格里格·安蒂帕与安德鲁索夫是同时代的人。和他这一代的许多人一样，他在国外——德国和意大利，接受了专业教育。19 世纪 90 年代他回到罗马尼亚开始为国家效力。他被赋予了研究罗马尼亚渔业的任务——如何使用最新的科技增加产量，并创办了一家动物学博物馆，重点展示《柏林条约》重新划定的国家新边界内丰富的自然资源。罗马尼亚过去对其海岸和黑海知之甚少，因此需要进行详细而综合的研究。（第一幅罗马尼亚黑海海岸线地图直到 20 世纪最初十年中才出版；而罗马尼亚海军在 20 世纪 50 年代依然在使用它。）[49] 在他的职业生涯中，安蒂帕成为了罗马尼亚在黑海研究方面的首席专家和该国在渔业和水资源方面的权威。有人还认为他也是他祖国的现代生物学研究之父。由他指导建立的布加勒斯特自然历史博物馆之后为了纪念他而以他的名字命名。

曼加洛尼、安德鲁索夫和安蒂帕是黑海周边新一代科学家的代表。他们都非常年轻，在其最重要的早期作品完成时均不超过 30 岁，都是在各自研究领域——制图学、海洋地质学、生物学——的第一代地方科学家中的一员，都在中欧和西欧接受训练，都在国家首都和省级城市设立的新大学中任教，都是不断增长的国际科学家和学者组织的一部分。通过这个组织，科学家们以论文和国际会议的形式分享他们的发现。有些时候还以其他的方式结成联系：安德鲁索夫同考古学家海因里希·谢里曼-特洛伊的发现者的女儿结婚。

他们和其他研究者一道将对黑海的科学研究推到了一个前所未有的新高度，开创了新的科学领域，首次将黑海作为一个整体，一个需要通过地理学、地质学、化学和生物学的分析才能了解的复杂系统。但是他们研究的目标不仅仅是科学的进步。在他的职业生涯中，安蒂帕很清楚他的工作在科学之外的重要性。了解黑海本身非常重要，但是安蒂帕始终将积累科学知识与利用黑海的富饶资源、实现海洋周边国家的历史发展这一目标联系在一起。在他的权威著作《黑海》（1941）中，他对自己的整个科研生涯做了总结。安蒂帕强调了科学和更加高远的国家目标之间的联系：

> 我们应该意识到我们现在……拥有了足够的地理基础来
> 进行重要的航海活动……而处在多瑙河河口的位置和我们的
> 领土强迫我们进行这种活动……所以现在为国家的发展和组
> 织打基础时，我们最迫切的重要任务是确认并有力地保护那
> 些在海岸至关重要的国家利益……这片海岸为我们打开了一
> 条宽广的道路……发展本国物产和人民的各种制成品的进出
> 口贸易[50]。

安蒂帕提出，主要的任务是防止邻国过度利用海洋的财富。他写道，黑海永远不应该成为"一个俄罗斯的内湖"，其他在黑海周边的国家——罗马尼亚、保加利亚、土耳其——应该联合起来，防止北面的苏联帝国主义者的入侵。

即使是海洋科学也不能逃过民族思想的吸引力。黑海曾经被尊为刚刚从奥斯曼枷锁中解放的国家的财产，现在则成了持扩张主义意识形态的贪婪的苏联人手中保护的珍宝。安蒂帕不是唯一一个从这个角度看待问题的人。也有些政治领袖意识到应该建立一个堡垒来对抗这个现在控制了大部分黑海海岸、从多瑙河到南高加索的国家。

## 普罗米修斯们

第一次世界大战之后，黑海周边的四个国家，在不同意义上都是年轻的国家。所有的国家都建筑在旧国家和帝国的废墟之上，但是每个不是拥有新的边界，就是像苏联和土耳其共和国一样有全新的社会秩序基础，所有的这些国家都面临着如何整合新的领土，在战争的破坏上重建家园和从各种威胁中保护主权和独立的问题。

对于这些国家中的三个，其战略中心是如何面对第四个国家的存

在。罗马尼亚、保加利亚和土耳其都把民族主义作为国家的理念。这个理念强大但是却自我限制。每个国家都至少同一个邻国有领土争端，但是这些争端一直只局限于关于修正边界的争吵，没有上升为武力争端。相对地，苏联尊奉一种自我宣称是普世的意识形态为圭臬——解放帝国主义、资本主义和民族主义的"三座大山"重压下受苦受难的大众。于是黑海地区的国际关系不可避免地牵涉到如何建立一个联盟来防止布尔什维克的威胁，同时巩固由和平条约中诞生的新国家的边界和独立性。

就像欧洲其他部分一样，第一次世界大战带来了地缘政治的彻底改变。由大战后和平条约产生的罗马尼亚把前匈牙利的特兰西瓦尼亚、俄国的比萨拉比亚、奥地利的布科维纳和保加利亚多布罗加地区的一部分划入了自己的边界内。这些变化使该国的领土和人口翻番了。保加利亚尽管有部分海岸地区划归了罗马尼亚，其独立地位却得到了承认，而之前只在 1908 年由奥斯曼帝国承认过其独立地位。在俄国发生布尔什维克革命和继而发生内战时，克里米亚鞑靼人、格鲁吉亚、亚美尼亚和阿塞拜疆纷纷宣布建国。在乌克兰的领土上，几个不同的国家虽然建国，但是却没有得到巩固。奥斯曼帝国转型为土耳其共和国，为自己的独立同希腊军队及其盟军作战。

到 20 世纪 20 年代中期，这种复杂的情况开始走向明晰，常常伴随着悲剧的结果。乌克兰和克里米亚在白俄士兵绝望的战斗之后为苏联所吞并。当地普通的市民登上英美等外国船只逃往新罗西斯克、敖德萨和其他港口。格鲁吉亚、亚美尼亚和阿塞拜疆被布尔什维克军队征服，他们的政府流亡国外而他们短暂独立的国家从历史上被抹去。苏联特工在各国首都和边境地带都非常活跃，他们尝试以解放少数民族的名义煽动革命或分离边缘地区。

在这种环境下，数个反布尔什维克国家的政治领袖联合起来，发起了现代首次把黑海看作一个独立的政治单位的尝试。他们的目标是建立一个所有近东小国的联合体。这个联合体能够保证小国的边界稳定、真正地独立和有足够的能力对抗任何完全控制黑海及其周边地区的尝试。

普罗米修斯计划——Prometheans，或者叫作 *Prométhée*，以作为其喉舌的杂志而命名，现在已基本被历史学家遗忘。但是在 20 世纪 20 年代和 30 年代，它是建立黑海周边国家联盟的一个精心设计的计划。普罗米修斯计划由一群居住在巴黎的俄国流亡者发起，不仅致力于解放被苏联俘虏的人，而且联合他们对抗苏联这个地区霸主。在两次世界大战之间，这种团体不在少数，由不满于大战后的和平条约的政治家，浪漫主义的民族主义者，以及其他希望能够复活已经被消灭的帝国，或仅颠覆《凡尔赛条约》之后建立在其废墟上的国家的人组成。但是普罗米修斯计划的独特性在于发起它的国家和人民，和他们把黑海视为一个更广阔的东南欧的国际关系中的重要组成部分的观念。

许多人之后都会接受普罗米修斯的理念，尤其是在这个计划中看到大战间波兰领导人约泽夫·毕苏斯基的反苏外交政策的波兰爱国者。波兰政府明显起了重要的作用，资助宣传活动并且招募非俄裔的流亡者充实波兰的军队和情报系统[51]。波兰人的期望是在苏联周边的小国的联盟能够阻止俄国人的扩张野心，并且最终加强波兰对于东方邻居的防御。但是普罗米修斯是个折中派团体。他们囊括了从乌克兰、高加索和其他地方出身，现在在西欧和土耳其流亡的反布尔什维克圈子中最著名的人物，和他们在巴尔干及其他地方的支持者。其中有穆罕默德·埃敏·勒苏扎德和内奥·诺尔达尼亚——短暂独立的阿塞拜疆和格鲁吉亚的前总理，卡夫尔·赛义达默特——克里米亚共和国流亡政府的外交部长，阿亚兹·伊沙基——伏尔加地区的鞑靼人的领导人之一。这一群体在俄国崩溃之后也宣布独立，还有许多最知名的欧洲政治家、教授和东欧事务的评论家。他们为确保东欧小国的解放和防御苏联和德国重修条约主义者而聚集[52]。

《普罗米修斯》（*Prométhée*）的第一期于 1926 年 11 月在巴黎面世。由格鲁吉亚侨民格奥尔基斯·格瓦扎瓦编定，其副题为"高加索和乌克兰地区人民防御的喉舌"。格瓦扎瓦在第一版中写道，"我们为了和平和正义的目的而行动"，并且要加强高加索和乌克兰作为抵御布尔什维克征服近东剩余部分的"前锋堡垒"（*avant-post*）的作用[53]。到 20 世纪 30 年代末，《普罗米修斯》已经将其范围扩大到了所有被苏联征服的民众，而非仅仅是高加索和乌克兰地区[54]。通过他们的刊物，普罗米修斯们游说外国政府并且试图揭露苏联吞并乌克兰和高加索国家的非正义性。编辑们资助讲座和讨论会，发起向国家领袖的上书运动，组织围绕着"被俘虏的人民"的文化艺术节和其他能够凸显他们的动机的公共活动。这些人实际上有些超越当时的时代，构成了由前政治家和外交官组成的智囊团，积极活动，耐心等待着有朝一日能重返现在已不存在于地图上的国家的办公室。

黑海是普罗米修斯们关注的中心。从最早的那份《普罗米修斯》开始，有影响的作家就论证说，如果欧洲不同样致力于保证其周边国家的自由，在黑海上进行自由贸易——18 世纪 70 年代以来欧洲政策的支柱——就是不可能的[55]。他们争辩道，只有当苏联解体之后兴起像俄罗斯帝国崩溃后出现的那样一系列小型共和国才能达成这个目标。到 20 世纪 30 年代，有些普罗米修斯甚至开始号召建立一个黑海国家的政治和经济联盟，包括土耳其、罗马尼亚和保加利亚，同时还有未来独立的乌克兰和格鲁吉亚。对于该刊的一位乌克兰撰稿者来说，这样的联盟的战略价值非常清楚："它左邻波兰，通过友好的顿河的哥萨克人的领土、库班河和乌拉尔山脉。而它的右边向被压迫的亚洲人民，突厥斯坦和其他地域伸出援手。这个国家的联盟会一劳永逸地阻止俄国所有的帝国主义倾向，无论是红色类型的还是白色类型的……"[56]黑海问题，对于普罗米修斯们来说，是整个"东方问题"的关键。

当然，最终普罗米修斯计划在 20 世纪的大部分时间中失败了。高加索共和国依然在苏联的牢牢掌控之中。罗马尼亚的边界在第二次世界大战中被苏联使用武力改得更符合它的利益。战后，土耳其成为了北约的一员，失去了同现在是共产主义国家的巴尔干半岛诸国的联系。但是"普罗米修斯"的理念依然活在伦敦、巴黎和其他地方的白俄社区中。1949 年前住在西欧的前普罗米修斯活动家在慕尼黑组织了一场会议，希望能够使这场运动再度兴起。在会议上，会员们决定重新开始活动，并把总部搬到了领导全球对抗苏联的美国。领导权被给予了罗曼·斯莫尔-斯托奇，一名居住在威斯康星州密尔沃基的历史学教授[57]。1951 年，埃德蒙德·卡拉斯科维兹，一位老资格的波兰普罗米修斯运动支持者，给过去的领导人发了封公开信，敦促他们重新建立组织，再次树立起从共产主义者手中解放黑海和其海岸地区的旗帜。但是就像他将近二十年后抱怨的那样，"生活和新的环境"共同消磨了原有的动机[58]。在此之后，统一的黑海社区的理念成为了白俄冷战斗士的堂吉诃德式的计划，但是在冷战之后这个计划会得到新生。

## 发展和衰落

让卡拉斯科维兹和他的同伴们沮丧的新情况是，因第二次世界大战而发生改变的黑海周边的战略关系。1941 年 6 月，罗马尼亚加入了纳粹德国对于苏联的进攻。在前一年的夏天，斯大林下令占领罗马尼亚的东部省份比萨拉比亚。这个事件给了罗马尼亚政府和人民欢迎纳粹入侵苏联的理由。这个事件也加速了罗马尼亚本土的法西斯政府的产生。保加利亚同德国的关系长久以来都十分亲密。这个国家在第一次世界大战中和同盟国站在同一阵线，结果共同承担了失败。收回失去的土地，可能还有建立一个数十年之前在《圣斯特法诺条约》中承诺过的大保加利亚，保加利亚难以拒绝这些诱惑。在战争的早期阶段，保加利亚甚至得以重新收回在邻国兼现在的盟友罗马尼亚手中的南多布鲁罗加。土耳其则几乎在整场战争中一直保持中立，直到最后的时刻才加入盟军，这也就保证了它作为战胜国的地位。

　　就像第一次世界大战一样，在黑海的海军行动只是更为重要的在东线的陆军行动的辅助。德国、罗马尼亚和其他轴心国军队迅速向前推进，但是这个势头在斯大林格勒被逆转。在战争早期，苏联失去了各个主要的港口。敖德萨、新罗西斯克、尼克莱夫和塞瓦斯托波尔一个接一个地陷落。塞瓦斯托波尔在一个世纪之前在延续了将近一整年的围攻之后被攻陷，这次则被轰炸和炮击夷为平地。但是苏联海军以次等的港口如波季和巴统作为基地，不断在公海上进行骚扰行动。德国船只在战争的大部分时间都待在罗马尼亚和保加利亚港口，害怕被巡逻的苏联驱逐舰和英国舰船逮住。苏联海军航空兵也对康斯坦察、新罗西斯克、加拉茨和其他德国及其盟友控制的城市进行轰炸。在斯大林格勒战役之后，各港口也很快重新振作的苏联军队夺回。1943年9月，德国和罗马尼亚联军被赶出新罗西斯克。尼克莱夫在次年3月，敖德萨在次年4月收复。这样，苏联舰队重新在黑海建立霸权并夺回西岸和东岸的港口只是时间问题。

　　在战争中，轴心国和苏联都大力推行种族清洗和种族屠杀的政策。当德国和罗马尼亚军队占领西北海岸包括敖德萨时，成千上万的犹太人从罗马尼亚、被占领的乌克兰和敖德萨被赶往第聂伯河东部的地区——臭名昭著的外涅斯特里亚屠杀场杀害。有些犹太人设法登上了从黑海港口前往巴勒斯坦地区的船只。即使这样，英国托管政府实施的严格的移民政策也常常把他们拒之门外。在海面上，满载着难民的船只不仅要避开轴心国的战舰，还要躲避盟军的战舰。因为他们有时都把民船当作交战国的伪装船只。苏联海军最终甚至对中立民船开火，以此来作为切断轴心国军队补给的手段之一，其最激烈的举动是击沉客轮"斯特鲁马"（*Struma*）号。该船满载着将近 800 名犹太人，航行在从康斯坦察去巴勒斯坦的航线上，结果 1942 年冬天在博斯普鲁斯海峡的入口处被苏联潜艇击沉，土耳其渔民只来得及从冰冷的海水中救起一个幸存者[59]。

其他族群也都受到了南部海岸几十年前经历过的那种驱逐政策。在战争结束后，克里米亚鞑靼人被苏联政府指控为支持纳粹侵略军（有些鞑靼精英毫无疑问把德国军队当作解放者，作为实现普罗米修斯运动中的克里米亚共和国的第一步——即使纳粹规划者炮制了一个计划，将克里米亚变为"哥提亚"行省，由特里尔南部的德国人进行殖民。）1944 年 5 月，189 000 名左右的鞑靼人被装载上密封的车厢，驱逐至中亚。45％左右的被驱逐者在旅程中或是在抵达东方的目的地之后很快死亡。其他在克里米亚和东岸的族群——15 000 名希腊人，13 000 名保加利亚人，10 000 名亚美尼亚人，也被苏联人当作"敌对民族"驱逐。他们的罪名是集体作为"通敌者"犯罪[60]。在当年早些时候，相似的灾难已经降临到了其他被惩罚民族的头上，在北部高加索超过 50 万的车臣和印古什人、突厥语族，例如巴尔卡尔人、卡拉柴人、库梅克人和伏尔加河河畔的德语族群——这些人也同样在非人道的条件下被送往中亚。许多这些族群在斯大林死后被有关部门允许迁往他地，有些甚至被允许回到他们祖先的土地，然而鞑靼人大规模地迁回克里米亚直到 20 世纪 90 年代才开始。

　　战争的混乱让位于一种不宁静的和平，这种和平在许多意义上复制了两个世纪以来南北海岸之间的战略竞赛。在欧洲各大国均认为，在十分关键的一方水域周围召开一场决定整个东欧的战后命运的会议似乎再合适不过。在1945年2月召开的雅尔塔会议上，丘吉尔、罗斯福和斯大林就重新组织这个地区的政治格局作了计划。这个计划把之后将分别成为苏联和西方势力范围的地块很快分割了开来。

　　其结果是黑海周边从巴尔干半岛到高加索的政治、文化和经济被以前所未有的规模整合了起来。罗马尼亚和保加利亚成为"人民民主政体"，并很快同苏联结成了防御性的军事联盟和共同的经济集团，贸易、农业和工业都以国家规定的计划进行，而计划反过来同苏联的生产目标和需求联系在一起。南部海岸当然在这个体系之外。土耳其在西方的保护伞下于1951年加入了北约。在20世纪下半叶的大部分时间中，冷战在黑海制造了一段相对的和平时期。资本主义西方的先锋警觉地注视着马蹄形的共产主义的东方海岸——或是从土耳其的视角看，共产主义北方。苏联反复地尝试修改原来《蒙特勒公约》的条款，希望黑海只向其海岸国家的船只开放，这样黑海就会几乎成为苏联的湖。但是在整个冷战中，土耳其和美国坚持黑海作为公海的地位，应该对所有的商业和海军船只开放。美国依照《蒙特勒公约》的条款定期向海峡派遣战舰，强调着这一点[61]。

　　尽管在黑海周围环绕着两种不同的社会制度——苏联式的共产主义和土耳其共和国的国家至上的民族主义，但两者却共享着同一种要革命性地改变黑海及其海岸地区的意识形态。在第二次世界大战之后的半个世纪，海岸地区以前所未有的速度发展。海洋的财富，尤其是鱼类，不再是海岸社区的私有物，也不再是遥远的皇帝保护或是征税的对象。它们现在是四个飞速发展的国家的财产，其中的三个被挑战经济成功的资本主义模型的欲望驱动，第四个则害怕经历它之前那个毁灭了帝国的经济衰退，所有四国都参与了这场赶上欧洲其他部分、进入现代化的竞赛。它们很快也要经受这场竞赛所带来的不可预料的后果。

黑海周边剧烈的环境变化已经不是新鲜事了。北部和西部的草地在 18 世纪晚期就开始在牛拉犁之下消失。北部流域原本覆盖的森林在同一时期也被砍伐殆尽，就像高加索高地曾经茂密的森林那样。巴尔干丘陵地带的森林则消失得更快。但是在 20 世纪后半叶，机械化农业、工业化、城市化和新的能源科技一起作用，加快了海岸地区的变化。拖拉机、联合收割机和其他农业机器的出现使剩下的草原地区成了世界上最肥沃的耕地之一。黑土地区的谷物产量早在 19 世纪中叶就已暴增，其原因包括更有效率的耕作技术、改良的小麦品种和铁路运输的扩展。但是 20 世纪 60 年代的农业革命，包括化肥的引进，使乌克兰和俄罗斯南部的土地成了苏联农业的明珠。

工业也直接拓展到了水体沿岸。在 19 世纪末，石油开采和精炼工业已经在这个地区出现。但是在罗马尼亚和苏联，这些工业在第二次世界大战结束后的发展十分迅猛。管线把巴库和其他里海油田的石油带到了新罗西斯克，油轮又将其通过博斯普鲁斯海峡输送到世界各地。在罗马尼亚海岸，石油精炼厂如雨后春笋般冒出。国家的规划者常常把它们直接放置在未受污染的海岸旁——于是这些共产主义工业的明珠从工人们的休闲疗养地就可以清楚地看到，连带还有它们对海岸造成的污染。

伴随着工业化的是物理环境的迅速变迁。第聂伯河的激流几千年来都是渔民和商人的天然障碍，却在 1932 年消失了。第聂伯河下游的第聂伯河水电站被认为是斯大林时代最伟大的工业成就之一。它将水平面提高，盖过了激流。尽管第二次世界大战期间德军在撤退时炸毁了水电站，大坝在 20 世纪 40 年代晚期又重建了，新的设施把河流的水平面提高了 40 米左右，再一次盖过了著名的第聂伯河大瀑布。在更东面，苏联在 1952 年挖通了一条伏尔加-顿河运河，完成了奥斯曼苏丹和彼得大帝都梦想过但是最后都认为不可能完成而放弃的壮举。之前在两条河间通行需要陆上运输作为补充，现在则可以在水上完成。罗马尼亚于 1984 年挖通了另一条运河，把多瑙河同黑海海岸连接在一起——穿过了三角洲，其中淤泥堆积而又曲折的水道一直是航运的大问题。随着德国缅因-多瑙河运河在 20 世纪 90 年代早期竣工，一艘船只可以从北海一路航行至里海——这并不新鲜，因为中世纪的北欧商人已经这么做过了。但是现在大型远洋船只也能在这条路线上航行。在整片海岸，新型的高速公路和铁路连接让货物和人能够像海运一样很轻松地在陆路运输。而空中旅行把国际枢纽同一个又一个的省级城市和国家首都联系在一起。

当然每个这样的计划都有代价，无论是人力上还是环境上。强迫劳工在共产主义国家的许多主要建设计划中都有使用。多瑙河-黑海运河在罗马尼亚的群众中被称为"死亡运河"，得名于在 20 世纪 50 年代的运河建设第一阶段工程进行中的政治犯的高死亡率。但是这个工程也对黑海的生态有巨大的影响，黑海的自然状态：一层较薄的有生物的水层在大量的硫化氢之上，天然就是不稳定的。讽刺的是，当土耳其和它的共产主义海岸邻国完全意识到它们作为海岸国家的发展优势时，黑海已经开始死亡。

黑海出现的环境问题有一部分是工业发展和海岸周围城市中心发展的直接结果，尤其是北部和西部。像新罗西斯克、敖德萨、康斯坦察和瓦尔纳这样的港口在第二次世界大战之后继续扩张，成为了拥有不规则蔓延的郊区、港口和工业设施的地区中心。工业废水，包括石油和其处理设施产生的化学污染物被直接排放入海中。在北部河流上建造的水电站提高了河口的水温，使许多敏感的鱼类灭绝。在内地，使用化学杀虫剂和肥料的机械化农业制造了排入水中的有害排放物。然而在 20 世纪许多其他水体也有这些问题。但是在黑海，还有两种特殊的进程，每种都对海洋造成了相当的损害。一种是海洋自己的独特性的结果，另一种则是一个美国闯入者惹的祸。

对于内陆海来说，生物依赖于河流带入的稳定的有机营养成分。但是这些东西太多也不好。过量的有机物质，例如农田的冲积物或是上游城市制造的垃圾，在黑海特别危险。有机物自然腐化的过程需要氧气，结果就进一步减少了海洋上部本就非常薄的富氧层。更重要的是，过量的有机物会引起植物数量的大爆炸，尤其是非常消耗氧气的浮游生物。这个过程被称为"富营养化"。这些浮游生物数量的突然暴涨会对鱼类造成致命的损害。低氧层（生物能够生活的海洋水层中的低氧部分）的周期性扩大是这类过程所导致的结果。从 1973 年到 1990 年，发生低氧化变化的地区从 3 500 平方公里扩大到了 4 万多平方公里。在某些水深较浅的地区，如罗马尼亚和乌克兰海岸所处的西北海床，情况尤为严重[62]。

在 20 世纪最后三四十年大大增加的农业排放物和城市垃圾只是问题之一。另外还有从 20 世纪 80 年代早期开始出现的，对原有生态系统的入侵者。隐藏在从地中海出发的船只船底污水中来到黑海的是一种大型无脊椎动物，科学家称其为"梳状水母"（Mnemiopsis Leidyi）。这种生物类似于水母，原本栖息于大西洋的温暖地带。但是它们到达黑海后发现这也是不错的栖息地。浮游生物快速地增长正符合了水母外形生物的捕食习惯，为它提供了大量的养料。结果它们以惊人的速度繁殖。现在，任何在博斯普鲁斯海峡边漫步的人都可以清楚地用肉眼看见梳状水母和其同类。在那里成千上万的水母沿着海岸，犹如沸腾般地上下漂浮，有些像篮球一样大。在 20 世纪 90 年代末，梳状水母的数量据估计有 90 亿吨，比全球每年的渔获还要多[63]。

水母的食物来源主要是浮游生物、鱼苗和其他小鱼。它们数量的增加直接导致了几种处于食物链更高层的具有重要经济价值的鱼类的减少。

梳状水母的到来恰巧契合了另一个对于海洋健康有重要影响的发展：大规模商业捕鱼的冲击。第二次世界大战之后工业捕鱼的兴起导致了渔产的大量增加。新技术，尤其是能够到达海洋深处甚至是海底的捞网的使用，使捕捞量大大增加，因而产生了 20 世纪中叶充足的捕获。但是产量增加的代价是鱼类数量随着时间的流逝而渐渐减少。捕捞量从 1986 年到 2001 年之间大约下降了 1/3。在 20 世纪 60 年代，商业捕鱼包括 26 种左右的鱼类，但是到 90 年代仅有 6 种鱼类有充足的数量，允许大规模捕捞。

根据劳伦斯·密，一位英国海洋学家和世界顶尖的海洋生态学专家的说法，所有这些发展的总和到 20 世纪末已成为一场"环境灾难"[64]。有些物种，尤其是一些高等海洋生物所必需的浮游生物已经因大量的水母而灭绝。几千年以来商业价值一直很高的某些鱼类已经数量极少，根本不值得花巨大的成本去捕捉。有些古代作家所熟知的，在海岸进行洄游的鱼类已经很难找到了。凤尾鱼，南部海岸的主要食物来源，在黑海的某些部分已经消失。

这些变化在人类身上的结果是可以预知并是毁灭性的。捕鱼船队被废弃。鱼类处理中心关闭，其工人下岗。一个重要的蛋白质来源从该地区人们的餐桌消失。海岸地区向内地城市中心的移民开始增加。饱受海岸侵蚀和海滩污染困扰的旅游设施被迫关闭。海岸社群现在面临着可能是有史以来最严重的环境、经济和社会危机。两千多年以来，帝国、国家和民族都在政治上和历史上宣称对黑海的水域拥有所有权。在 20 世纪末，黑海是否还值得这样争夺已经是个值得商榷的问题了。

## 注释

1　Mark Twain, *The Innocents Abroad*, in *The Complete Travel Books of Mark Twain*, Vol.1 (Garden City, NY: Doubleday, 1966 – 1967), p.253.

2　Adolphus Slade, *Records of Travels in Turkey, Greece, etc., and of a Cruise in the Black Sea, with the Capitan Pash, in the Years 1829, 1830, and 1831*, Vol.2 (Philadelphia: E. L. Carey and A. Hart, 1833), p.155.

3　Henry C. Barkley, *A Ride Through Asia Minor and Armenia: Giving a Sketch of the Character, Manners, and Customs of Both the Mussulman and Christian Inhabitants* (London: John Murray, 1891), p.146. Barkley 特别对亚美尼亚人进行了说明。

4　Edith Durham, *High Albania*, reprint edn. (London: Phoenix Press, 2000), p.1.

5　F. N. Gromov et al., *Tri veka rossiiskogo flota*, Vol.1 (St. Pertersburg: Logos, 1996), p.210.

6　Gromov. et al., *Tri veka rossiiskogo flota*, Vol.1, p.218.

7　Bernd Langensiepen and Ahmet Güleryüz, *The Ottoman Steam Navy, 1828 – 1923*, trans. James Cooper (Annapolis: Naval Institute Press, 1995) p.3.

8　可见 Slade, Records of Travels. Slade 是奥斯曼人的英国海军顾问并目击了整个 1828 – 1829 年战争中黑海的海上交战。

9　Gromov. et al., *Tri veka rossiiskogo flota*, Vol.1, p.218.

10　Gromov. et al., *Tri veka rossiiskogo flota*, Vol.1, p.218.

11　Bernd Langensiepen and Ahmet Güleryüz, *The Ottoman Steam Navy*, p.6.

12　Midhat Paşa 之后被两次提名为大维齐尔。但是他因叛国被苏丹 Abdülhamit II 驱逐至阿拉伯半岛，在狱中被绞死。关于 Midhat Paşa 治下的多布罗加，可见他的儿子，Ali Hayar Midhat 为他做的传记，*The Life of Midhat Pasha* (London: John Murray, 1903; reprint New York: Arno Press, 1973), and Georgi Pletn'ov, *Midkhat Pasha i upravlenieto na Dunavskiia vilaet* (Veliko: TurnovoVital, 1994)。

13　Mose Lofley Harvey, "The Development of Russian Commmerce on the Black Sea and Its Sighnificance" (Ph. D. dissertation, University of California, Berkeley, 1938), p.130.

14　Harvey, "The Development of Russian Commerce," p.158, p.163, p.171.

15　Karl Baedeker, *Russia, with Teheran, Port Arthur, and Peking*, 1st English edn. (London: T. Fisher Unwin, 1914), p. xiii.

16　Nikolai Nikolaevich Reikhel't, *Po Chernomu moriu* (St. Petersburg: A. S. Surorin, 1891), pp.230 - 231.

17　Harvey, "The Development of Russian Commerce," p.104.

18　Harvey, "The Development of Russian Commerce," p.147.

19　Harvey, "The Development of Russian Commerce," p.181.

20　Wiliiam Eleroy Curis, *Around the Black Sea: Asia Minor, Armenia, Caucasus, Circassia, Daghestan, the Crimea, Roumania* (New York: Hodder and Stoughton, 1911), p.57.

21　*A Hand-Book for Travellers in the Ionian Islands, Greece, Turkey, Asia Minor, and Constantinople, Including a Description of Malta; With Maxims and Hits for Travellers in the East* (London: John Murray, 1840); *A Handbook for Traveller in Turkey*, 3rd rev. ed. (London: John Murray, 1854).

22　Baedeker, *Russia, with Teheran*, p. xvi, p.445.

23　Thomas Forester, *The Danube and the Black Sea; Memoir on their Junction by a Railway Between Tchernavoda and a Free Port and Kustendjie* (London: Edward Stanford, 1857), pp.210 - 211.

24　Twain, *The Innocents Abroad*, pp.255 - 256.

25　R. Arthur Arnold, *From the Levant, the Black Sea, and the Danube*, Vol.2 (London: Chapman and Hall, 1868), pp.193 - 194.

26　Vasilii Sidorov, *Okol'noi dorogoi: Putevyia zametki i vpechatleniia* (St. Petersburg: Tipografiia A, Katanskago. 1891), p.259.

27   N. Begicheva, *Ot Odessy do Ierusalima: Putevyia pis'ma* (St. Petersburg:
     Tipografiia Glavnago upravleniia udelov, 1898), p.10.

28   Sidorov, *Okol'noi dorogoi*, p.79.

29   Reikhel't, *Po Chernomu moriu*, p.59.

30   Henry C. Barkley, *Between the Danube and the Black Sea*, *or Five Years in
     Bulgaria* (London: John Murray, 1876), p.263.

31   Barkley, *Between the Danube and the Black Sea*, pp.228 - 229.

32   Mark Pinson, "Ottoman Colonization of the Russian Empire in the Years after
     the Crimean War," *Etudes Balkaniques*, Vol.8, No.3 (1972): 76.

33   Alan W. Fisher, "Emigration of Muslims from the Russian Empire in the Years
     after the Crimean War," *Jahrbücher für Geschichte Osteuropas*, Vol.35, No.3
     (1987): 356.

34   Justin McCarthy, *Death and Exile: The Ethnic Cleasing of Ottoman Muslims*,
     *1821 - 1922* (Princeton: Darwin Press, 1995), p.339.

35   Mark Levene, "Creating a Modern 'Zone of Genocide': The Impact of Nation-
     and-State formation on Eastern Anatolia, 1878 - 1923," *Holocaust and
     Genocide Studies*, Vol.12, No.3 (Winter 1998): 396; Ronald Grigor Sunny,
     *Looking Toward Ararat: Armenia in Modern History* (Bloomington: Indiana
     University Press, 1993), p.99.

36   Kaori Komatsu, "Financial Problems of the Navy During the Reign of
     Abdülhamid Ⅱ", *Oriente Moderno*, Vol.20, No.1 (2001): 218.

37   "Trebizond: Extracts from an Interview with Comm. G. Gorrini, Late Italian
     Consul _ General at Trebizond, Published in the Journal 'Il Messaggero', of
     Rome, 25th August 1915," in Arnold, J. Toynbee (ed.) *The Treatment of
     Armenians in the Ottoman Empire*, 1915 - 1916 (London: HMSO, 1916), pp.
     291 - 292.

38   精确地说，这个条约只是确认了土耳其和希腊在去年一月达成的公约。

39   引自 Stephen. P. Ladas, *The Exchange of Minorities: Bulgaria*, *Greece and*

*Turkey* (Newy Yourk：Macmillan，1932)，p.341。

40　引自 Nicolae Bîrdeanu and Dan Nicolaescu，*Contribuţii la istoria marinei române*，Vol.1 (Cucharest：Editura ştiinţifică şi enciclopedică，1979)，p.164。

41　S. M. Solov'ev，*History of Russia*，Vol. 3 (Gulf Breeze，FL：Academic International Press，1976－2002)，p.164.

42　V. P. Vradii，*Negry Batumskoi oblasti* (Batumi：G. Tavartkiladze，1914). 也可见 Allison Blakely，*Russia and the Negro: Blacks in Russian History and Thought* (Washington：Howard University Press，1986)，chapter 1。

43　Nicolae Iorga，"Poporul românesc şi marea，" *Revista istorică: Dări de samă，documente şi notiţe*，Vol.24，Nos. 4－6 (April－June 1938)：100.

44　Mykhailo Hrushevs'kyi，*Na prozi Novoï Ukraïny* (Kyiv：Naukova dumka，1991)，p.16.

45　本章节的部分基于 Adam Tolnay，"From the Water System to the Ecosystem：The Black Sea in the Development of Oceanography," unpublished manuscript (Georgetown University，2002)。

46　On Marsigli，可见 Margaret Deacon，*Scientists and the Sea，1650－1900* (Ashgate：Aldershot，1997)，pp.148－149。

47　Peter Simon Pallas，*Travels Through the Southern Provinces of the Russian Empire，in the Years 1793 and 1794*，2 vols. (London：T. N. Longman and O. Rees et al.，1802－1803)；August von Haxthausen，Transcaucasia：Sketches of the Nations and Races Betwwen the Black Sea and the Caspian (London：Chapman and Hall，1854).

48　Egor Manganari，*Atlas Chernago moria* (Nikolaev：Gidrograficheskii chernomorskoi depo，1841). 国会图书馆的复本曾经属于沙皇尼古拉二世。

49　Bîdeanu and Nicolaescu，*Contribuţii la istoria marinei române*，Vol.1，p.228.

50　Grigore Antipa，Marea Neagră (Bucharest：Academia Română，1941)，Vol.1，pp.16－17.

51　Charles Warren Hostler，Tukism and the Soviets (London：George Allen and

Unwin，1957），pp. 157 – 158. 也可见 Etienne Copeaux，"Le movement 'prométhéen'，" *Cahiers d'études sur la Mediterrranée orientale et le monde turco-iranien*，No.16（July – December 1993）：9 – 45。

52    对于这些团体在土耳其的活动可见 Lweel Bezanis，"Soviet Muslim Emigrés in the Republic of Turkey，" *Central Asian Survey*，Vol. 13，No. 1（1994）：59 – 180。

53    Untitled editor's note，*Prométhée*，Vol.1，No.1（November 1926）：1 – 2.

54    T. Schätzl，"Polish Group 'Prometheus' in London，" MS dated March 19，1951，Archives of the Piłsudski Institute of America，New York（hereafter "APIA"），Apolinary Kiełczyński Paper，Ⅱ/2/A – B，Teka Ⅰ/2. File "Maeriały balkanskie，" p.2.

55    "La Mer Noire，" *Prométhée*，No.24 November 1928）：1 – 3.

56    Dmytro Boug，"La Mer Noire，" *Prométhée*，No.73（December 1932）：22.

57    "Kommunikat Prometeiskoi Ligi Atlanticheskoi Khartii，" March 1949，APIA，Jerzy Ponikiewski Papers，Sz. D/4，T.1，file "Prometeusz，" pp.3 – 6.

58    Letter from Edmund Charaszkiewicz to Ali Akish，November 4，1969，APIA，Charaszkiewicz Papers，Ⅱ/3/D，T.1，file "Sprawy ogólno-prometejskie，" p.65.

59    Struma 号的故事在 Douglas Frantz and Catherine Collins，*Death on the Black Sea: The Untold Story of the Struma and World War Ⅱ 's Holocaust at Sea*（New York：Ecco，2003）中有详细叙述。

60    Norman M. Naimark，*Fires of Hatred: Ethnic Cleansing in Twentieth-Century Europe*（Cambridge，MA：Harvard University Press，2001），pp.101 – 104.

61    关于冷战战略中的黑海，可见 Harry Howard，*Turkey，the Straits，and U. S. Policy*（Baltimore：Johns Hopkins University Press，1974）。

62    Yu. Zaitsev and V. Mamaev，Marine Biological Diversity in the Black Sea：A Study of Change and Decline（New York：United Nation Development Program，1997），p.15.

63 "Bleak Story of the Black Sea Highlighted in Global Assessment of World's Waters," United Nations Environment Programme Press Release, October 12, 2001.

64 Laurence David Mee, "Protecting the Black Sea Environment: A Challenge for Co-operation and Sustainable Development in Europe," Centre for European Policy Studies (Brussels) and International Centre for Black Sea Studies (Athens), 2002, p. 4 From 1993 to 1998, Mee coordinated the Black Sea Environmental Program in Istanbul.

本世纪大多数最重要的战争都是边境战争。宗教战争、联盟战争、叛乱战争、领土扩张战争、王朝继承战争或是实现野心——个人因素通常是支配性因素的战争——倾向于被边境战争所替代。这些边境战争，举例来说，是由国家和王国扩张所引起的战争。随着适宜居住的地域越来越少，到一定的时候，一个国家的利益和野心同另一个国家的利益和野心之间会爆发尖锐而不可调解的冲突。

——寇松爵士，1907 年


分享在基于人权和基本的自由，经济解放带来的繁荣，社会公正和平等安全及稳定……基础上的作为欧洲整合进程一部分的地区合作的共识……

——《黑海经济合作组织章程》，雅尔塔，1998 年


试试民族性的东西！试试民族性的东西总有好处！

——叫卖鞑靼糕饼的女性，
楚福特凯（Chufutkale），克里米亚，2000 年

# 第七章　面　向　大　海

费尔南多·布罗代尔写道，所有的港口都面对两个方向——向外，它们面对着大海及从海面上漂移来的众多影响；向内，则是内地和把它们固定在某地的地域文化。从 19 世纪中叶之后，黑海周边的许多国家系统性地把两个方向都转向内地，以切除海岸多认同的生活特征，并且宣称，海岸地区是年轻民族的遗产和更年轻的国家的财产。在冷战期间，黑海成为对立的国家和社会系统之间的屏障。每个国家都试图显得与海对面相似的国家不同，即使它们的意识形态都使海岸地区和大海本身成为国家主导的发展计划的对象。

相似的进程在共产主义终结和苏联解体之后依旧在进行。1991年，海岸地区崛起了新的国家——独立的乌克兰、俄罗斯和格鲁吉亚，但是，把自己同邻国区分开来的习惯，仍然通过加入北约和欧盟的竞争延续了下来。通常一个国家总是把自己描绘得比海岸的其他国家更能吸引外国投资者，政治更稳定，甚至是更文明。今天，世界上没有什么地方的人比黑海周边的政治精英和普通民众对邻居的了解更少。但这是一种心甘情愿的无知，因将民族看成是亘古不变的，将国家看成是必然形成的，而将地区看作是短暂易变的，这种无知更为增强。但就在并不遥远的过去，在海对面有个关系密切的渔民、商人或港口官员朋友，甚至有亲戚，这都是司空见惯的。这种联系不再那么常见了，这样的转变恰恰证明了一种独特的理解历史、政治和社会关系的方式已大获全胜。现在，环境恶化、移民、经济发展和其他领域的政策都需要超越对民族的排外定义和对国家的霸权主义观念。黑海地区面对的问题需要两个似乎是互相矛盾的条件方能解决：一方面是强大的国家而另一方面则是愿意放弃部分主权，同邻国合作的国家。但是就像 20 世纪 90 年代的历史所证实的那样，同时建设并破坏一个国家不是一项简单的事业。

就在希腊和土耳其于 20 世纪 20 年代进行人口交换之后，阿诺德·汤因比写道，"所有的近东人民其共同的基本利益在于和平，远离大国的阴谋和野心，和对于某些国际组织的道德和经济支持。"[1]这也是历代欧洲外交官开出的药方：黑海和其对外出口——多瑙河和两大海峡，地位的国际化，以防止任何地区大国垄断它们，尤其是用民族解放的借口。

在某种意义上，汤因比的战略获得了显著的成功。除了从前共产主义时代和共产主义时代继承下来的许多领土争端和互相之间的不信任之外，黑海地区国家间的武装冲突现在是不可想象的。只有一个例子——亚美尼亚和阿塞拜疆在纳戈尔诺-卡拉巴赫的领土争端，在 1994 年以停火告终，领土争端导致了两个国家的战争。另一个重要的潜在的国际争端是关于前苏联的黑海舰队，独立的乌克兰和俄罗斯联邦都宣称拥有这些战舰和人员。但是在 1997 年，这个问题被友善地解决了。两国政府同意分割海军的资产，大多数的舰船归属于俄罗斯。乌克兰进一步同意把港口设施租借给俄罗斯海军。两国现在在舰队传统的基地塞瓦斯托波尔分享停泊空间。当然，对于卡拉巴赫暴力事件的受害者们，对于刚回到他们在阿塞拜疆的家的成千上万名被驱离的人民和其他许多被该地区的历次内战影响到的人们来说，这些事件没法为他们提供慰藉。但是在汤因比的时代以及之前一个世纪的大部分时间里，黑海还是世界的火药桶，因此其近来几乎没有发生过国际冲突，这一点就很了不起了。

在 21 世纪初,不是国家的强大威胁着这个地区的和平与稳定,而是国家的虚弱。在许多区域,贫穷是地方固有的,与长期以来地方经济的结构性特点有关,而不是从共产主义计划经济"转型"的结果。在地方发挥功能的政府机构,有时只是当权者以受贿或是回扣的方式获取收入的来源。社会服务的不足使日常生活变成了自助事务。而对于旧有的社会网络的依赖——家庭、宗族和族群,反过来削减了个人把自己看作是现代国家的平等公民的自觉。更普遍的,缺乏有效的警察力量意味着,走私从武器到药品到人口等所有物品的跨国犯罪网络可以不受法律制裁。由过去的统治者留下的,和这之后政府采取的糟糕的工业和农业政策所导致的环境恶化和潜在的生态灾难危害着未来的几代人。过境移民和寻求避难的人愈来愈把土耳其和后共产主义国家当作进一步移民进入欧盟(无论通过合法还是不合法的方式)的等候室。从巴尔干和高加索武装冲突中产生的难民——更别说支持邻国,进一步为支持自己的国民都很困难的国家添上了重负。20 世纪末 21 世纪初的人口迁徙运动:经济移民、寻求避难者、过境移民和难民的流动,将以不亚于 19 世纪 60 年代到 20 世纪 20 年代的人口强迫迁徙运动的程度深刻影响黑海地区的人口结构,这么说并不为过。

国家太弱的问题更明显地体现在该地区的分离运动和国内争斗中。在 20 世纪 90 年代初,泛东南欧地区发生了一系列小规模的战争和动乱,但到了 90 年代中期,大多数纷争已经平息,局势相对安定下来。在巴尔干半岛和前苏联地区发生的冲突中,一系列全面和平协议或暂时的停火协议得到签署,在某些情况下,国际力量介入,国际联合维和力量进入,以期重建地区局势。土耳其在 1999 年逮捕了库尔德领导人阿卜杜拉·奥贾兰,沉重打击了该国东南部的叛乱活动。然而,在以下的四个例子中,全面战争的结束并不意味着冲突已经得到彻底的解决。相反，在之前发生冲突的区域，一些不被国际社会承认但的确在运转的"准国家"仍在私底下四处活动，争取获得完整的主权。

对于南奥赛梯、阿布哈兹、纳戈尔诺-卡拉巴赫和外德涅斯特，外界知之甚少，但它们却已经在黑海地区真实存在了十多年。与它们相关的为国际社会承认的政府为格鲁吉亚、阿塞拜疆和摩尔多瓦，这几国政府仍一直在呼吁外界施以援手解决这些地区的争端，而联合国及其他国际上的调停人员也一直在当地从事此类工作。这样或那样的谈判已经持续了许多年，但一直没有达成最终的解决方案。然而，就在这种非战非和的中间状态里，欧亚大陆上这些未获承认的地区已经逐步建立了各种体制，这些体制与它们被认为仍属于其中一部分的那些国家的体制一样在运转着。它们都拥有基本的管理机构和主权象征物，而且不论民主与否，都举行了政治职位的选举；都有独立的货币单位、国界线和教育体系。这几个政治实体甚至还相互展开合作，派遣代表参加峰会和部长级会议。大多数的地图上都只画出黑海地区有六个国家，但如果"国家"的基本标准只是有能力有效控制一片确定的领土的话，那事实上这个地区的国家数量可能更多——不过最终数量就要看统计者的立场了。

在20世纪90年代初，部分是为了解决国力较弱的问题，并为了保证各国的内部争端不会爆发成为国际战争，海岸国家及其邻国发起了一个地区合作计划。一个新的论坛，黑海经济合作组织（BSEC）在土耳其政府的推动下建立。这个论坛反映了土耳其在冷战之后日渐增强的作为地区领袖的地位。但是这在一定程度上加强了这个地区许多新国家的主权。这些国家有的是第一次体会到独立的感觉。

1992年6月，所有黑海海岸国家的首脑和它们的地区邻国在伊斯坦布尔宣布启动一个广泛的合作项目，并将逐步涉及环境、犯罪和腐败、投资、税务和教育等政策领域。六年之后，十一个成员国——俄罗斯、乌克兰、土耳其、格鲁吉亚、罗马尼亚、保加利亚、阿尔巴尼亚、亚美尼亚、阿塞拜疆、摩尔多瓦和希腊，签署了 BSEC 的新章程，将其升级为国际组织，并且成立了一个位于伊斯坦布尔城中俯瞰博斯普鲁斯海峡的壮观庄园中的常设秘书处。除此之外，还建立了一个黑海地区议会、一个投资银行、一支多国海军、一所夏季大学和一个政策研究中心。这是有史以来第一次，黑海的海岸不是由征服或是非官方的贸易网络，而是由政治领袖们有目的的努力整合在了一起。这种努力致力于创造一个以黑海为中心的安全而富有合作性的地区。

这个地区最紧急的事务非常明显，就是黑海本身环境的恶化。这也是 BSEC 关注的焦点。早在 1992 年 4 月，六个海岸国家就签署了防止环境进一步恶化的《布加勒斯特公约》。一年之后，在敖德萨的会议中，它们同意在每个国家的海岸都设立保护区，协同采取政策对抗流入黑海的河流系统造成的污染，并且分享关于生物多样性和污染的重要的科学信息。1996 年，在 BSEC 的统合和联合国及其他国际组织的帮助下，第一个对于黑海污染成因的多国联合分析完成了。现在，每过五年，所有海岸国家的科学家都会合作写出一份"黑海状态"报告。在冷战时代，互相之间的猜疑使这种努力诊断根本不可能实现。

几道希望之光现在已经出现。20 世纪 90 年代之后，黑海富营养化的程度一直在降低，大量消耗氧气，养活了众多水母的浮游生物和海藻的数量也随之降低。工业污染也得到了一些控制，过度捕鱼也得到了缓解。不过其中有些进步是无心插柳的结果。过去共产主义国家不佳的农业状况——包括产量的普遍下降和化肥使用的减少，对减少富营养的排放物流入黑海有良好的作用。海岸国家捕鱼船队的急剧减少是 20 世纪 60 年代过度捕鱼和 80 年代之后共产主义国家经济危机的结果。但是减小工业捕鱼的规模使鱼的贮备能够复原。（因为过去共产主义国家船只的废弃，目前 90％左右年鱼产量由土耳其一国捕获。如果有人不信的话，可以去罗马尼亚海岸的餐厅点份鱼试试）工业污染在某些地区依然很严重，但是从黑海这个整体来看，问题部分得到了解决。这仅仅是从保加利亚到格鲁吉亚的大型工业中心关闭的结果。随着海岸国家经济的复苏，这个最严重的环境问题毫无疑问会回归。如果没有适当的处理，短期来说会为沿海居民带来好处的事情，回复到过去相对经济稳定的状态——会对海洋造成长期的伤害。

在环保之外的领域，BSEC 还没有达到当初那伟大的设想。现在黑海地区成为一个政治或经济整体的迹象几乎完全没有。平均来看，BSEC 成员国互相之间的贸易额仅占它们总贸易额的 12％。比起连接邻近国家的航线，连接它们和欧洲及北美枢纽的航空线路要多得多。体现地区意识的地方仅有几处，海滩就是一个例子，当黑海国家的人假日时要出国，他们的首选是邻国之一——土耳其[2]。国家首脑在高峰会议上会谈，部长们经常共同参加会议，非政府组织有时会设计出就共同关心的问题的行动计划。但是创造一个从希腊延伸到阿塞拜疆的，充满活力和合作性的地区还有很长的路要走。

BSEC 遇到困境的原因并不难估计。一个包括了俄罗斯、土耳其和希腊，三个有不同利益和目标的国家的地区组织肯定会遇到问题。每个国家都有自己对在这个地区的外交政策的设想，但是没有一个拥有足够的财力来把这种设想变为现实。而且，BSEC 的出现与其说是各国真正致力于推动地区合作努力的产物，倒不如说是一连串特殊的地缘政治利益博弈的结果。在 20 世纪 90 年代早期，土耳其希望在地区中发挥更重要的作用，或许是想借此向欧盟展示其作为维持稳定力量的潜在能力。这些横跨欧亚的新的独立国家渴望着加入任何能够接纳它们的国际性组织。而希腊和俄罗斯不会让土耳其在没有它们参与的情况下创立一个新的"黑海地区"。只要创立了组织,它们就会来。土耳其总理因尔古特·厄扎尔,这个 BSEC 最初的推动者在 1992 年时可能就是这么想的。它们的确来了——参与了数次高峰会谈、工作组会议、特别会议和其他关于黑海未来的讨论。在召集了成员之后,困难多的是确定这个"俱乐部"未来要开展的工作。

今天,没有一个黑海周边国家的政治家认为 BSEC 应该成为真正重要的地区组织:北约和欧盟的替代物。2002 年,罗马尼亚和保加利亚被邀请加入北约。这两国也不断就加入欧盟进行磋商。土耳其自北约伊始就是其成员,但是还没有得到欧盟成员国的身份。相应地,欧洲国家已经对外公布了它们在未来考虑吸纳土耳其作为成员国的意愿。当总理和总统们反复承诺建设一个黑海地区的同时,事实上他们并不愿意同急着加入更重要的国际组织的国家合作。尽管 BSEC 组织了大量的有活力的高峰会议,黑海地区国际政治的背后推手依然是北约和欧盟的政策。

随着时间的过去,政治的力量会用新的方式把 BSEC 的国家和人们联系到一起,也在其他一些方面制造争端。在 20 世纪 90 年代早期,里海周围的储量丰富的油田与气田,中东之外最大的碳氢化合物资源在各个国家和跨国公司之间引发了一场竞赛。在这十年的大部分时间中,里海石油的不同输送管道引发了广泛的争议。有些公司和政府支持传统的路线,就是将石油运至黑海东岸的港口然后用油轮通过地中海运输。土耳其政府反对,因为博斯普鲁斯海峡的交通量增加一定会造成一场环境灾难,例如在人口密集的海岸,在伊斯坦布尔的核心地带发生漏油事故。其他国家论证,一条向南通过伊朗的新管线能够完全绕过黑海地区。但是这个提议因为政治上不适当而遭到了美国的强烈反对。

围绕着管线的政治争论最后达成了一个协定。这个协定决定建造从南高加索到东地中海的一座地下中转系统。在 2003 年初，通过巴库、梯弗里斯到土耳其地中海港口杰伊汗的新管线的建设由 BP（过去的英国石油公司）牵头的一个联营企业开始进行。通过黑海港口的管线能够减少不断增加的里海油轮通过博斯普鲁斯海峡的交通量，同时满足里海的出口需求。到 2009 年这条管线能够一天运送 100 万桶原油。在 19 世纪 80 年代泛高加索铁路的建成重塑了东南海岸的地区经济和整个黑海的国际商贸格局。巴库-梯弗里斯-杰伊汗管线在 21 世纪早期的竣工应该也能起到相同的效果。然而，因为其终端远在黑海之外，在土耳其南部，这条得到了许多称赞的管线是否能够影响黑海整体尚不可知。它也可能使港口城市变得比从前更边缘化。

　　把黑海作为一个地区，仅仅视为高层政治的角斗场，就过于目光狭窄了。海洋依然具有凝聚力，有时以人们意料不到的方式。穿梭贸易者——数个世纪之前海岸商人的继承者（但是机票取代了拜占庭和奥斯曼官员发放的通行许可证），把土耳其制造的商品带到了敖德萨、基辅和莫斯科出售。北部的劳动者在南部的项目中工作，而土耳其建筑公司设计并建造前苏联境内的商业建筑和住宅，这些地区的联系当然是宏观经济变迁的结果。俄罗斯卢布在 20 世纪 90 年代末的大规模贬值，减少了同伊斯坦布尔活跃的"公文包交易"，而前苏联共和国的性工作者移民潮也开始衰落。但是这些联系依然存在。一个人只需在伊斯坦布尔的拉乐里区散散步，这个区是该城同前苏联北部非正式交易的中心——或者进入一个特拉布宗的旅馆大堂就可以看见底层的联系在 20 世纪末又重新复活了。

　　也有一些证据表明海岸地区古老的多重文化认同重新得到了承认。考古发掘（通常同西欧和美国的同行合作）发现了古代的遗址并重现了古代多重影响的模式。在康斯坦察、瓦尔纳和辛菲罗波尔的地区博物馆以海岸地区的多重文化作为特点。这种展示方式通常和各国首都的"国家"博物馆大不相同。在土耳其，一个人可以买到关于赫姆辛、拉兹和本都海岸的其他民族的书籍。这在几年前还是不可想象的。那时少数民族的文学几乎不存在。然而，海岸地区不可能通过上述任何一种手段达成文艺复兴。所有海岸地区的人口迁出率依然居高不下。地方经济停滞。重申文化认同有时也引起冲突。鞑靼人回到克里米亚造成了土地权和社会整合问题的冲突。而该地区的几个准主权国家（从外涅斯特里亚到卡拉巴赫）靠与国际承认的政府保持脆弱的停火协议而持续存在着。度假者现在可以在保加利亚的海岸享受海滩和阳光，但是黑海海岸的许多其他部分依然不欢迎外人。

阿诺德·汤因比在《希腊与土耳其的西方问题》一书中对第一次世界大战后大部分西方人在审视地中海和黑海时应用的三个错误的对比关系做了权威论断[3]。第一对是基督教与伊斯兰教；第二对是欧洲与亚洲；第三对是文明与野蛮。这些相对立的分类边界可能在一段距离之外泾渭分明，但是一旦一个人行进，到达伊斯坦布尔或是敖德萨或是巴统的火车和轮船，他们就会发现这些分类十分可笑。

随着黑海成为北约和欧盟的东部边疆，被移民政策、贸易限制和安全条款一分为二，我们怀疑汤因比的那些对比项之间的鸿沟是否变深了——这些边界不再是由沙皇和苏丹，或是由冷战时的社会系统设立，而是对于任何试图穿越它们的人来说都是真实的。签证官和海关专员可能成为20世纪时的隔离长官。然而他们的工作就像过去数世纪中他们的同僚一样，无法拦阻那些穿越边界的专家。也就是那些渴望移动的，长久以来将整个黑海地区联系在一起的人。即使是帝国和国家最好的阻止方案也无法阻止他们。然而在海岸，这种新的边疆中的人口可能越来越少。年轻男女都在内地的城区中寻找更好的生活，而少数选拔出的人走得更远，甚至到伦敦、柏林和纽约。在现在这个世纪，古老的黑海还是会继续活在地区人民的心中，却并未真实地在该地区显现，如许多欧洲东部的失落文明一样。

但是地区也会移动。充满生气的黑海社会可以在离海很远的地方找到：在雅典和萨洛尼卡的本都希腊人的后代；在纽约的土耳其和拉兹面包师、建筑工人和企业家；在巴黎、洛杉矶和特拉维夫的犹太人、罗马尼亚人、俄罗斯人、乌克兰人、亚美尼亚人、格鲁吉亚人中——几乎包括这些分类的各种组合。即使远离海洋，也能感到他们对该地区强烈的依恋。当他们移居国外的时候，从安纳托利亚海岸的移民常常重新定居在多族群的环境中，在与他们家乡的城镇和村庄同样多元化的社区中，而非他们的族群中[4]。特别是对于第一代移民来说，一个人的同乡（hemşeri，土耳其语）可能是来自同样的村庄、山区或是海岸，可能比一个想象的民族或是宗教团体的成员更为亲密。虽然外人会使用整齐划一的分类——文明和野蛮，本地和外国，纯种或混血（而不考虑实际情况），面对大海并拥抱它的多样性依然是一种令人向往的生活方式。

## 注释

1　Arnold J. Toynbee, "The East After Lausanne," Foreign Affairs, Vol.2, No.1 (September 1923): 86.

2　这些数据尚不完全，只是对大致的倾向做一个猜测。我感谢 Adam Tolnay 编辑这些数据。

3　Arnold J. Toynbee, The Western Question in Greece and Turkey, 2nd edn. (New York: Howard Fertig, 1970 [1923]), p.328.

4　Lisa DiCarlo, "Migration and Identity Among Black Sea Turks" (Ph. D. dissertation, Brown University, 2001), p.23.